交通运输类“十三五”创新教材
内河船舶船员基本安全和特殊培训教材

内河船舶船员基本安全知识与技能

中国海事服务中心组织编审
主编◎ 戚发勇 柯金丁 易礼标 倪成丽

大连海事大学出版社

图书在版编目(CIP)数据

内河船舶船员基本安全知识与技能 / 戚发勇等主编
. -- 大连 : 大连海事大学出版社, 2020.9(2024.12重印)
内河船舶船员基本安全和特殊培训教材
ISBN 978-7-5632-4028-9

Ⅰ.①内… Ⅱ.①戚… Ⅲ.①内河船—交通运输安全
—技术培训—教材 Ⅳ.①U676.1

中国版本图书馆CIP数据核字(2020)第177228号

大连海事大学出版社出版

地址:大连市黄浦路523号 邮编:116026 电话:0411-84729665(营销部) 84729480(总编室)
http://press.dlmu.edu.cn　E-mail:dmupress@dlmu.edu.cn

大连金华光彩色印刷有限公司印装　大连海事大学出版社发行

2020年9月第1版　2024年12月第9次印刷
幅面尺寸:184 mm × 260 mm　字数: 312千　印张:12.75

出 版 人:刘明凯
责任编辑:苏炳魁　责任校对:刘长影
版式设计:解瑶瑶　封面设计:解瑶瑶

ISBN 978-7-5632-4028-9　定价:60.00元

内河船舶船员基本安全和特殊培训教材
编委会

前　言

根据《内河船舶船员适任培训和考试大纲（2019版）》，中国海事服务中心组织在内河船舶运输领域有着丰富教学和培训经验的专家在2012年培训教材的基础上重新编写了“内河船舶船员基本安全和特殊培训教材”，并组织实践经验丰富的海事管理机构专家和船公司的专家对教材进行了审定。

在本套教材编写前，中国海事服务中心组织参编专家对内河船舶运输现状进行了广泛的调研和深入的讨论，确保教材内容符合船上实际，反映最新航运技术和最新法律、法规、规范与标准，并在表达方式上通俗易懂，符合内河船舶船员业务学习和技能培训的需要。

本系列教材包括《内河船舶船员基本安全知识与技能》《内河油船安全知识与操作》《内河散装化学品船安全知识与操作》《内河客船安全知识与操作》《内河滚装船安全知识与操作》《内河船舶包装危险货物运输管理》《内河高速船安全知识与操作》。

《内河船舶船员基本安全知识与技能》由大连海事大学戚发勇、江苏海事职业技术学院柯金丁、广东省交通城建技师学院易礼标、大连海事大学倪成丽主编，湖北长江船员进修学校吴平、中国海事服务中心王建军主审。营口海事局王玮祺，大连海事大学代俊林、陈馨参与了本书的编写。全书由戚发勇负责统稿。

《内河船舶船员基本安全知识与技能》全书内容共分五章，第一章概述主要介绍了船员职业概况及船舶基本知识，第二章个人安全与社会责任，第三章内河水上救生与求生，第四章船舶防火与灭火，第五章 船上救护 。本书适用于内河船舶基本安全培训，也可供航运企业内部培训使用，还可作为大、中专院校内河船舶航运类专业或同类专业的教学参考书。

在教材编写过程中得到了各海事机构、航运院校、船员培训机构、航运企业等相关单位的关心和大力支持，特致谢意！由于时间仓促，书中难免存在错误和疏漏，欢迎广大读者和专家批评指正。

中国海事服务中心

2020年7月

扫码学习《深入学习贯彻党的二十大精神　加快建设交通强国　当好中国式现代化开路先锋》

目　录

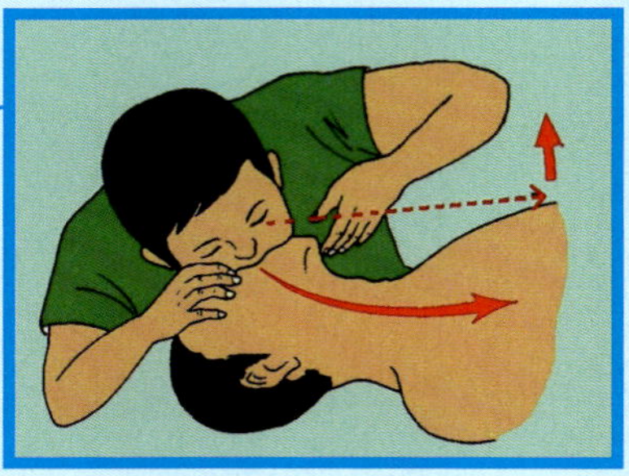

第一章

概　述

船员是一种特殊职业，作为一名船员，不仅应该掌握过硬的专业知识和业务技能，还应该是一名具有较高道德品质、思想政治素质可靠、符合时代发展和国家对专业技术人才规格需求的技术型人才。良好的职业道德、强烈的社会责任感和高水准的个人安全意识，熟练掌握相关知识与技能，不仅是船员作为个体在社会中存在和发展的基本需要和保证，也是保障海上运输高成本经营活动中人命和财产安全的重要保证，更是现代航运确保安全与经济协调发展的重要条件之一。

第一节　船员职业概况

一名新船员要走上船舶工作岗位，应该先对船舶工作的相关情况进行全面了解：了解与掌握船员职业特性、工作要求和工作环境，才能胜任船员岗位；知法懂法才能守法，才能更好地保护环境、避免事故、保护好船舶人命财产安全，才能更好地维护船员合法权益；认识船舶设备及其用途与操作要领，才能快速适应船舶工作。

一、船员职业介绍

船员是在水上环境从事技术型工作的特殊从业者。目前中国船员从业者数量庞大，据

《中国船员发展报告》统计，截至2019年年底，全国注册船员总数为1 659 188人，其中注册内河船舶船员总数为874 833人（如图1-1-1所示）。中国内河船员队伍保持稳定增长。

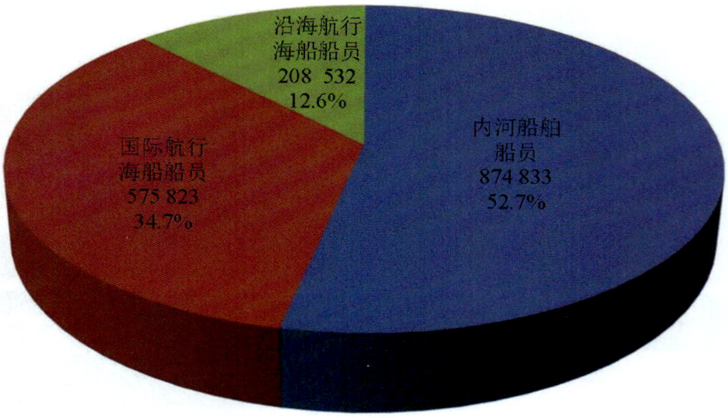

图1-1-1　2019年年底中国各类船员注册数量

（一）船员的概念

船员，广义上泛指包括船长在内的船上一切工作人员。严格上是指依照《中华人民共和国船员条例》的规定，取得船员适任证书的人员，包括船长、高级船员和普通船员。

（二）船员注册和任职资格

1. 申请船员注册应具备的条件

（1）年满18周岁（在船实习、见习人员年满16周岁）但不超过60周岁。

（2）符合船员健康要求。

（3）经过船员基本安全培训，并经海事管理机构考试合格。

2. 船员上船工作应当符合的要求

船员应当依照船员条例的规定取得相应的船员适任证书。参加航行和轮机值班的船员还应当经过相应的船员适任培训、特殊培训，具备相应的船员任职资历，并且任职表现和安全记录良好。

特殊培训是指针对特殊船舶从业者需要进行的特殊船舶合格证培训。特殊船舶通常是指：油船、散装化学品船、液化气船、客船、高速船、滚装船、载运包装危险货物船舶、液化气燃料动力装置船舶等。

（三）适任证书分类及船员岗位划分

1. 适任证书分类

内河船舶适任证书按船舶总吨位和船舶主推进动力装置总功率划分为三类：1 000总吨和500千瓦及以上内河船舶为一类；300总吨至1 000总吨和150千瓦至500千瓦内河船舶为二类；300总吨和150千瓦及以下内河船舶为三类。一、二类内河船舶从技术角度来讲通常又分为轮机部和驾驶部两大部门。

轮机部的主要职责：

（1）负责船舶主机、副机、锅炉以及包括发电机在内的各种辅助机械及其管系的管、用、养、修（如图1-1-2所示）。

（2）负责全船电力系统及用电设备的管理和维护。

（3）负责全船明火作业、舱面机械传动部分的保养和修理、舱面管系的维护。

（4）负责燃油的补给和其他有关事项。

驾驶部的主要职责：

（1）负责船舶驾驶、引航工作（如图1-1-3所示）。

（2）负责客货运输等船舶营运管理工作。

（3）负责船体保养工作。

（4）主管舵设备、锚设备、系泊设备、装卸设备等一般性保养。

（5）主管驾驶设备和助航仪器、信号设备，负责航行资料的管理、使用、修改、添加和更换。

（6）主管救生、消防、堵漏工作及设备器材的管理和维护。

（7）负责船舶通信、对外联络工作和其他有关事项。

图1-1-2　轮机部船员

图1-1-3　驾驶部船员

2. 船舶配员

按照内河一般船舶最低安全配员标准，一类船舶配船长和普通船员，根据吨位和连续航行作业时间不同确定是否配大副、二副、三副；配轮机长和大管轮或二管轮或三管轮，根据连续航行作业时间确定是否配普通机工船员。二、三类船舶一般根据总吨位配船长和/或驾驶员，300至600总吨集装箱船、多用途船舶配普通船员；二类船舶配轮机长或轮机员、普通船员。三类船舶不配轮机长或轮机员，根据总功率确定是否配普通船员。

船长是船舶总负责人，负责管理和指挥船舶（如图1-1-4所示）；大副、二副、三副或驾驶员及轮机长、大管轮、二管轮、三管轮或轮机员称为高级船员，船长和高级船员以外的其他船员称为普通船员。

图1-1-4　船长负责管理和指挥船舶

（四）船员的工作特性

1. 开放性与封闭性

船舶具有位置流动性，航行区域广泛而开放，面对的人、事、物也具有开放性；封闭性主要指船员的工作环境相对封闭，大多数时间都是在船上度过的。

2. 独立性与协作性

船员岗位工作具有特定的独立性，几乎每个船员都有各自不同的职责与专业技能要求，经常要独立应对面临的突发状况；船舶工作又是分工合作、紧密配合的，工作目标一致，大多数时候是共同完成某项工作任务的。

3. 技术性与风险性

船舶工作是技术性工作，专业性很强，大多数岗位都需要持有专业适任证书并且具有特别的技能水平、具备丰富的经验才能胜任；船舶工作又比一般工作存在更多的安全风险，需要时时处处提高警惕，以保护自身与他人、船舶与货物、水域与环境的安全。

4. 团队性与服从性

同一条船舶船员是各司其职、职责明确、紧密配合的团队，需要各人明确并落实完成自己的职责，才能更好地完成工作，因此有令必行显得格外重要。《中华人民共和国船员条例》也明确规定："船长在其职权范围内发布的命令，船舶上所有人员必须执行。高级船员应当组织下属船员执行船长命令，督促下属船员履行职责。"

二、船员职业要求

（一）《中华人民共和国船员条例》（以下简称《船员条例》）

《船员条例》的制定宗旨是为了加强船员管理，提高船员素质，维护船员的合法权益，保障水上交通安全，保护水域环境。

1. 申请船员适任证书应当具备的条件

（1）年满18周岁（在船实习、见习人员年满16周岁），但初次申请不超过60周岁。

（2）符合船员任职岗位健康要求［符合《船员健康检查要求》（GB 30035—2013）］。

（3）经过船员基本安全培训。

满足上述三点可以向任何有相应船员适任证书签发权限的海事管理机构提出书面申请，并附送申请人符合上述规定条件的证明材料。对符合规定条件并通过国家海事管理机构组织的船员任职考试的，海事管理机构应当发给相应的船员适任证书及船员服务簿。

参加航行和轮机值班的船员适任证书的有效期不超过5年。

2. 船员职责

船员在船工作期间，应当符合下列要求：

（1）携带《船员条例》规定的有效证件（如图1-1-5所示）。

（2）掌握船舶的适航状况和航线的通航保障情况，以及有关航区气象、海况等必要的信息。

（3）遵守船舶的管理制度和值班规定，按照水上交通安全和防治船舶污染的操作规则操纵、控制和管理船舶，如实填写有关船舶法定文书，不得隐匿、篡改或者销毁有关船舶法定证书、文书。

（4）参加船舶应急训练、演习，按照船舶应急部署的要求，落实各项应急预防措施。

（5）遵守船舶报告制度，发现或者发生险情、事故、保安事件或者影响航行安全的情况，应当及时报告。

（6）在不严重危及自身安全的情况下，尽力救助遇险人员。

（7）不得利用船舶私载旅客、货物，不得携带违禁物品。

（8）船长在其职权范围内发布的命令，船舶上所有人员必须执行。

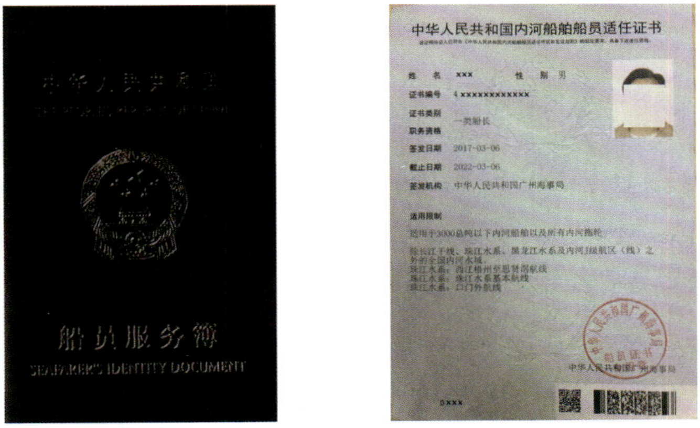

（a）　　（b）

图 1-1-5　部分内河船员证书

（二）《中华人民共和国内河交通安全管理条例》（以下简称《内河交通安全管理条例》）

《内河交通安全管理条例》是为了加强内河交通安全管理，维护内河交通秩序，保障人民群众生命、财产安全而制定的。其主要规范在中国内河通航水域从事航行、停泊和作业以及与内河交通安全有关的活动。

《内河交通安全管理条例》对船员职业的要求：船员应当经水上交通安全专业培训，并经海事管理机构考试合格，取得相应的适任证书或者其他适任证件，方可担任船员职务。其中客船和载运不同危险货物船舶的船员还应当经相应的特殊培训，严禁未取得适任证书或者其他适任证件的船员上岗。船员应当遵守职业道德，提高业务素质，严格依法履行职责。

（三）《中华人民共和国船员注册管理办法》（以下简称《船员注册管理办法》）

《船员注册管理办法》是为了规范船员注册管理，根据《船员条例》而制定，用以规范中国境内的船员注册以及相关管理活动。

《船员注册管理办法》具体规定了船员的注册登记、变更、注销，船员服务簿管理、监督检查等几个方面，具体指导船员注册及相关事务办理程序。船员办理注册相关事务须先了解与熟悉《船员注册管理办法》。

三、船员综合素质

船员应当遵守职业道德，提高技术水平与业务素质，严格依法、依规履行职责。

（一）船员职业道德

1. 爱国敬业

爱国敬业是社会主义核心价值观，是包括船员在内的每个职业人的首要职业道德。爱国是公民应当遵循的最基本的价值观念和道德准则，也是中华民族的光荣传统。船员离开家庭游历江河，高尚的爱国情操就显得尤为重要；从业就要敬业，干一行、敬一行，才能专一行、成一行。船员的工作需要专业严谨，经验需要潜心积累，只有心怀敬业精神，静心工作与学习，不断积累经验、提高专业技能，才能逐渐在行业中取得成就，进而成为专业与行业领头人。

2. 安全环保

敬畏生命、安全生产是家庭幸福、社会和谐的基石。不断提高安全意识与掌握安全要领，时刻牢记安全操作规程、遵守航行安全制度、使用安全航速是保证船舶安全、船员幸福的基本前提。每位船员都应树立“地球是我家”的环保意识，从我做起，按规定处理垃圾和污水等，杜绝主动污染，严密防止事故污染，以环保制度为原则和依据开展工作，从根本上防止船舶及其作业活动污染水域环境。

3. 团结协作

船舶工作的特殊性要求船员必须具有团结协作的精神。风雨同舟，船舶工作有太多的问题需要共同配合去完成；同舟共济，船员间的高度凝聚力，有助于工作任务更快、更好地完成，也是船舶工作安全的保证。

4. 遵章履责

船员团队的高度配合、良好运转的前提是完善的规章制度体系和明确的工作职责。在船上，每项工作都有具体的安全制度、每位船员都有自己的职责，只有严格遵守规章，认真履行船员职责，敬畏职责、敬畏规章，保证每个环节无纰漏，才能保障运营船舶各项工作的顺利与安全。

（二）船员法制观念

1. 船员应知法、懂法、守法、用法

法律法规的作用主要有两个，一是限制与阻吓违法行为，二是保护守法者的权益与安全，前者是手段，后者是目的。

知法就是要求我们掌握基本的法律知识，对中国的相关法律有初步的了解，对船舶船员与水运行业法律法规有所掌握。

懂法就是在知法的基础上更深一步地掌握中国法律中的原理、法理，熟悉水运行业相关的法规。

守法就是严格依照法律行使自己应有的权力和履行自己应尽的义务。

用法就是充分尊重他人合法权利和自由，积极寻求法律途径解决纠纷和争议，运用法律的武器维护自己的合法权益，主动抵制破坏法律和秩序的行为。

知法懂法的目的是守法用法。当前内河船员的整体法律意识尚有待提高，一方面船员在水域安全、水体污染等方面是易发生违法行为的主体，另一方面又是权益受侵害的弱势群体。船员应当提高法律意识、懂法律、遵规守法，并利用法律武器保护自身合法权益，如图1-1-6所示为《船员职业实用法规汇编（内河篇）》。

图1-1-6　船员职业实用法规汇编

2. 船员应熟悉的法规

船员应当懂得国家《宪法》《刑法》《民法通则》《治安管理处罚条例》等公民应当遵守的法律法规，了解保护劳动者合法权益的法律如《劳动法》等，还应当进一步熟悉与船员息息相关的法规条例。除了前面所提到的《船员条例》《内河交通安全管理条例》等，内河船员至少还应熟知以下法规：

（1）《中华人民共和国内河船舶最低安全配员标准》（以下简称《内河船舶最低安全配员标准》）

《内河船舶最低安全配员标准》是内河船舶最低安全配员规则的附录，是规则的具体执行标准。

《内河船舶最低安全配员标准》是在充分考虑船舶的种类、吨位、技术状况、主推进动力装置功率、航区、航程、航行时间、通航环境和船员值班、休息制度等因素的前提下，科学推算出内河船舶的最低船员配备需要，以足够数量、能力称职的船员来保障船舶安全航行、防止内河船舶污染环境。船舶开航前必须取得船舶最低安全配员证书并满足这些配员要求。

“足够数量”是指船员配备数量能够满足船舶航行、作业或停泊过程中的安全要求，能够保证船员正常轮班与足够休息时间；“能力称职”是指值班船员应具有相应适任资格，具备满足船舶航行、作业或停泊工作相应的职业素养、专业技能与业务能力及处理应急事件的应变能力。

（2）《中华人民共和国防治船舶污染内河水域环境管理规定》（以下简称《防治船舶污染内河水域环境管理规定》）

《防治船舶污染内河水域环境管理规定》是为防治船舶及其作业活动污染内河水域环境、保护内河水域环境而制定的。

《防治船舶污染内河水域环境管理规定》从船舶设施技术要求、航行与作业要求、运载与装卸防污要求、修造与拆解等方面，从船员日常工作方法与技能、污染物排放与收集要求、污染事故处理程序与要求、事故调查处理等几个方面，对船舶或水上设施污染内河水域环境的行为或可能行为进行防治和管控。

(3)《中华人民共和国内河船舶船员值班规则》(以下简称《内河船舶船员值班规则》)

《内河船舶船员值班规则》是为加强内河船舶船员值班管理，规范船员值班行为，保障内河交通安全，保护内河水域环境而制定的。

内河船舶船员值班规则要求船舶所有人、船舶经营人、船舶管理人和船长，根据船舶的不同类型和大小编制船舶值班制度，并公示在船舶的显著位置。值班制度应从船舶航行/停泊或作业值班人员数量、值班人员的职责与安全责任、记录要求、交接班要求、机驾联系要求等几个方面在不同的气象与航行条件时做具体规定，要求全体船员严格遵守执行。

(4)《中华人民共和国内河海事行政处罚规定》(以下简称《内河海事行政处罚规定》)

《内河海事行政处罚规定》是为规范海事行政处罚行为，保护当事人的合法权益，保障和监督水上海事行政管理，维护水上交通秩序，防止船舶污染水域而制定的。

《内河海事行政处罚规定》适用于在中国内河水域及相关陆域发生的、对下列违反海事行政管理秩序行为实施的海事行政处罚：违反船舶、浮动设施所有人、经营人安全管理秩序；违反船舶、浮动设施检验和登记管理秩序；违反内河船员管理秩序；违反航行、停泊和作业管理秩序；违反危险货物载运安全监督管理秩序；违反通航安全保障管理秩序；违反船舶、浮动设施遇险救助管理秩序；违反内河交通事故调查处理秩序；违反防治船舶污染水域监督管理秩序等。

(5)《中华人民共和国船员违法记分办法》(以下简称《船员违法记分办法》)

《船员违法记分办法》是为增强船员遵守法律意识，减少人为因素对水上交通安全的影响，防治船舶污染水域，根据《船员条例》等有关法律和法规而制定的，用于对船员水上交通安全和防治船舶污染水域两个方面的违法违规行为实施累计记分。

根据船员违法行为的严重程度，一次船员违法记分的分值为：15分、8分、4分、2分、1分五种。

船员在一个记分周期(1个公历年)内累计记分达到15分的，将被扣留适任证书，责令参加法规培训并考试；在1个公历年内两次及以上达到15分或在连续2个公历年分别达到15分或连续2个公历年内累计记分达到40分的，法规培训的考试内容包括理论部分的考试与船员适任能力考核两个部分。

(三)船员安全责任

“安全责任重于泰山”，企业把船舶、货物和众多船员的生命和他们的家庭幸福交给了船员，只有凭借船员过硬的业务技术和强烈的事业心、责任心，还有一丝不苟的工作态度与强烈的安全意识，才能确保船舶与货物安全、保障船员人命安全、防止污染水域环境。

安全生产责任事故的后果是企业与船员都难以承受的(如图1-1-7所示)。船舶事故绝大多数是由安全管理不到位、船员工作失误或疏忽引起的。船舶体积大、货物种类复杂、所装货物数量庞大、水域污染扩散快而广、人员逃避空间小，因此船舶事故造成的损害、损失或污染后果比其他事故的后果严重得多。

船员的疏忽造成的责任事故，除了对自身、他人或船舶财产造成不可挽回的伤害和损害之外，将面临行政处罚、经济处罚、法律追责或高额索偿，如果造成污染水域、人员伤亡或较大财产损失的事故，将追究刑事责任。

(a)

(b)

图 1-1-7　船舶事故后现场图示

1. 依据行业法规应负的安全责任

《内河海事行政处罚规定》《船员条例》《内河交通安全管理条例》等行业法规内的“法律责任”部分，都对船员违反法规造成安全责任的行为或后果做出了处罚或处置要求。

2. 依据安全法规应负的安全责任

《安全生产法》《重大事故隐患管理规定》《安全生产违法行为行政处罚办法》等安全生产法规对船舶运输等交通企业法人、安全管理人员、船员等从业人员，从工作设备安全要求、安全检查与隐患排除、事故调查处理与处罚等方面做了严格规定，对发生事故或违规违章行为做行政处罚、民事处罚或追究刑事责任。

3. 民法与刑法应负的安全责任

在安全生产上，公民或法人由于违章作业、违章指挥或过失造成责任事故的，侵害国家、集体或他人的财产、人身安全的，首先应当承担民事责任与行政责任；构成犯罪的，对公民或法人代表应当依法追究刑事责任。如船舶航行事故、作业事故、污染事故可能涉及《刑法》的部分罪名就有：交通肇事罪、危险物品肇事罪、重大责任事故罪、污染环境罪等。

(四)船员心理素质

1. 影响船员心理健康的主要因素

影响船员心理健康与引起心理变化的主要因素有船员对职业环境准备不足、对事业的期望与现实落差的适应性不足，船员间人际关系处理不好，自我认知不全面、自我心理冲突，工作生活中的琐事及家庭环境发生变故等。

2. 船舶工作对船员的心理素质要求

(1) 智力素质要求：船舶工作是一项技术性专业工作，要求从业者具有良好的观察力、注意力、记忆力和应变能力；独立当班的情况则要求船员具有思维独立性。船员应当提高自己的事业心、责任感和敬业精神，不断提高知识水平、积累经验，以训练自己的积极应激状态。

(2) 情感素质要求：船舶工作是一项群居与独处交集的工作，要求船员应当具有集体主义情感、加深对工作的责任感和对同事的友谊感，以调节自我情绪，防止消极低落的情绪影响工作与个人心理安全。船员应当具备积极、热情、乐观的心态，保持稳定的情绪，有助于船员适应特殊环境、提高工作效率，也有助于在应变时冷静应对，确保安全。

(3) 意志品质要求：船舶工作的艰苦性与高危性，要求船员应当具备良好的自觉性、自制力、坚韧性。船员还应当具有满怀信心、决心和克服障碍的精神，才能在船舶这个特殊的工作环境里发挥专长，取得长足进步，才能在遇到困难或意外时保持强大的意志力。

（4）性格气质要求：船舶工作是一项枯燥又需要专注的工作，要求船员具有坦率大方、乐观阳光、无忧无虑、自信积极的性格，以及朝气蓬勃、热情开朗、自制忍耐的性格气质。船员应当具备自觉遵守工作纪律、遵章守规的意识，当机立断，快速合理地应对突发事情，抵制外来诱因、克服困难和枯燥、防止冲动。

无论原来是怎样的性格气质，船员都应当不断进行自我训练与自我反省，使自己的心理素质朝上述方向调整，把集体利益放在第一位，养成良好的适应性与健康的心理状态。

（五）船员权益保护

1. 法规对船员权益的保护

（1）新修定的《船员条例》从以下七个方面对船员合法权益的保护做了规定：

①船员用人单位和船员应当按照规定参加工伤保险、医疗保险、养老保险、失业保险以及其他社会保险，并依法按时足额缴纳保险费用。

②用人单位应当保证船员生活和工作的场所符合国家规范对船员生活环境、作业安全和防护的要求，为船员建立船员健康档案，并为船员定期进行健康检查，防治职业疾病。船员在船工作期间患病或者受伤的，船员用人单位应当及时给予救治。

③船员服务机构向船员用人单位提供船舶配员服务时，应当督促船员用人单位与船员依法签订劳动合同（如图1-1-8所示）。

④船员用人单位应当根据船员职业的风险性、艰苦性、流动性等因素，向船员按时足额发放合理的工资，任何单位和个人不得克扣船员的工资。

⑤船员用人单位应当向在劳动合同有效期内的待派船员，支付不低于船员用人单位所在地人民政府公布的最低工资。

⑥船员享有国家法定节假日与一定的年休假期，年休期间享受不低于船员在船服务期间平均工资的报酬。

⑦船员有要求遣返和选择遣返地点的权利。

（2）除了船员条例，其他如《劳动法》《劳动合同法》等，也对从业者合法权益做了明确而具体的保护要求与措施规定。

2. 船员应当合法维权

船员的权益受损害的情况多为克扣或拖欠薪酬、劳动合同纠纷、劳务纠纷、工伤事故纠纷、证件扣留、交通生活费用保障、工作条件配套不足等。船员应增强维权意识和维权能力，学习相关资料（如图1-1-9所示），遇到上述事件时应充分运用法律知识进行自我保护，采取合理合法的手段进行维权，避免采取过激行为、不正当方法或手段，从而导致维权无效，还令自己违法。船员维权应当：

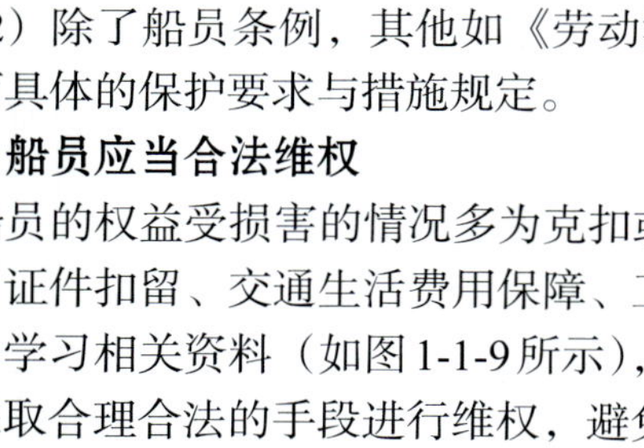

图1-1-8　依法订立劳动合同

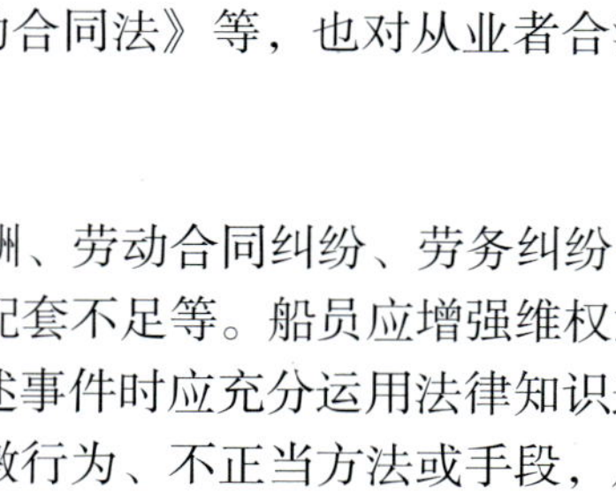

图1-1-9　维权意识和维权能力相关资料

（1）诉求正当。只有正当合理的要求才会受法律保护。船员应当学法知法，知晓自己的合法权益范围与可索偿额度，才能提出合理的诉求。

（2）手段合法。旨在通过合法的途径与方法，如双方平等协商、向海事或劳动主管部门申诉、申请调解或仲裁、向法院提起诉讼等方法，才能争取自己的合法权益。非理智的手段除了不能取得理想结果外，违法行为还会受到法律的惩罚。

（3）程序合理。船员遇到自身合法权益受损害，可以先向本部门负责人或其上级领导进行投诉；如答复不满意，进而向船长投诉；如果投诉不能在船上得到协商解决，可以向公司船员部投诉；如投诉事项可能与船上接受投诉的人或甚至与船长具体相关，可直接向公司船员部投诉或向单位调解委员会申请调解或仲裁；如投诉事项可能与公司不恰当、不合法的行为或制度相关，可向船员工会、海事主管部门或劳动主管部门投诉，按正常程序，主管部门介入后首先会要求公司与船员进行平等的协商解决，如的确无法协商解决的，可以向劳动仲裁委员会申请仲裁；船员也可直接向劳动仲裁委员会申请仲裁，对仲裁裁决不服的，可以向法院提起诉讼。

（4）证据充足。因为民事诉讼及劳动争议的主要举证规则是“谁主张，谁举证”。如果承担举证责任的一方不能提出合法有效的证据，则应当承担不利后果。因此船员不但要有维权意识，更要有存证意识，注意收集、保存证据，以便发生争议时，掌握更多的主动权。船员在维护合法权益时应注意保存重要的证据：

①证明双方诉讼主体身份的证据，如身份证、用人单位营业执照或工商登记咨询单等。

②劳动合同、劳务合同、上船协议、聘用合同等，以证明合同关系以及约定的工资、社会保险等内容。

③船员适任证书，以证明适任资格。

④船员服务簿，以证明船员在船任职职务。

⑤工资发放单、银行卡明细、雇佣方出具的应付营运期间船员工资欠款单等证明拖欠工资的证据。

如有人身伤亡事故赔偿纠纷，则还应有：

①如双方是劳动合同关系，需提供工伤鉴定书。

②如双方是劳务关系，需提供伤残等级司法鉴定意见书。

③诊疗证据用以证明相应医疗费用。

其他可以证明自身权益受到侵害的证据都应妥善保管，以支持船员自己的诉求。

四、内河水系概况

（一）中国内河主要通航水系

1. 内河航道概述

内河航道是指在内陆水域中用于船舶航行的通道。中国内陆水域包括江、河、湖、水库、人工运河和渠道等十几大水系。据统计，截至2018年年末，中国内河航道通航里程为12.71万千米。

2. 中国内河主要通航水系简介

（1）长江水系

长江是中国第一大河、世界第三长河，是横贯中国东西的水运大动脉，素有“黄金水道”之称。长江干线航道上起云南水富港，下至长江入海口，全长为2 838千米，全水系通航里程为64 848千米。长江沿线港口基本形成了以国家主要港口为骨干、地区重要港口为基础，辐射全流域的总体格局，形成了比较齐备的集装箱、铁矿石、煤炭等江海转运体系以及汽车滚装和液化品等专业化运输体系。

（2）珠江水系

珠江是中国径流量第二的河流。珠江干线航道全长为2 320千米，全水系通航里程为16 477千米，航运价值仅次于长江。珠江水系共有大小河流774条，总长为36 000多千米，包括西江、北江和东江三大支流，其中西江最长。西江、北江在广东省佛山市三水思贤窖汇合后汇入珠江三角洲，东江在广东省东莞市石龙汇入珠江三角洲，珠江三角洲是水网地区，河道交织密布。珠江水系最终经虎门、蕉门、洪奇门、横门、磨刀门、鸡啼门、虎跳门及崖门等八大口门汇入南海。

（3）黑龙江水系

黑龙江水系是东亚地区流域面积最大的水系。黑龙江江宽水深，水流平稳，给航运带来了有利条件，水系通航里程为8 211千米。由于封冻期长，黑龙江干流一年内一般只有半年可以通航，河面封冻后冰层很厚，江面可以行驶车辆和雪橇，因此，黑龙江是一条“水陆两用”的运输线。

（4）黄河水系

黄河全长为5 464千米，为中国第二大河。黄河汇集了40多条主要支流和1 000多条溪川，流域面积达75万平方千米。黄河虽为中国“母亲河”，其平均年径流总量却仅为600亿立方米，在中国各大江河中居第8位，且要满足流域内灌溉使用，因此航运无法达到“黄金水道”的条件，黄河水系通航里程仅为3 533千米。

（5）淮河水系

淮河水系，位于黄河与长江之间，包括众多汇入淮河的支流，分淮河及沂沭泗河两大水系，这两大水系通过京杭大运河、淮沭新河和徐洪河贯通。东西向的淮河干流连通南北向的京杭大运河，平原各支流及下游水网区航运也很发达，通航里程为17 504千米，淮河水系内河航运价值也很高。

（6）闽江水系

闽江水系主要流域在福建省，水力资源丰富，不少河段利于航行，尤其是下游河段。位于闽江河口段的马尾港及新港区，是福建省对外贸易的重要港口。闽江干支流通航里程为1 973千米。

（7）京杭运河

京杭大运河是世界上里程最长、工程最大的古代运河，也是最古老的运河之一，并且使用至今。大运河贯通海河、黄河、淮河、长江、钱塘江五大水系，全长约为1 797千米，目前通航里程为1 438千米。

（二）内河航区划分与江海分界

1. 内河航区

内河水域的航区分为A、B、C三级，航区级别按A级、B级、C级高低顺序排列，其中某些区域，依据水流湍急情况，又分为急流航段（又称J级航段），急流航段级别按J1级、J2级高低顺序排列，不同的J级航段分别从属于所在水域的航区级别。航区级别较低的船舶不得在高一级别航区内航行；各级航区的船舶，如不满足航区内急流航段的特殊要求，亦不应航行于急流航段。

2. 江海分界

由于航行环境与条件不同，内河船舶的各类技术参数与海区航行船舶的要求不同，其船员的技术要求也各有侧重，因此除了取得特定航线许可的江海直达船舶外，一般内河船舶不得进入海区航行或作业。海船进江也应取得特别许可，其船员须接受海船船员海进江培训并取得资格证明。

第二节 船舶基本知识

一、内河民用船舶种类

（一）客船

客船是指载运乘客超过12人的船舶，也指专门用于运送旅客及其所携带的行李和邮件的船舶（如图1-2-1所示）。

（a）高速客船

（b）三峡旅游船

（c）游览船

（d）客渡船

（e）客滚船

（f）普通客船

图1-2-1 内河部分种类客船

（1）高速客船系指设计静水时速在沿海水域大于等于25海里/小时，在内河通航水域大于等于35千米/小时的客船，其主要有水翼船、气垫船、高速双体船等。

（2）旅游船系指设有观光区域和客舱，为乘客提供旅游、观光、娱乐、食宿等服务的客船，其主要有游艇、专用接待船、旅游观光船等。

（3）游览船系指设有观光区域，航行于城区、水库、公园、风景区等水域，为乘客提供游览、观光、娱乐、餐饮等服务的客船。

（4）客渡船系指航行于渡口间，对于内河Ⅰ级航道，单程逆水延续航行时间（不包括中途停港时间）小于等于2小时或单程航行距离小于等于20千米，载运乘客或兼运货物的客船；其他内河通航水域单程航行时间不超过20分钟的用于客渡的船舶。

（5）客滚船系指设有滚装处所的客船（含汽车渡船）。

（6）普通客船系指除客渡船、游览船、旅游船、客滚船和车客渡船之外的其他客船。

（二）货船

货船系指以从事货物运输为主的非客运船舶，主要有干货船、液货船、集装箱船等（如图1-1-2所示部分货船）。

（a）内河散货船

（b）内河集装箱船

（c）内河滚装船

（d）内河油船

（e）内河液化气船

图1-2-2　内河部分种类货船

（1）干货船系指在舱内或甲板上主要载运干货（包括桶装液体货物）的货船，主要有杂货船和散货物。杂货船主要是指装载件装、包装、袋装、箱装和桶装等普通货物的干货船。散货船是指在舱内或甲板上主要载运散装普通货物的干货船。其主要有矿砂船、运砂船、运煤船、散粮船、散装水泥船等。

（2）液货船系指其构造主要适用于载运散装液体货物的货船。按照运载货物的不同，液货船主要有：油船、液体化学品船、液化气船、运水船等。

（3）集装箱船系指其构造适合于在货舱内和在甲板上专门装载集装箱的船舶，又称“货柜船”，其主要有全集装箱船、半集装箱船等。

（4）集散两用船系指既可用于载运集装箱，又可载运散货的货船。内河较多此类船舶。

（5）滚装货船系指其构造适合于以驶入和驶出的方式装载车辆或使用车辆装卸集装箱或托盘化货物的货船。其主要有汽车滚装船、旅客滚装船、冷藏滚装两用船等。

（6）多用途货船系指既能载运普通件杂货，也能载运散货、大件货和一部分集装箱以及冷藏货，甚至是液货的货船，如矿/油船、散/矿船、散/油船、石油/化学品船等。

（7）专用货船系指专门用来装载某种货物的船舶，如木材船、汽车运输船、牲畜运输船、冷藏船、重件运输船、载驳船等。

（三）其他种类船舶

（1）车渡轮系指专门用于渡运车辆的渡船，通常两端均可靠泊码头，主要有汽车渡轮与火车渡轮。

（2）顶推船与拖船系指不直接装载货物而主要用于推（拖）货（油）驳的船舶。

（3）驳船系指专门运输货物的非自航船。其主要有客驳、货驳等，与顶推船或拖船组成船队（如图1-2-3、图1-2-4所示）。

图1-2-3　顶推船队

图1-2-4　拖带船队

（4）运输辅助船系指在水上或港内对大型船舶或其他船舶提供支援或管理的船舶。其主要有港作船、供应船、环保船、囤船、浮船坞、公务船（如航政、海关、海事、公安、巡逻船）等。

（5）工程船系指承担水上或航道施工任务的船舶，包括疏浚船、挖泥船、起重船、打桩船、开底泥驳（船）、对开泥驳（船）等（如图1-2-5、图1-2-6所示），还有船道保证船、水工建筑船、救助/打探/潜水工作船等。

（6）渔船系指用于捕捞或采收鱼类或其他水产生物资源的船舶，也包括现代捕捞生产的一些辅助船只。

图1-2-5　自航工程船

图1-2-6　非自航工程船

二、船舶的主要部位

（一）船体主要部位

船舶由主船体、上层建筑及其他各种配套设备所组成（货船如图1-2-7所示，具体不同种类船舶略有增减）。

图1-2-7　货船船体主要部位与舱室

1–驾驶台；2–生活舱室；3–机舱；4–货舱；5–双层底压载舱；6–燃油舱；7–舵机舱；8–隔离舱/淡水舱；9–艏尖舱；10–锚链舱；11–艏压载舱；12–淡水舱；13–储物舱；14–起货设备；15–甲板；16–舷侧/外板；17–水密横舱壁；18–主机；19–轴系；20–螺旋桨；21–舵；22–助航设备

1. 主船体

主船体是指上甲板及以下由船底、舷侧与艏艉、甲板、舱壁等结构所组成的水密空心结构，为船舶的主体部分。

船底——主船体的底部结构，有单层底和双层底两种结构形式。

舷侧——主船体两侧的直立部分，按船尾向船首的视向，左侧称左舷，右侧称右舷，前部的线型弯曲部分称艏舷（又称艏部），后部的线型弯曲部分称艉舷（又称艉部）。舷侧有单层壳和双层壳两种结构形式。

外板——构成船底、舷侧及舭部外壳的板，通常称船舶外板，俗称船壳板。

甲板——主船体垂向上成上、下层，并沿船长方向水平布置的大型纵向连续板架。

舱壁——主船体内垂向方向上布置的结构，有横舱壁和纵舱壁两种。

2. 船舶上层建筑

船舶上层建筑是上甲板以上各种围壁建筑物的统称，主要用于布置各种用途的舱室，如驾驶台、工作舱室、生活舱室、储藏舱室、仪器设备舱室和客船的上层客舱等。

3. 船体其他配套设施

船体其他配套系统主要是指竖立的桅杆、水下的减摇鳍；货船甲板上的货舱盖、吊货杆或起重机；客船上的旅客配套设施等。

（二）船舶主要舱室

除前述上层建筑内具有各种功能不同的舱室外，主船体亦由各层甲板与舱壁将其分隔成若干舱室，货船上这些舱室按其用途的不同主要有：

（1）货舱是指甲板下的内部空间，用来存放和运送货物。根据船舶种类的不同，有干货舱、液货舱及液化气体货舱等。有的船舶货舱也包含了甲板以上空间。

（2）机舱是用于安装主机、辅机及其配套设备的舱室，为船舶的动力中心。

（3）压载舱是指专门用来装压载水的舱室。如货舱下部的双层底压载舱，艏、艉尖舱及双层壳的边舱等。

（4）燃油舱是用于储存主、副机所用燃油的舱室。

（5）其他舱室包括淡水舱、艏尖舱、锚链舱、舵机舱、泵舱、隔离舱等。

在客船上，除了船舶驾驶台、船员生活舱室、必要的供给舱室和设备舱室外，其余空间都被安排为客舱或为乘客服务的舱室。

三、内河船舶的主要标志

（一）船舶载重线标志

船舶载重线标志系指船舶按其航行的航区（航段）而定的载重水线，按规范勘绘于船中两舷，用以检查装载状态使之不小于已核定的最小干舷。载重线标志主要包括：载重线圈及各适航区载重线，无法从舷外确定主甲板高度的船舶还勘绘有甲板线。

1. 载重线标志的样式要求

根据检验技术规则要求，内河船舶载重线标志式样如图1-2-8（a）所示，载重线标志的圆环中心位于船中，满载水线应通过载重线标志圆环的中心。圆环左侧绘制“ZC”字母（或“CS”），代表该载重线是由中国船舶检验局（或中国船级社）勘划的。圆环右侧绘制表示航区的字母“A”[或“B”或“C”或“J”(急流航区)],表示该船舶最高适航区。

如船舶适航于数级航区(航段)而各载重线高度要求不同时,则在载重线标志的右端标示出各航区(航段)的载重线,如图1-2-8(b)、(c)、(d)所示:

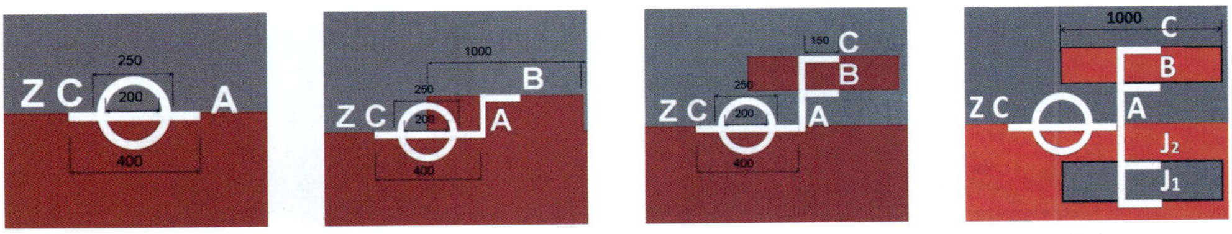

(a) (b) (c) (d)

图1-2-8 载重线标志

2. **载重线标志的使用规则**

内河船舶的载重线标志,即最小干舷,一旦核定,营运时在某一航区任何装载情况下的吃水均不得超过该航区相对应的载重线标志线。

(二)船舶水尺标志

1. **水尺标示位置与作用**

船舶水尺标志由绘在船首、船尾及船中两侧船壳上的六组数据组成,俗称六面水尺,用来标示船舶吃水情况或计量载货重量。

2. **水尺样式要求**

内河船舶水尺标志(如图1-2-9所示)由水尺刻度和水尺数字组成。中国内河船舶水尺读数为公制单位“米”。水尺标志吃水值以0.2米的倍数进行标注,吃水值为整数米时在数字后面加注单位“M”。

3. **水尺测量和读取方法**

水面刚好浸到水尺某读数下缘时,即表明为该读数所示吃水;刚好浸没某个水尺读数时即吃水为该读数加0.1米。

读取时如果有涌浪时要多观测一会儿,可以在水面比较平静的一刻读数,取上、下波峰、波谷的平均值;如波浪不定,要读取多组波峰、波谷数据分别计算平均数后再取其平均值(如图1-2-10所示)。

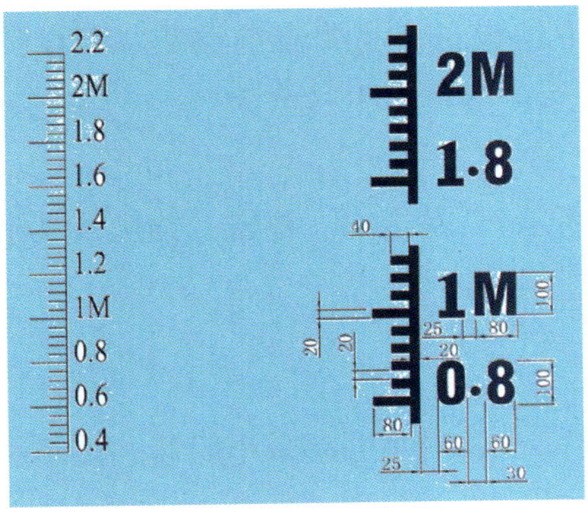

图1-2-9 内河船舶水尺标志

图1-2-10 水尺测量和读取

（三）船名与船籍港标志

船舶应当在船首两舷和船尾标明船名，在船尾船名下方标明船籍港，船名、船籍港下方标明汉语拼音（如图 1-2-11 所示）。小型船舶受船型限制不能在规定位置标明船名标志的，应按规定以标志牌或灯箱标明船名、船籍港。

（a）

（b）

图 1-2-11　船名与船籍港标志

（四）其他标志标识

1. 烟囱标志

船舶烟囱标志是航运公司自行设计的个性化标志，因大多数情况下刷在船舶烟囱位置而得名（如图 1-2-12 所示）。

2. 球鼻首和侧推器标志

船首两侧满载水线以上船壳绘有球鼻首标志，表示船首前端为球鼻首；绘有侧推器标志，表示船首两侧有侧向推进器（如图 1-2-13 所示）。

图 1-2-12　烟囱标志

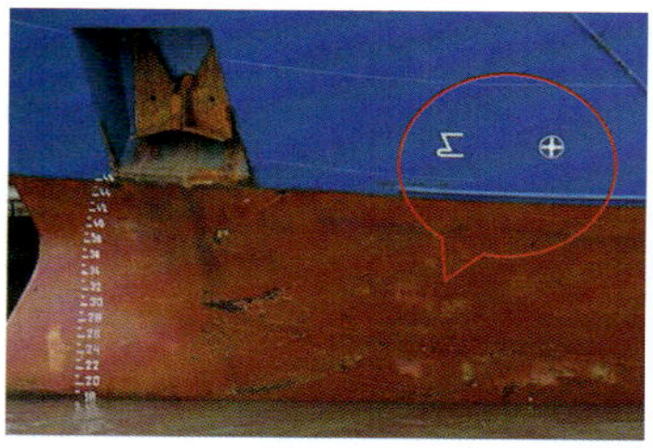

图 1-2-13　球鼻首标志与侧推器标志

四、内河船舶甲板设备

船舶甲板设备是甲板部航行、停泊或作业的设备，主要有锚设备、舵设备、系泊设备、系固设备等，有的还有拖拽设备、起货设备、舱盖关闭设备等。

（一）锚设备

锚设备，又称“锚泊设备”（如图 1-2-14 所示），是指锚、锚链、锚机及其附属设备的总称。

1. 锚设备的主要作用

（1）系泊作用，可抛锚使船停泊于锚地。

（2）操纵作用，可抛锚协助船舶掉头或转向；靠泊时可起减小船速、控制船身转向的作用。

（3）应急作用，在船舶搁浅时可用锚固定船身和协助脱浅；船舶在大风浪中可用锚和锚链控制船首方向，防止船身打横受浪和剧烈横摇等；应急避碰时可用锚减小船速、错开船首。

2. 锚设备的组成

（1）锚——产生抓驻力与系留力。目前内河船舶最常用的是海军锚与霍尔锚（如图1-2-15所示）。

（2）锚链——连接锚和船体，向船体传递锚的抓驻力，锚链也产生一定的系留力。一般每节锚链的长度为27.5米。

（3）锚机——抛、起锚的动力设备（如图1-2-16所示）。内河船舶船首锚机大多数情况下还可以兼作艏绞缆机使用。

（4）附属装置——主要包括制链器、锚链筒、锚链舱、弃链装置等。

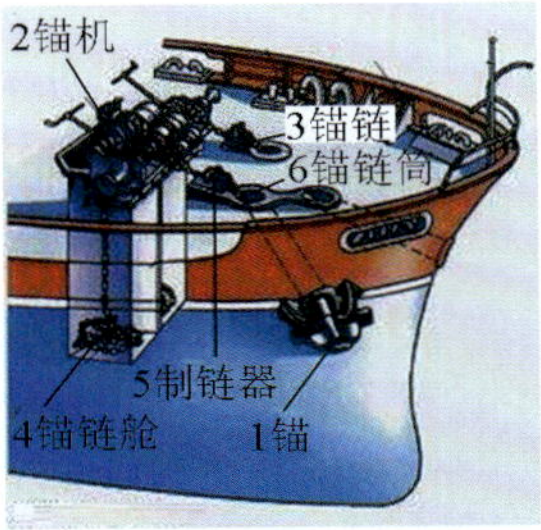

图1-2-14　锚设备组成

图1-2-15　海军锚与霍尔锚

图1-2-16　锚机

（二）舵设备

舵设备是操纵船舶的主要设备，航行中操舵来保持航向或改变航向。

舵设备（如图1-2-17所示）由舵、舵机、转舵装置、操舵装置与传动装置组成。

（1）舵叶——产生转船力。内河船常用平板舵或流线型舵。

（2）舵机——产生转舵力。

（3）转舵装置——将舵机转舵力矩传递给舵柄以带动舵杆转动（如图1-2-18所示）。

（4）操舵与传动装置——将驾驶台发出的操舵动作或指令传递给舵机或转舵装置，将舵的实际动作反馈到驾驶台。

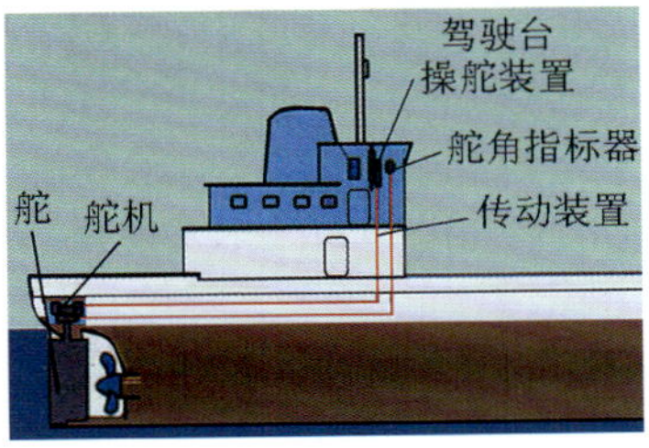

图1-2-17　舵设备组成

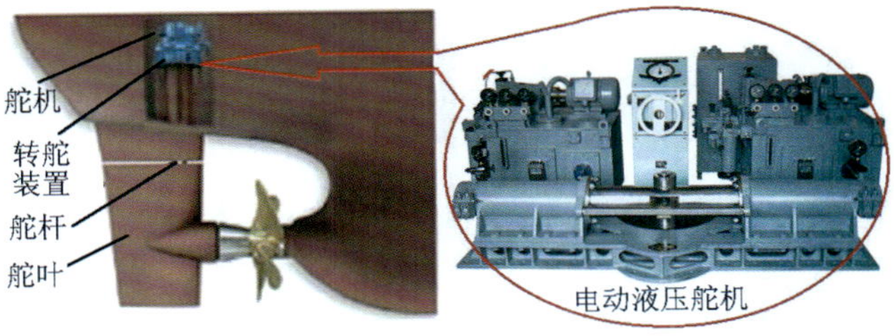

图1-2-18　舵机与转舵装置

（三）系泊设备

1. 系缆装置

系缆装置是指固定在甲板上用以系住或收紧缆绳的装置，包括系缆桩、绞缆机和导缆装置等。

（1）系缆桩（如图1-2-19所示）

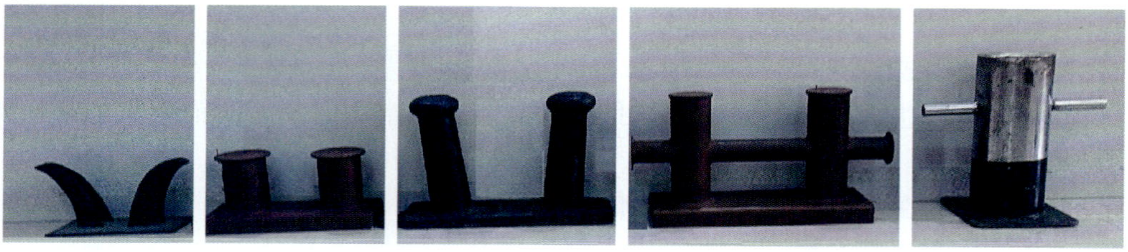

（a）羊角桩　（b）双柱系缆桩　（c）斜双柱系缆桩　（d）双十字系缆桩　（e）单十字系缆桩

图1-2-19　系缆桩

（2）绞缆装置

作用：船舶靠、离泊时用以收绞缆绳，其主要有卧式绞缆机和立式绞缆盘（如图1-2-20所示）。

（a）卧式绞缆机　（b）立式绞缆盘

图1-2-20　绞缆装置

（3）导缆装置

作用：系船缆通过船舷时改变其受力方向，限制其导出位置，减少缆绳磨损并加强舷墙开口处强度（如图1-2-21所示）。

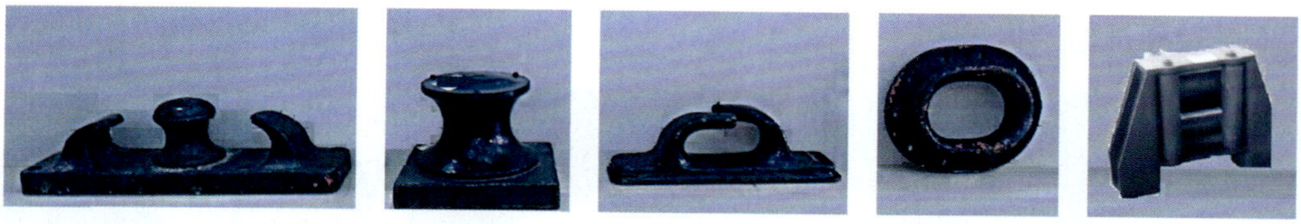

（a）带轮导缆钳　（b）导缆轮　（c）导缆钳　（d）导缆孔　（e）滚柱导缆器

图1-2-21　导缆装置

2. 系船缆

作用：将船舶系住在指定的位置上的缆绳（如图1-2-22所示）。

要求：具备抗拉、抗冲击、耐磨损、柔韧轻软等性能。

主要系船缆名称与作用：头缆和前缆——防止船舶后移；首横缆——防止船头外移；首倒缆——防止船舶前移，也可作用尾靠泊和开尾离泊操纵缆；尾缆——防止船舶前移；尾横缆——防止船尾外移；尾倒缆——防止船舶后移，也可作开头离泊操纵缆（如图1-2-23所示）。

主要种类：纤维缆、钢丝缆或链条等。

图 1-2-22　靠泊系缆作业

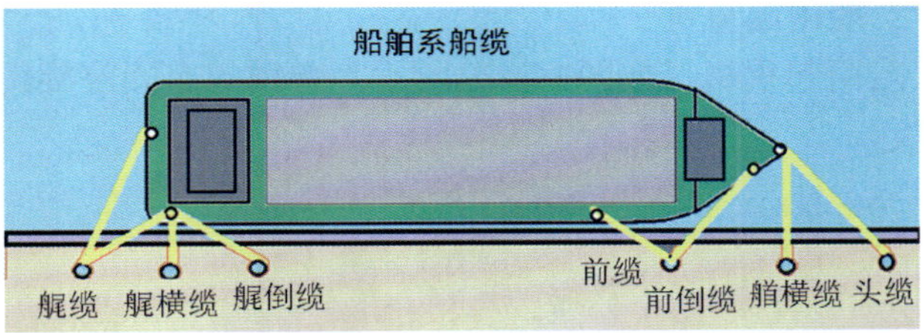

图 1-2-23　不同位置与方向的系缆作用各有不同

（1）纤维缆

内河船舶常用的纤维系船缆有三股缆、六股缆、八股缆等，由植物纤维或化学纤维材料编制或拧绞而成。植物纤维缆绳主要有白棕缆绳、棉麻缆绳、油麻缆绳等（如图 1-2-24 所示）。化学纤维缆绳简称化纤缆（如图 1-2-25 所示），目前内河船舶使用较多，船上常用的化纤绳有锦纶绳、丙纶绳、维纶绳等。

（2）钢丝缆

钢丝绳由镀锌钢丝捻制而成，它的优点是尺寸小，强度大，经久耐用，船舶上广泛用作系船缆、拖缆、吊货索、吊艇索以及各种支索等。船上习惯根据钢丝绳的柔软度，分为硬钢丝绳、半硬钢丝绳和软钢丝绳三类，系船缆多选半硬或软钢丝缆（如图 1-2-26 所示）。

图 1-2-24　植物纤维系船缆

图 1-2-25　化学纤维系船缆

图 1-2-26　钢丝绳系船缆

3. 系泊属具

船舶系泊主要属具如图 1-2-27 所示。

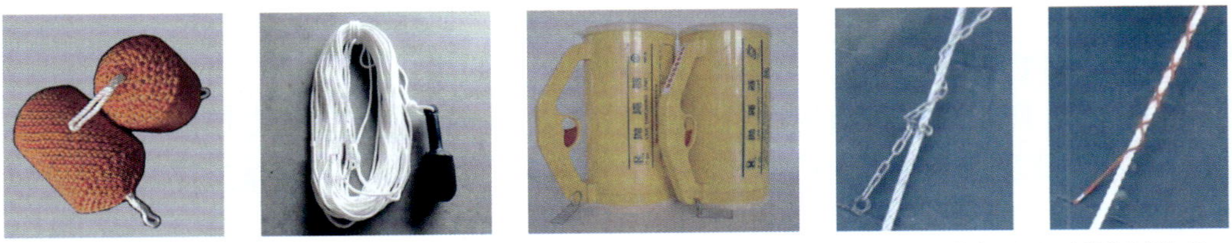

（a）船用碰垫　（b）撇缆绳　（c）抛绳器　（d）链条制缆索　（e）纤维制缆索

图 1-2-27　船舶系泊属具

（四）船舶起货设备

起货设备是指安装在船上用以装卸货物的装置。目前，船舶采用较多的主要有吊货杆装置、船用起重机及其他装卸机械。

1. 吊货杆装置

吊货杆装置（如图 1-2-28 所示）是船上传统的起货设备，有单杆操作和双杆操作两种方式。

2. **船用起重机**

船用起重机（如图1-2-29所示）常用的有固定旋转起重机、移动旋转起重机和龙门起重机。

图1-2-28　吊货杆装置

图1-2-29　船用起重机

（五）货物系固设备与装置

1. **固定货物系固设备**

固定货物系固设备是指焊接在舱壁、肋骨支柱上或天花板上的眼板、眼环、羊角，在甲板上或货舱底板上的底座、集装箱的角件孔等货物系固点（如图1-2-30所示）与支撑物。

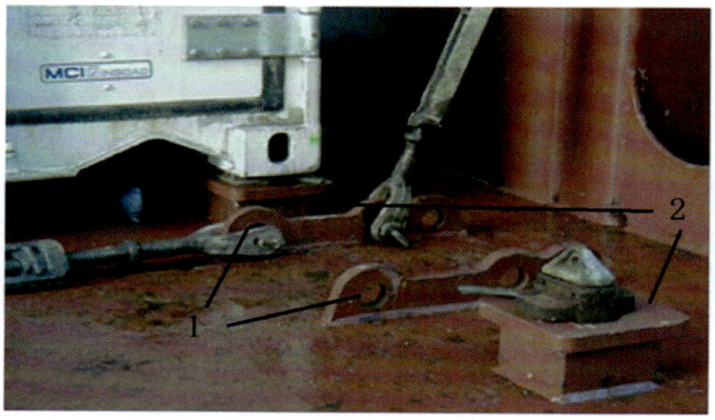

图1-2-30　固定货物系固装置

1–系固眼环；2–集装箱角件孔

2. **可移动货物系固设备**

如图1-2-31所示为可移动货物系固设备，还有预先制作好系固专用的钢丝绳、纤维绳、链条、钢带及松紧器、紧链器、卸扣、紧索夹、钩带等；还包括支撑防滚用的千斤顶、防滑木、木楔、木板、木条、木柱和其他支撑填充材料。

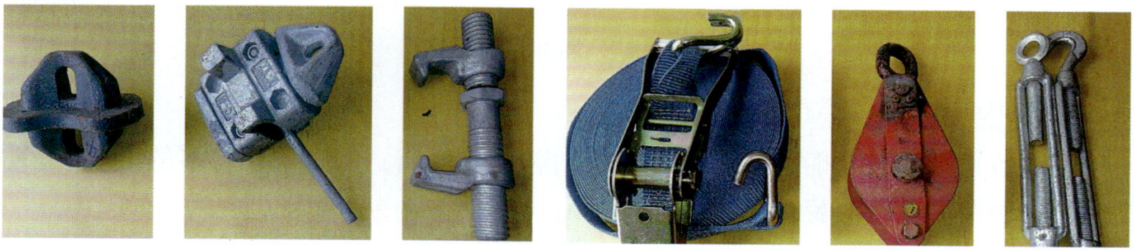

（a）集装箱底椎　（b）集装箱扭锁　（c）集装箱桥锁　（d）系固带　（e）滑轮　（f）花篮螺丝

图1-2-31　可移动货物系固设备

五、内河船舶轮机设备

船舶必须配置一整套符合规范要求的动力装置和辅助设备后，才能在水上航行。这些装置主要有船舶主动力装置、辅助动力装置、压缩空气装置、船舶通风系统、船用泵和管路系统、自动化系统等。这些机电动力设备主要集中于机舱，专门管理这些设备的技术部门是轮机部（如图1-2-32所示）。

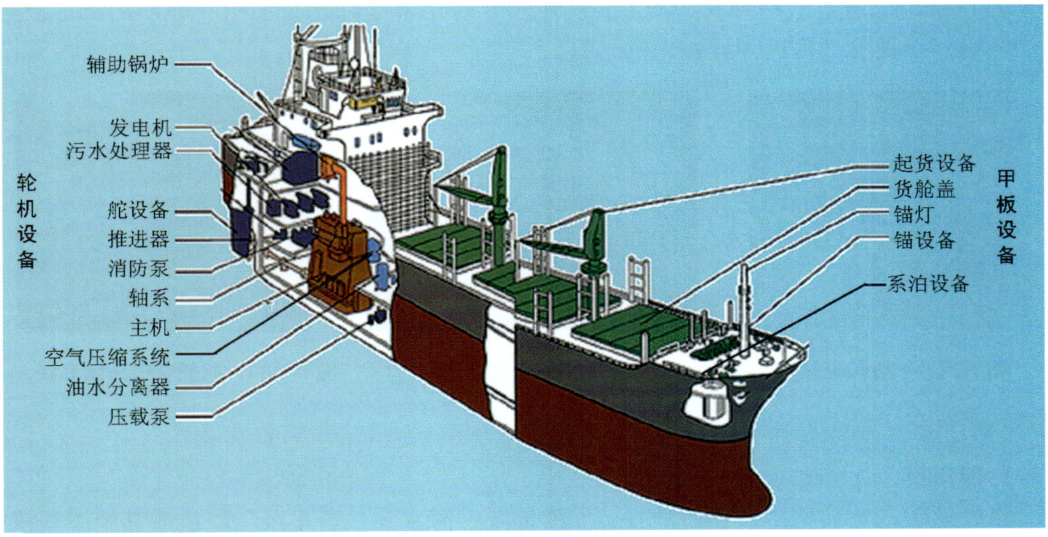

图1-2-32　船舶主要设备

（一）船舶主动力装置

船舶主动力装置是船舶的心脏，是船舶动力设备中最重要的部分，主要包括：主机、传动设备、轴系和推进器。

（1）主机系指能够产生船舶推进动力的发动机，目前内河民用运输船舶的主机以船舶柴油机为主（如图1-2-33所示）。

（2）传动设备系指把主机的功率传递给推进器的设备，同时起换向、减速、减震作用。传动设备由变速器、离合器、偶合器、联轴器、推力轴承和船舶主轴等组成。

（3）轴系和推进器系指主机的转动功率通过轴系传递到推进器上，推进器将其转化为船舶推进动力（如图1-2-34所示）。

图1-2-33　船舶主机

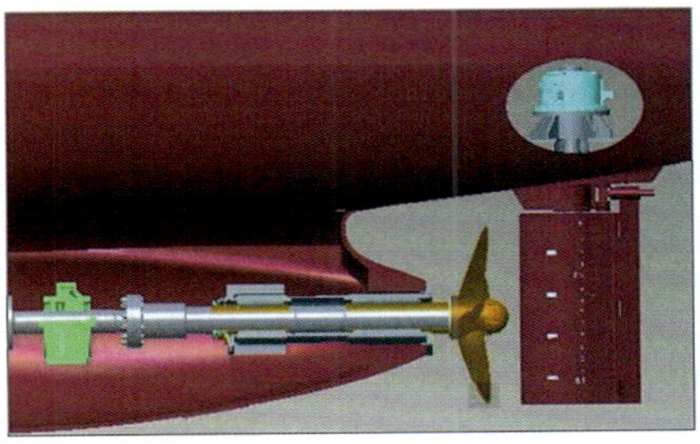

图1-2-34　轴系和推进器

（二）船舶辅助动力装置

船舶辅助动力装置是用于提供除推进装置以外的各种能量，供船舶航行、作业和生活需要的装置，如船舶电站、辅助锅炉、压缩空气系统等。

（1）船舶电站（如图1-2-35所示）系指为全船提供电力、照明和除推进动力外的其他动力的装置。

（2）船舶辅助锅炉（如图1-2-36所示）系指在柴油机船上供辅助机械设备运转、满足燃油加温或液货装卸需要以及其他作业和生活用蒸汽的锅炉。

（3）船舶压缩空气系统（如图1-2-37所示）是用来起动副柴油机、起动主机和换向，并为汽笛、甲板气动机械等设备提供气源。

图1-2-35　船舶电站

图1-2-36　船舶辅助锅炉

图1-2-37　船舶空气压缩系统

（三）船用泵与管路系统

1. 船用泵

（1）船舶动力装置用泵：燃油泵、润滑油泵、海水泵、淡水泵、舵机或其他甲板机械的液压泵、锅炉装置的给水泵、制冷装置的冷却水泵等（如图1-2-38所示为船舶机舱泵组）。

（2）船舶通用泵：舱底水泵、压载水泵、消防泵、日用淡水泵、热水循环泵，还有兼作压载、消防、舱底水泵用的通用泵等。

（3）特殊船舶专用泵：油船的货油泵、挖泥船的泥浆泵、打捞船的打捞泵等。

图1-2-38　船舶机舱泵组

2. 船舶管系

（1）动力系统管系：为主、副机及其他船舶系统安全持续运转服务的管系。有燃油、润滑油、海水、淡水、蒸汽、压缩空气等管系（如图1-2-39所示）。

（2）船舶系统管系：为船舶航行、作业、船舶安全及人员生活服务的管系。如货油管路（如图1-2-40所示）、压载、舱底水、消防、卫生、通风（空调）以及生活用水等管系。

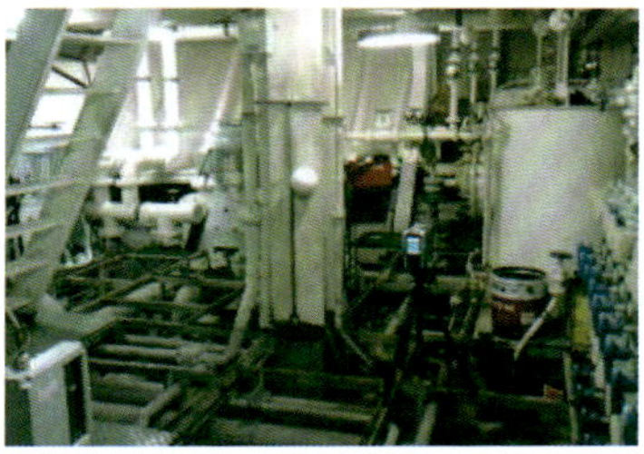

图1-2-39　机舱部分动力管系

图1-2-40　油船甲板上的货油管路

（四）其他设备

（1）油水分离设备（如图1-2-41所示）：船上舱底油污水处理，使排放出的污水含油量达到一定的标准。

（2）分油机（如图1-2-42所示）：将油品中的杂质颗粒和水分分离出来，以令燃油或滑油达到最佳的使用效果。

（3）通风系统（如图1-2-43所示的甲板通风口）：通过机械通风系统或者自然流通为船舶舱室进行通风换气的设备或系统。

图1-2-41　油水分离设备

图1-2-42　分油机

图1-2-43　通风系统

第二章

个人安全与社会责任

为了保障水上人命和财产安全，保护内河水域环境，船员必须提高基本素质和专业技能，增强社会责任感和使命感。

第一节 船舶作业安全

安全作业方法是在系统考虑作业的各种因素的基础上，能使人、机（物）、环境、管理四大安全科学的基本要素（如图2-1-1所示）和谐相处的安全做法的总称，通常称之为安全操作程序、须知、规程、注意事项、规章、制度、办法、要求、规定、操作指南、经验方法、习惯做法等。安全作业方法中，主要有人员分工职责、对操作对象的认识和安全器材要求、操作的先后顺序、关键动作的要求和所要达到的目的等。

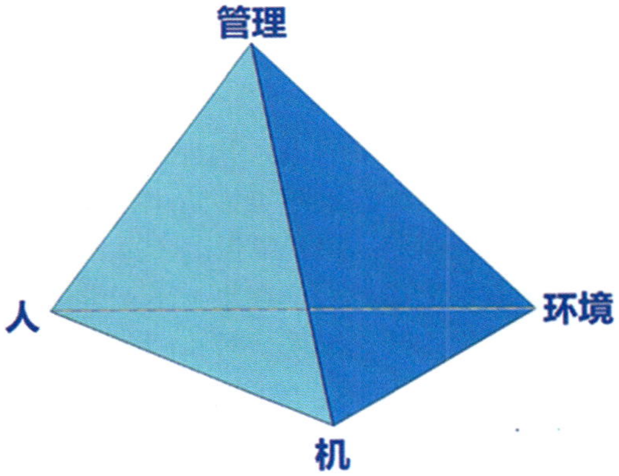

图2-1-1　安全科学的基本要素

一、遵守安全作业方法

遵守安全作业方法的目的是顺应事物的客观规律，安全地完成作业任务。船上的安全规章制度是成文的安全作业方法，而不成文的安全作业方法是指船员在长期的水上实践中总结出来的行之有效的通常做法，也是安全作业方法的组成部分。

不遵守安全作业方法会导致严重的后果，比如，不戴安全帽会因高空坠物导致被砸伤（如图2-1-2所示）、人员高空坠落伤亡（如图2-1-3所示）、违章明火作业引发火灾爆炸等。

(a)

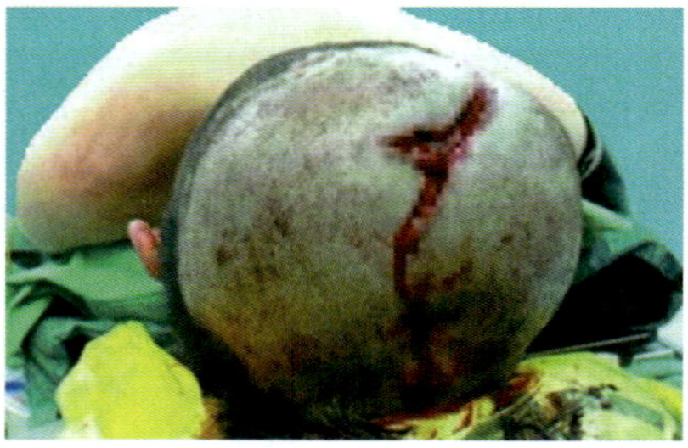

(b)

图2-1-2　高空坠物砸伤

图2-1-3　人员高空坠落伤亡

遵守安全作业方法，船员始终是受益者。作业（操作）者因避免可能发生的事故，确保了自身免遭人身伤害；避免了船舶事故，从而保护了船上其他人员的安全，避免了可能引发的水域污染事故，从而保护了自身和公司的利益。从宏观角度看，船员遵守安全作业方法，保护了公司利益，保护了人类赖以生存和发展的水域环境。可谓一荣俱荣，一损俱损。可见，遵守安全作业方法，责任和意义都非常重大。对于船员，我们必须加强对安全规章制度的学习，提高关于安全作业的知识和技能，工作中严格遵守安全规章制度，增强社会责任感和使命感。

二、上、下船及在船期间的安全注意事项

船舶工作是一个特殊的工种，工作环境特殊、恶劣。船上一些处所或工作可能会存在危险，我们需要学会识别，在进入这些场所或进行相关工作时要准确的判断和评价，排除隐患，做好防护工作，保证安全。

（1）安全登、离船：登、离船时应待船舶停稳系牢后依次单列进行，切勿上下蹦跳，要抓紧把手或扶手，注意防滑，防止掉入船和码头或浮桥等类似结构中间，或者掉到码头或浮桥或类似结构上、掉到甲板上、掉入水中，防止发生跌倒或绊倒等危险情况的发生。

（2）在船上走动：由于在水上不正常的倾斜或船舶剧烈的摇摆，要注意防止跌倒、防止可能被船上物体跌落砸伤、防止因船舶摇晃而站立不稳以致身体碰撞船体结构、防止从高处跌落在甲板上，临近船舷走动还应防止人员落水。开、关水密门要注意防止手部被挤压。

（3）进入和在封闭或限制空间工作：在进入货舱、油舱、隔离舱、空舱、二氧化碳和灭火剂储藏间等封闭处所时，要预防由于缺少氧气或易燃和/或有毒气体/蒸汽导致的窒

息，或者产生火灾或爆炸的危险。

（4）使用工具和材料的场所：使用各种工具工作时，要防止导致手部、眼部、皮肤及身体其他部位损伤，或者发生触电、火灾及爆炸等事故。

（5）在高处和舷外工作：要遵守操作规程，系好安全带，防止从高处跌落到甲板上或水中。

（6）工作中使用钢丝绳和纤维绳时，比如系泊、解缆、吊货、绑扎等，要防止钢丝绳可能对手掌或者手指构成的伤害，更要防止绳索断裂而导致严重伤害。

（7）抛锚、靠码头、系泊、解缆时人员可能会掉落到舷外，锁链、绳子、缆绳断裂会导致严重损伤，可能被绞紧绷起的锚链导致严重的损伤，可能会因跌倒或被绊倒而导致身体受到伤害，制动和处理操作不当可能造成手臂和肩部的损伤等。

（8）装卸货作业时，起重机或吊杆及其索具、升降摆动的货物可能对作业人员造成伤害。开、关舱时可能对作业人员造成伤害。船上化学品不当泄漏可能对船员造成伤害。

（9）防止开敞的人孔、无限制的开口、松动或丢失的格栅引起人员跌倒或跌落。

（10）在机器处所工作可能发生身体部分被卷进旋转、来回摆动或移动的机器中导致手指、手掌、手臂等受损害。较低入口或突出的头部高度的管子或其他突出的结构可能导致碰撞伤害（尤其是头部）；由锋利工具、工具的滑落或工具的错误使用导致的手部损伤；从高处跌落受到的伤害；在光滑表面跌倒受到的伤害；高噪声导致的听力损害；由于长时间处于高温环境导致的中暑；由于漏油滴在热表面导致的火灾；高温、高压蒸汽导致的损伤；被锁在冷却室内或冷却剂泄漏导致的窒息，等等。

（11）在厨房、配膳间和其他食物操作区域工作，装载和储存食品时可能被跌落物体砸到；人力提升或移动重物可能导致背部损伤；可能被误关入冷藏室中；食物的准备过程中可能由于切、砍、锯食物或肉等而导致手指、手掌的损伤，也可能被飞出的物体（例如骨头）导致眼部受损害；接触热锅或热水可能导致烧伤和烫伤；湿滑的表面可能造成跌倒损伤，等等。

（12）室外作业要注意保暖，防止冻伤。

船上可能发生危险不能一一列明列全，除上述可能存在的危险外，当船舶发生火灾、碰撞、搁浅、进水或沉没、极端恶劣天气等情况时，也会使船员面临受到伤害的危险。船员工作时要严格遵守操作规程，穿戴正规的个人安全防护设备，保护身体免受伤害。

三、个人安全防护设备

个人安全防护设备是为防御物理、化学及生物等外界因素伤害所穿戴、配备和使用的各种护品的总称。

（一）头部防护

安全帽是对人体头部受坠物及其他特定因素引起的伤害起防护作用的帽子。其由帽壳、帽衬、下颌带和后箍等组成。帽壳呈半球形，坚固、光滑并有一定弹性。打击物的冲击和穿刺动能主要由帽壳承受。帽衬是帽壳内部部件的总称，由帽箍、吸汗带、缓冲垫、衬带等组成（如图2-1-4所示）。帽壳和帽衬之间留有一定空间，可缓冲、分散瞬时冲击力，从而避免或减轻对头部的直接伤害。安全帽一般具有吸收冲击性能、耐穿刺性能、侧向刚性、电绝缘性、阻燃性等基本技术性能。

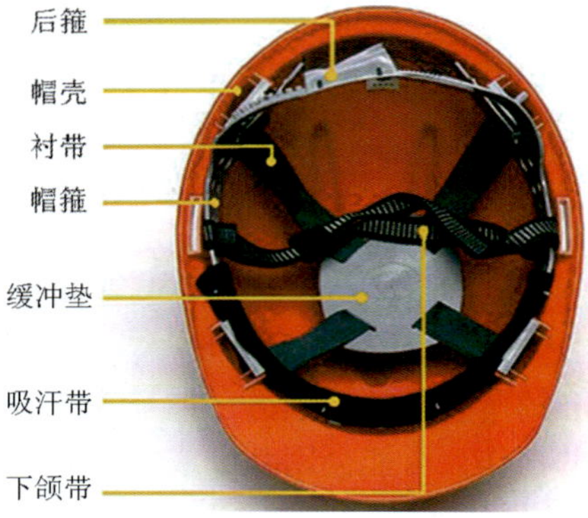

（a）

（b）

图2-1-4　安全帽

安全帽使用注意事项：

（1）在使用前应检查安全帽是否有外观缺陷，各部件是否完好，确保无异常。

（2）不应随意在安全帽上拆卸或添加附件，以免影响其原有的防护性能。

（3）帽衬调整后的内部尺寸、垂直间距、佩戴高度、水平间距应符合安全要求。

（4）安全帽在使用时应戴正、戴牢，锁紧帽箍，配有下颌带的安全帽应系紧下颌带，确保在使用中不发生意外脱落（如图2-1-5所示）。

（a）　（b）　（c）

（d）　（e）

图2-1-5　安全帽应正确佩戴

（5）使用者不应擅自在帽壳上涂油漆、涂料、汽油及溶剂等。

（6）不应随意碰撞挤压或将安全帽用作除佩戴以外的其他用途，例如坐压、砸坚硬物体等。

（7）在安全帽内，使用者应确保永久标识齐全、清晰。

（8）安全帽的维护应按照产品说明进行，安全帽上的可更换部件损坏时应按照产品说明及时更换。

（9）安全帽的存放应远离酸、碱、有机溶剂，尽可能不要放在高温、低温、日晒、潮湿或其他腐蚀环境，以免其老化或变质。

（10）安全帽不应放在热源附近，防止帽体变形；安全帽应保持清洁。

（二）手的防护

手套（如图2-1-6所示）用于不同工作环境下的手部防护。可能接触尖锐物体或粗糙表面时，选具有防切割性质的手套；可能接触化学品时，选用防化学腐蚀、化学渗透的手套；可能接触高温或低温表面时，选用隔热防护手套；可能接触带电体时，选用绝缘手套；可能接触油或湿滑表面时，选用防滑手套。

手套使用注意事项：

（1）选用手套前，首先要对所从事的工作进行风险评估，评估该手套是否适合于该工作环境中使用，是否可以有效地预防有关危害，尽量消除可能伤害手部的有害因素。选择时，薄帆布、纱线、分指手套主要用于检修工作、开吊车、配电工作和带解缆等；翻毛皮革长手套主要用于焊接工种；橡胶或涂橡胶手套主要用于电气、铸造等工种；插钢丝时应戴皮手套。

(a)　　　　(b)　　　　(c)

图2-1-6　防护手套

（2）使用前应检查手套有无明显缺陷，损坏的手套不允许继续使用，比如裂痕、缝合处开裂、严重磨损、变形、烧焦、融化或发泡、僵硬、有洞眼、发黏或发脆等。

（3）戴各种手套时，注意不要让手腕裸露出来，以防止在作业时有害物溅入造成伤害。

（4）操作各类机床或在有被夹挤危险的地方作业时严禁戴手套（如图2-1-7所示）。

（5）防护手套应储存在清洁、干燥通风、无油污或不被阳光直射、无腐蚀性气体的地方。

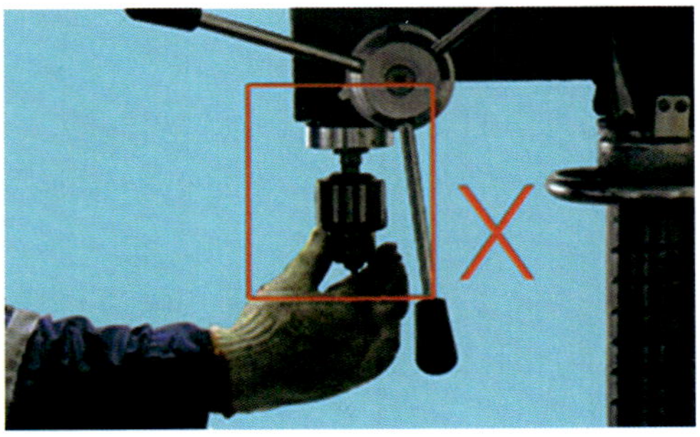

图2-1-7　操作各类机床时严禁戴手套

（三）眼睛防护

护目镜（如图2-1-8所示）的作用是保护作业人员的眼睛，防止外来伤害。护目镜种类很多，有防尘眼镜、防冲击眼镜、防化学眼镜和防光辐射眼镜等多种。防尘眼镜在尘埃较多的环境下使用，一般镜片强度要求不高，用一般平光玻璃镜片制作；防冲击眼镜主要用于防御金属或砂石碎屑等对眼睛的机械损伤，眼镜片和眼镜架结构坚固，抗打击，框架周围装有遮边，其上应有通风孔；防化学眼镜主要用于防御有刺激或腐蚀性的溶液对眼睛的化学损伤，可选用普通平光镜片，镜框应有遮盖，以防溶液溅入；防光辐射眼镜主要在电焊、气焊作业时使用。

（a）

（b）

图2-1-8　**护目镜**

护目镜使用注意事项：

（1）选用的护目镜是经产品检验机构检验合格的产品。

（2）护目镜的宽窄和大小要适合使用者的脸型。

（3）镜片磨损粗糙、镜架损坏会影响操作人员的视力，应及时调换。

（4）护目镜要专人使用，防止传染眼病。

（5）焊接护目镜的滤光片和保护片要按规定作业需要选用和更换，选择时应考虑作业时弧光的强弱。弧光强、颜色要深；反之，应选浅色镜片。如果弧光强，戴浅色护目镜，部分红外线会透过镜片刺激和损伤眼睛，长期处于这种情况，会使操作者患职业性白内障；反之，弧光弱而长期戴深色护目镜，则会使操作者视力大幅度下降。

（6）防止重摔重压，防止坚硬的物体摩擦镜片和面罩。

（四）听力防护

听力防护器具可分为耳塞、耳罩和防噪声头盔三类。

（1）耳塞（如图2-1-9所示）：可插入外耳道内或插在外耳道的入口。它有可塑式和非可塑式两种。可塑式耳塞用漫蜡棉纱、防声玻璃棉、橡皮泥等材料制成。使用者可以使之成型，每件使用一次或几次。非可塑性耳塞又称”通用型耳塞”，用塑料、橡胶等材料制成，有多种规格。

（2）耳罩（如图2-1-10所示）：形如耳机，常以塑料制成，呈杯碗状，内具泡沫或海绵垫层，装在弓架上把耳部罩住使噪声衰减。耳罩的噪声衰减量可达10～40分贝，适用于噪声较高的环境。

耳塞和耳罩可单独使用，也可结合使用，结合使用噪声衰减效果比单独使用更好。

（3）防噪声头盔（如图2-1-11所示）：可把头部大部分保护起来，如再加上耳罩，防噪效果就更好。这种头盔具有防噪声、防碰撞、防寒、防暴风、防冲击波等功能，适用于强噪声环境。

对防噪声工具的选用，应考虑作业环境中噪声的强度和性质，以及各种防噪声用具衰减噪声的性能。选用时应认真按照说明书的要求使用，以达到最佳防护效果。

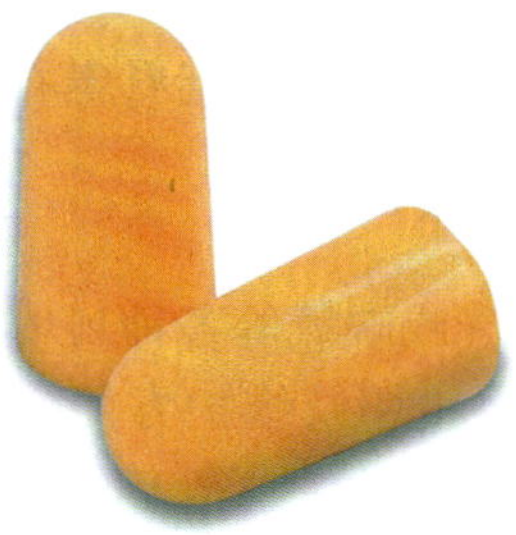

图2-1-9　耳塞

图2-1-10　耳罩

图2-1-11　防噪声头盔

（五）呼吸防护

呼吸防护器具主要包括日常防护型口罩、自吸过滤式防颗粒物呼吸器、自吸过滤式防毒面具、船上消防员用自给式呼吸器等。在没有防护的情况下，任何人都不应暴露在可能危害健康的空气环境中。应根据国家有关的职业卫生标准，对作业中的空气环境进行评价，识别有害环境性质，判定危害程度，选择适合的呼吸防护用品。

1. 日常防护型口罩

日常防护型口罩（如图2-1-12所示）适用于普通人群在日常生活中空气污染环境下滤除颗粒物所佩戴。口罩的防护效果由高到低分为A级、B级、C级、D级，适用的环境空气质量分别对应严重污染、严重及以下污染、重度及以下污染、中度及以下污染。正确佩戴符合标准的日常防护型口罩可以使呼入体内的空气质量达到良级以上水平。

2. 自吸过滤式防颗粒物呼吸器

自吸过滤式防颗粒物呼吸器（如图2-1-13所示）是预防作业环境中颗粒物对从业人员造成伤害的有效个体防护器具。面罩按结构分为随弃式面罩、可更换式半面罩、全面罩三种。其主要用于防护空气中粉尘、烟雾及微生物等颗粒污染物进入人体呼吸器官从而保护生命安全，是通过人体自身呼吸来使用的呼吸防护用品，对接触颗粒物的作业人员的健康起到重要的保护作用。

图2-1-12　日常防护型口罩

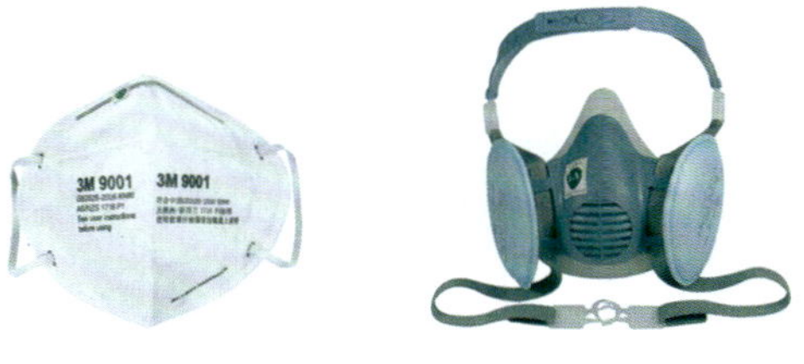

(a)　(b)

图2-1-13　自吸过滤式防颗粒物呼吸器

3. 过滤式防毒面具

过滤式防毒面具（如图2-1-14所示）是一种能够有效地滤除吸入空气中的化学毒气或其他有害物质，并能保护眼睛和头部皮肤免受化学毒剂伤害的防护器材。其主要由滤毒罐和面罩等组成。在使用这种防毒面具时，由于面具的呼吸阻力、有害空间和面罩的局部作用，对人体的正常生理功能造成不同程度的影响。健康人员在平时尚可忍受，在一些特殊情况下，就可能会带来一定的不良后果。因此，对不适合戴面具的人员，应根据病情限制或禁止使用防毒面具。对患有心血管、呼吸系统疾病、贫血、高血压、肾脏病的患者等，应尽量缩短佩戴时间。使用者必须明确使用防毒面具现场的工作环境，包括有毒有害化学物质的种类和具体的浓度。

4. 呼吸器

空气呼吸器（如图2-1-15所示）广泛用于人员在浓烟、毒气或缺氧等各种环境下工作和救助。它以钢瓶内压缩气体为气源，具有重量轻、体积小、使用及维护方便、佩戴舒适、性能稳定等优点。使用时按规定进行检查和佩戴，使用后做好保存保养工作。

图2-1-14　过滤式防毒面具

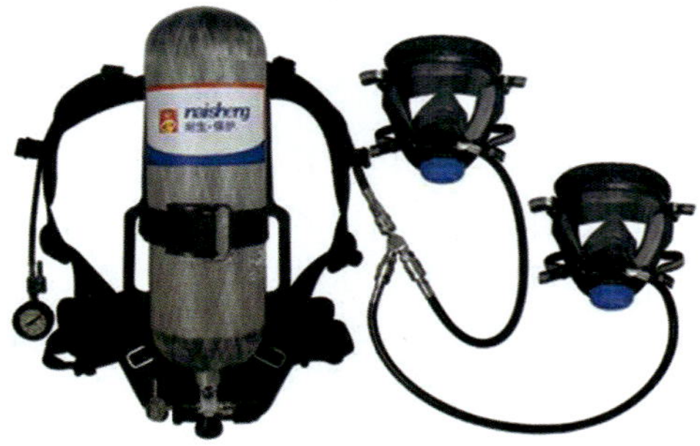

图2-1-15　空气呼吸器

（1）正压式空气呼吸器的基本组成

正压式空气呼吸器主要由面罩、供给阀、呼气阀、快速接头、气瓶、气瓶阀、瓶带组、背托、肩带、腰带组、报警哨、压力表、减压器、高压导管和中压导管等组成（如图2-1-16所示）。

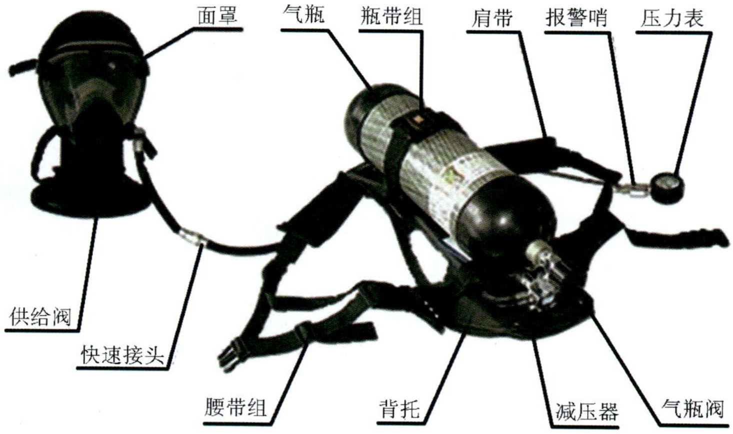

图2-1-16　正压式空气呼吸器的组成

（2）使用前的检查、准备工作（如图2-1-17所示）

①检查软管连接是否牢固；检查背托、肩带、腰带等是否完好

②检查气瓶是否固定好，与减压器的连接是否牢固、气密

③检查全面罩：a.目视检查：面罩清洁，无划痕，无裂纹，橡胶收紧带无松动断裂，锁簧安全好用。b.气密性检查：将手掌贴在面具的接气口机构上，吸气然后屏住呼吸几秒钟，面罩应该贴在脸上不滑动并保持一段时间，证明没有泄漏，否则应调整面具头带后重新测漏

④检查气瓶压力：将呼吸面罩接到中压软管上，并打开空气瓶瓶头阀，观察压力表。随着压力的上升，应听到余压报警器报警，之后压力表的读数应不低于28 MPa（正常工作压力为28～30 MPa）

⑤检查中压导管的气密性：将空气瓶的瓶头阀关闭，再连续观察一段时间压力表，在1分钟内压力下降不大于2 MPa为气密性符合要求

⑥检查余压报警器：检查完中压导管的气密性后，轻轻地打开供气阀，或者将面罩罩在脸上轻轻呼吸，当压力表的读数降到4～6 MPa，可以听到余压报警装置的报警声音，并且连续响到压力表接近零时为止

图2-1-17　呼吸器的使用前检查

（3）佩戴与使用（如图2-1-18所示）

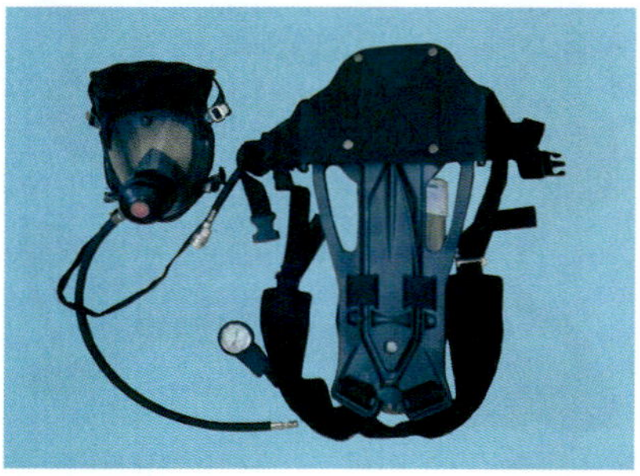

①佩戴与使用新型呼吸器之前，应仔细阅读其使用说明

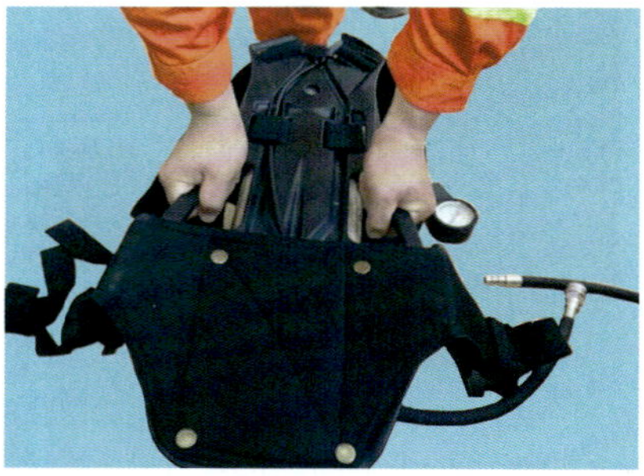

②全面罩和气瓶摆放妥当。这时面罩和气瓶不应连接，以防在佩戴呼吸器时损坏全面罩

③双手紧握背托上的把手，呼吸器举过头顶后，使气瓶阀向后，将背托内侧贴住后背，两手松开把手，伸进肩带内，同时上举，让呼吸器自然滑落到背上。调整好肩带、腰带并系紧

④把全面罩上的挂带套在颈部，然后将面罩和气瓶接好

⑤将供给阀置于关闭状态，然后打开气瓶阀，气瓶阀应至少旋开两圈

⑥佩戴全面罩，确认自主呼吸顺畅后，使用呼吸器进入工作区域

（续图）

⑦工作结束并到达安全地点后，将全面罩系带松开，摘下全面罩

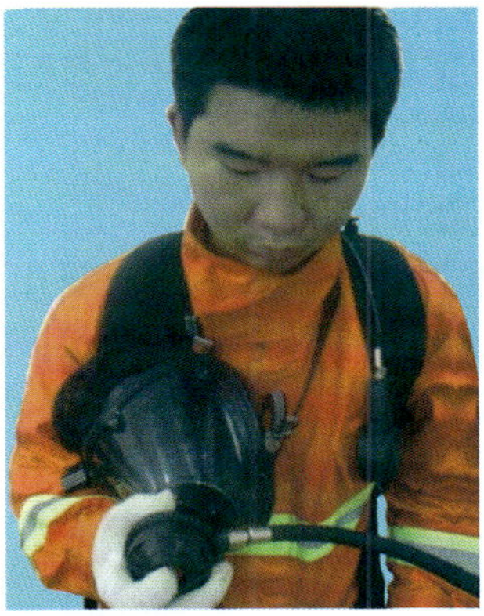

⑧关闭气瓶阀，打开供给阀泄压

⑨将面罩和气瓶分开，取下全面罩并摆放好

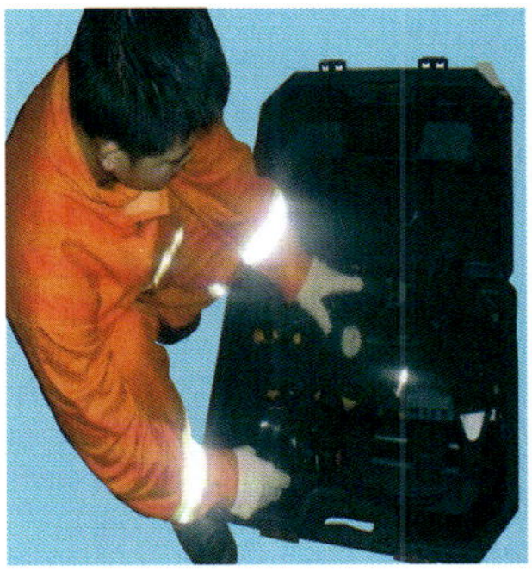

⑩脱卸呼吸器并将呼吸器复位

图 2-1-18 呼吸器佩戴与使用

工作中要经常观察压力表的压力，做到心中有数。听到余压报警信号后应立即撤离现场，到达安全区域后，才能摘下全面罩。

5. 呼吸防护器具使用注意事项

（1）任何呼吸防护用品的防护功能都是有限的，使用者应了解所使用的呼吸防护用品的局限性。

（2）使用任何一种呼吸防护用品都应仔细阅读产品使用说明，并严格按要求使用。

（3）在必须配备逃生型呼吸防护用品的作业场所内的有关作业人员和其他进入人员，应接受逃生型呼吸防护用品使用方法培训。空气呼吸器应限于受过专门培训的人员使用。

（4）使用前应检查呼吸防护用品的完整性、过滤元件的适用性、电池电量、气瓶储气量等，消除不符合有关规定的现象后才允许使用。

（5）进入有害环境前，应先佩戴好呼吸防护用品。在有害环境中作业的人员应始终佩戴呼吸防护用品。

（6）不允许单独使用逃生型呼吸防护用品进入有害环境，只允许从中离开。

（7）当使用中感到异味、咳嗽、刺激、恶心等不适症状时，应立即离开有害环境，并应检查呼吸防护用品，确定并排除故障后方可重新进入有害环境；若无故障存在，应更换有效的过滤元件。

（8）胡须或过长的头发会影响面罩与面部之间的密合性，使用者应预先刮净胡须，避免将头发夹在面罩与面部皮肤之间。应考虑使用者面部特征，若因疤痕、凹陷的太阳穴、非常突出的颧骨、皮肤褶皱、鼻畸形等影响面部与面罩的密合时，应选择与适应面部特征的面罩。

（六）脚的防护——工作鞋

工作鞋（如图2-1-19所示）用于保护足部免受伤害，主要有保护足趾鞋、电绝缘鞋、防静电鞋、耐化学品鞋、防油保护鞋、防水保护鞋、防滑鞋、防寒鞋、防刺穿鞋及多功能防护鞋等。

（a）

（b）

图2-1-19　工作鞋

在实际生产中，多功能的工作鞋较为常见，比如焊接防护鞋。为避免足部受到伤害，应根据工作场所的防护需求，正确选择相应的防护鞋种类（如表2-1-1所示），并且注意：

表2-1-1　工作鞋的种类和用途

序号	种类	用途
1	保护足趾鞋	前包头处有抗冲击材料，是保护足趾免受冲击和挤压伤害的防护鞋
2	电绝缘鞋	不导电，能使人的脚部与带电物体绝缘，阻止电流通过身体，防止电击
3	防静电鞋	能有效阻止静电的产生和积累
4	耐化学品鞋	能有效阻止酸、碱及相关化学品的腐蚀
5	防油保护鞋	用于地面积油或溅油的作业场所
6	防水保护鞋	用于地面积水或溅水的作业场所
7	防滑鞋	用于地面光滑的场所，防止滑倒
8	防寒防护鞋	用于在温度5 ℃及以下的低温环境作业人员的足部保护，以免受冻伤
9	防刺穿鞋	用于足底保护，防止被各种尖锐物刺穿鞋底

（1）使用时不得擅自修改防护鞋的构造。

（2）选择合适尺码的防护鞋。

（3）正确穿着，不要拖穿。

（4）明确防护鞋的防护性能，不要超越其防护功能使用，如穿不具有防酸、碱功能的鞋子从事化学品有关操作。

（5）注意个人卫生，使用者应维持足部及鞋内部清洁干爽。

（七）安全带

1. 安全带的结构

安全带（如图2-1-20所示）是防止高处作业人员发生坠落或发生坠落后将作业人员安全悬挂的个体防护装备。其由系带、安全绳和连接器及金属构件组成，可加装缓冲器或速差自控器或自锁器（如图2-1-21所示）。其优点是强度大、耐磨、耐用、耐霉烂、耐酸和碱，简易轻便，安全适用。

图 2-1-20 安全带

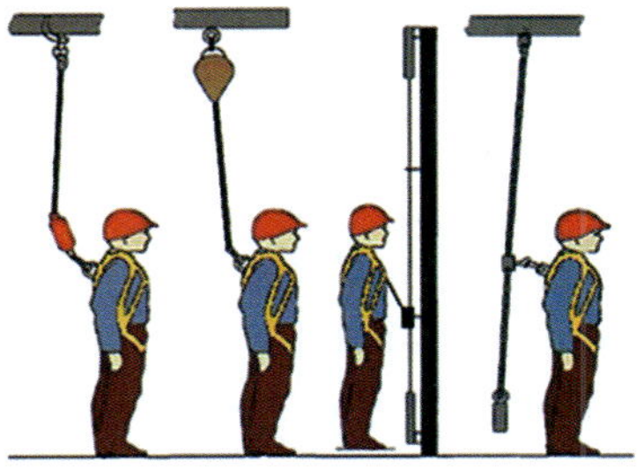

图 2-1-21 坠落悬挂安全带示意图

系带是坠落时支撑和控制人体、分散冲击力，避免人体受到伤害的部件。安全绳是在安全带中连接系带与挂点的绳（带、钢丝绳）。连接器是具有常闭活门的连接部件。

缓冲器（如图 2-1-22 所示）是串联在系带和挂点之间，发生坠落时吸收部分冲击能量、降低冲击力的部件。

速差自控器（如图 2-1-23 所示），又叫收放式防坠器，是安装在挂点上，装有可伸缩长度的绳（带、钢丝绳），串联在系带和挂点之间，在坠落发生时因速度变化引发制动动作的部件。其用于人员高空作业防止意外坠落，即使意外坠落也能快速有效地保障人员安全，能在限定距离内快速制动锁定坠落人员，保护人员的生命安全。

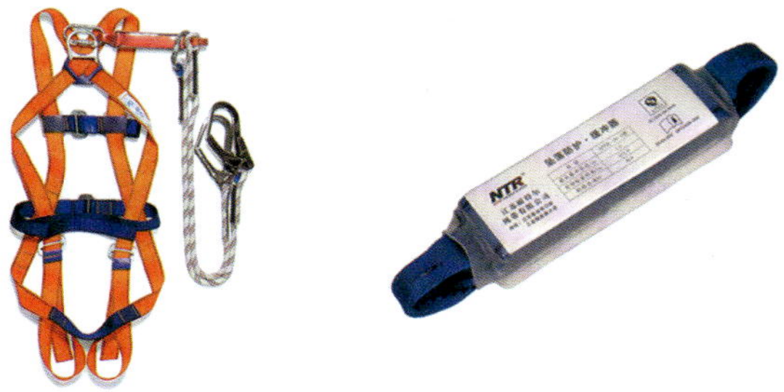

（a） （b）

图 2-1-22 带缓冲器的安全带

图 2-1-23 速差自控器（防坠器）

2. **安全带的正确穿戴**

使用安全带时，应注意：

（1）高空作业或必要时，须系好安全带；使用人员必须经过专业培训，确保能正确使用安全带（如图 2-1-24 所示）。

（a） （b）

图 2-1-24 正确穿戴安全带

（2）使用安全带前应检查各部位是否完好无损，安全绳、系带有无撕裂、开线，金属配件是否有裂纹、是否有腐蚀现象，弹簧弹跳性是否良好，以及其他影响安全带性能的缺陷。如发现存在影响安全带强度和使用功能的缺陷，则应立即更换。

（3）安全带应拴挂于牢固的构件或物体上，应防止挂点摆动或碰撞。

（4）使用防坠落安全带时，挂点应位于工作平面上方（如图2-1-25所示）。

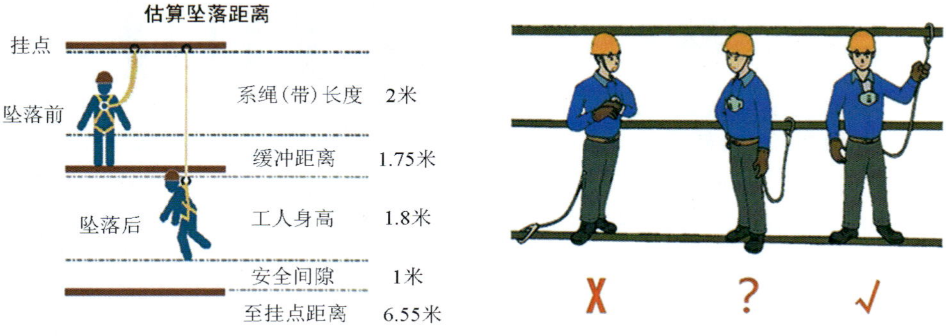

（a）　　　　（b）

图2-1-25　安全带要挂在适当的位置

（5）使用安全带时，安全绳与系带不能打结使用。

（6）高处作业时，如安全带无固定挂点，应将安全带挂在刚性轨道或具有足够强度的柔性轨道上，禁止将安全带挂在移动或带尖锐棱角的或不牢固的物件上。

（7）使用中，安全绳的护套应保持完好，若发现护套损坏或脱落，必须加上新套后再使用。

（8）安全绳（含未打开的缓冲器）不应超过2米，不应擅自将安全绳接长使用，如果需要使用长度2米以上的安全绳，应采用自锁器或速差式防坠器。

（9）使用中，不应随意拆除安全带各部件。

（10）使用连接器时，受力点不应在连接器的活门位置，螺纹式连接器除外。

（11）安全带不使用时，应由专人保管。存放时，不应接触高温、明火、强酸或尖锐物体，不应存放在潮湿的地方。

（12）安全带的使用期一般不超过5年。储存时，应对安全带定期进行外观检查，发现异常必须立即更换，检查频次应根据安全带的使用频率确定。

四、船舶作业安全

（一）船员日常防火防爆须知

船舶防火防爆关系到船舶、人命和货物安全。火灾导致的船舶全损率高于碰撞和搁浅事故。船舶应经常进行消防培训、演习和消防设备检查，消除火灾和爆炸危险隐患。

船舶防火防爆主要应严防明火、烟火、电火、摩擦火、化学作用引起的明火或爆炸。船舶装运易燃易爆货物时，应遵守危险货物运输的有关规定。

全体船员均应执行本须知，油船船员还应遵守油船安全生产相关要求：

（1）吸烟时，烟头火柴杆必须熄灭后投入烟缸，烟头没有熄灭投入烟缸是错误的（如图2-1-26所示），最好投入注水的金属容器内；不能乱丢或向舷外乱扔，也不准扔在垃圾桶内。

（2）禁止在机舱、货舱、物料间或储藏室内吸烟。在卧室内禁止躺着吸烟（如图2-1-27所示）。装卸货或加装燃油时禁止在甲板上吸烟。

（3）离开房间时应随手关闭电灯和电扇等电器，风雨或风浪天气应将舷窗关闭严密，航行中禁止锁门睡觉。

图2-1-26　烟头没有熄灭投入烟缸是错误的

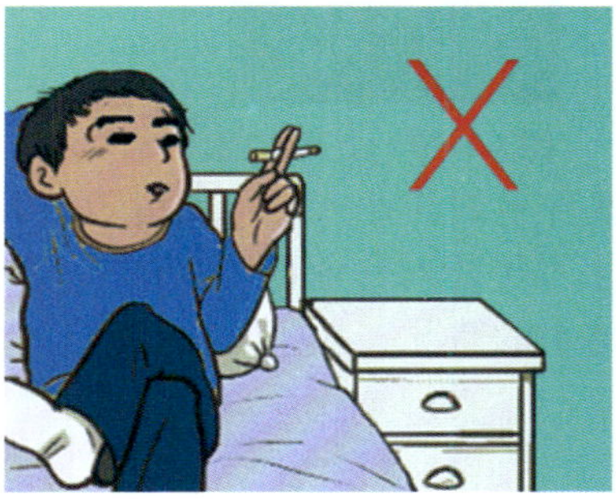

图2-1-27　禁止躺着吸烟

（4）规定必须集中保管的易燃易爆物品，不准私自存放；禁止任意烧纸或燃放烟花爆竹，严禁私存救生信号弹。

（5）禁止私自使用移动式明火电炉。使用电炉、电水壶、电熨斗、电烙铁等电热器具时，必须有人看管，离开时必须拔掉插头或切断电源（如图2-1-28所示）。不准擅自接拆电气线路和电器，不准用纸或布遮盖电灯，不准在电热、蒸汽器具上烘烤衣服、鞋袜等。

（6）废弃的棉纱头、破布应放在指定的金属容器内，不得乱丢乱放；潮湿或油污的棉毛织物应及时处理，不准堆放在闷热的地方，以防自燃。

（7）货舱灯必须妥善保管（如图2-1-29所示）。使用时要检查灯泡及护罩，如有损坏应及时换新。货舱灯电缆要通畅，防止被他物压坏，用后应放在指定地点妥善保管。

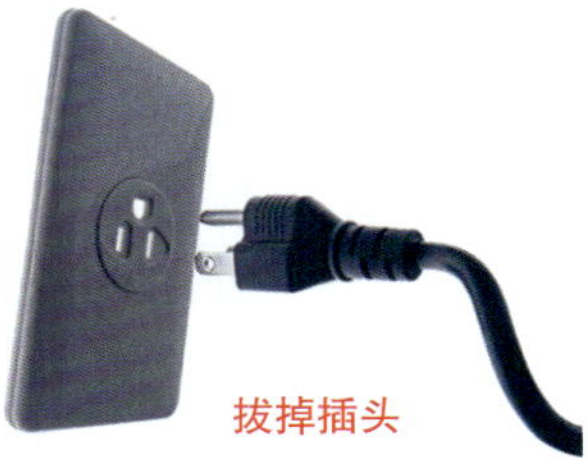

图2-1-28　离开房间时必须拔掉插头

图2-1-29　货舱灯

（8）明火作业须经船长同意（港内明火作业必须经海事机构批准），作业前须查清周围及上下邻近各舱有无易燃物，特别要查明焊接处是否通向油舱。在进行气焊作业时，要严防“回火”，避免事故，须派专人备妥消防器材在旁监护。作业完毕后，要仔细检查有无残留火种，有无复燃可能。

（9）严格遵守与防火防爆有关的安全操作规程和有关规定。当发现任何不安全因素时，每个船员均有责任及时报告上级，对操作人员违章行为，人人有责及时进行制止。

（二）上高、舷外作业

上高作业（如图2-1-30所示）是指在工作基面2米以上的桅杆、吊柱、吊货设备、上层建筑外部等处作业，比如驾驶台前面围壁除锈、油漆作业。舷外作业（如图2-1-31所示）是指在空载水线以上的船体外部作业。

图2-1-30　上高作业

图2-1-31　舷外作业

上高作业时作业人员可能由于失去平衡或绳子断裂等原因从高处跌落；从高处掉落的材料或工具可能对作业区下面的人员造成人身伤害（如图2-1-32所示）；舷外作业可能发生意外落水的情况。为保证安全，上高、舷外作业时应注意：

图2-1-32　上高作业时可能导致人身伤害

（1）作业部门的值班高级船员对人员作业安全负责，应加强巡查、监督、指导，必要时命令暂停作业，并报告船长或部门长。

（2）应选派身体和技术条件适宜的水手从事上高、舷外作业，并由水手长在现场指挥。作业前，应向全体作业人员布置工作内容和安全注意事项，必要时应进行操作示范；作业中要胆大心细，谨慎操作，相互照顾，确保安全。

（3）上高作业用具（如图2-1-33所示）应与油漆和化学品分开存放，每次使用前都要由合格的人员进行检查并做好记录。作业前必须严格检查作业用具（如系索、令圈、滑车、座板、安全带、绳梯等）有无损伤或内蚀，绝对禁止凑合将就使用；这些设备不能挪作他用。

（a）单人坐板　（b）安全带　（c）安全绳

图2-1-33　上高作业用具

（4）打绳结方法要正确，并认真完成。尤其是合成纤维绳，防止滑脱。绳索不应在高温表面或锋利边缘上运行使用。座板及任何安全带装置的上下移动不能使用绞缆机。安全带和滑车索的锚点（固定点）应牢固，并无法移动。

（5）安全网应尽可能搭在上高作业点下方，尤其是在悬空的座板下面，该阶段应确保防止船舶移动。

（6）工具和材料应使用密封容器如工具袋（桶），通过手工和绳子传递，不应抛投。

（7）禁止一手携物，另一手扶直梯上下；上下座板应借助梯子完成，而不是利用悬挂在座板上的绳索，并且刚性梯子应放置在牢固的底座上并固定。

（8）作业处的工具和设备应固定，并放置在不易跌落的地方，不能放置在边缘。

（9）上高作业时应保证壁梯无损伤；当上层有人作业时应尽量避免在其下方停留或作业。如属必须，应佩戴安全帽。座板升降绳下端绑固于甲板固定物；安全绳和座板升降绳分开系固；在舱口上高作业应先将舱盖板全部盖妥。

（10）应派专人在现场附近照顾配合，现场照顾人员应戴安全帽，如有条件应在下方设置警戒圈和警示牌。

（11）舷外作业时除穿戴常规的个人防护设备外，还应穿戴救生衣，服装要轻便，不得穿长大衣、长筒鞋及戴皮手套。当有人舷外作业时带有救生绳和自亮灯的救生圈应处于随时可用状态。舷外作业时还应注意：

①作业前检查保险带和座板系绳是否系牢，保险带和座板（脚手板、架板）绳分别系固于甲板不同固定物，每块座板作业人数以两人为限。

②如在浮具（工作筏）上作业，船上应挂慢车信号；浮具两端系缆有专人照料，并通知作业人员防范过往船只的波浪；浮具上应备有救生圈，作业人员应穿好救生衣；作业人员应从绳梯上下，禁止随浮具升降。

③舷外除锈、油漆前，应先了解港方有关防污染规定。

（12）当船舶在水面摇摆剧烈或超过5级风时，应禁止上高作业。船舶航行时不能进行舷外作业。严禁酒后作业。

（三）系、离泊作业

系泊就是将船舶系在码头泊位或并靠他船上。每次系泊前，值班驾驶员向参与作业的船员进行操作与分工部署。驾驶台值班人员和船首、尾值班人员试验对讲机，以保证联系畅通。离泊前，在完成自查的基础上，一定要仔细查看船舶周围是否有人游泳、捕（钓）鱼等，再看开航水尺，检查船首、尾系缆并保证其能顺利解除。

（1）系泊操作时，操作人员必须规范戴安全帽、穿救生衣等劳动防护用品，提前到达现场落实分工，做好准备。禁止无关人员进入现场。

（2）作业前必须检查绞缆机和锚机等系泊设备，试转锚机、绞缆机（如图2-1-34所示），确保状况良好。系泊所需的撇缆、引缆、制动索（链）、碰垫（如图2-1-35所示）等用品应提前备妥；系缆、拖缆均应置于随时可取之处；驾驶员应将出缆次序和挽桩部署向全体操作人员布置清楚。

（a）锚机

（b）绞缆机

图2-1-34　锚机和绞缆机

图2-1-35　碰垫

（3）收带缆时动作要正确迅速，缆绳在滚筒上应有足够圈数，系泊作业过程中具有一定的危险性，尤其是在缆绳受力的情况下缆绳附近区域（如图2-1-36所示）非常危险，可能会造成严重的伤害。作业人员必须有风险意识，谨慎小心，远离受力的缆绳，应与滚筒保持安全距离，切勿站在缆圈中。前倒缆应派有经验人员操作。系缆太受力时不可跨越，缆绳挽桩须绕四圈以上（如图2-1-37所示）。使用拖船协助靠离时，操作人员应远离拖缆，谨防缆绳破断或滑出时伤人。投掷撇缆应先招呼后撇出，防止撇缆头伤人。

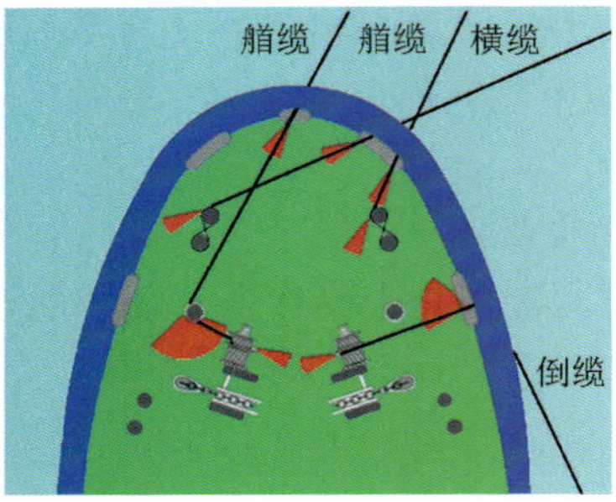

图2-1-36　缆绳受力时扇形区域为危险区域

图2-1-37　缆绳挽桩须绕四圈以上

（4）靠泊时，作业船员应随时向驾驶台报告动态和缆绳收放情况，未经驾驶台同意禁止带缆或解缆，以免动车时缆绳绞缠桨叶。系缆带上缆桩或浮筒后，驾驶台动车应先通知艏、艉作业船员注意。

（5）带缆操作，艏、艉作业船员必须与驾驶台密切配合，及时调整系缆受力，使船舶均匀贴紧泊位；船体靠拢困难应暂停绞缆。弄清原因再处理，以防损伤绞缆机或发生断缆、搁浅的危险。系泊时我们可能会带艏缆、艉缆、横缆和倒缆，系缆根数由船舶吨位、装载和风流等因素决定。

（6）利用滚筒收紧缆绳时，带缆人员必须手持缆绳活端，听从指挥人员的指挥，当缆绳受力过大时，不可硬绞，待缆绳受力减缓时，再拉紧以便绞进缆绳。

（7）在风大、浪高、流急、涌高和雨天等情况下，系泊作业将会更加危险。大风急流时应停止使用自动缆车的自动张力装置。

（8）靠妥泊位后，应使每根系缆均匀受力，在缆绳和导缆孔接触处垫衬帆布或麻袋以防磨损缆绳，靠泊后应在每根系缆上装妥防鼠挡（如图2-1-38所示）。缆绳在靠泊妥后应放置和绑罩妥善，现场工具收回放妥。离泊后，应系固锚链和缆绳。靠、离泊完毕，经船长（或履行船长职责的驾驶员）同意方可离开现场。

图 2-1-38　防鼠挡

（9）可能受到台风威胁的系浮筒船舶，船首必须系带锚链，船尾加带保险缆。冬季，艏、艉系带缆现场如有冻冰，可在甲板和滚筒上撒黄砂或其他防滑物，以利安全操作。

（10）当装卸货速度比较快、流急、有强风或在无遮蔽的码头，或者在狭窄的港口，当其他船只经过时，值班人员要特别关注缆绳的状态，及时调整缆绳受力（如图 2-1-39 所示）。

（a）

（b）

图 2-1-39　关注缆绳状态

如图 2-1-40 所示，内河船舶靠离码头或他船时对方不一定有人员协助带缆，因此内河船员还须熟练掌握以下技能：①套缆技能：能在一定距离外将缆绳琵琶头准确、稳固抛套上码头或他船缆桩，并能正确、牢固挽系在本船缆桩上；②解缆技能：能在一定距离外迅速解开系缆、甩出琵琶头、收回缆绳。

（a）

（b）

图 2-1-40　无人协助套缆解缆训练

（四）锚泊作业

锚泊又称抛锚，是利用锚和锚链的系留力，使船舶在水面安全停泊的行为。如锚泊作业操作不当可造成海损事故和人员伤亡，如图2-1-41所示。

图2-1-41　锚泊的船

（1）操作人员必须规范戴安全帽、穿救生衣等劳动防护用品，提前到达现场，做好抛锚准备工作。

①检查锚机电源线是否完好，电机连接线是否牢固。

②检查锚冠、锚爪有无裂纹，锚爪杆是否变形，连接环是否松动，并逐节对外部锚链进行检查。

③检查锚机底座螺丝是否松动。

④检查减速箱润滑油是否合格，各润滑点是否润滑良好。

⑤检查锚机离合器、传动齿轮，制动器是否灵活可靠。

（2）抛锚前应确保下方无船舶方可抛锚。抛起锚时，现场工作人员不可站在锚链前方或骑跨锚链（如图2-1-42所示）。

图2-1-42　不可站在锚链前方或骑跨锚链

（3）锚泊期间船舶值班人员注意检查是否按规定显示锚泊信号（如图2-1-43所示）；随时注意测定船位，判断是否发生走锚现象；注意附近船舶动态，如有危及本船的迹象，应予以及时提醒、警告；注意收听天气预报，注意气象、水位、流态等变化，及时做好防范措施。

（a）$L \geq 50$ m的锚泊船（夜晚）　（b）$L < 50$ m的锚泊船（夜晚）　（c）升起锚球（白天）

图2-1-43　按规定显示锚泊信号

（4）起锚时先松开制链器，防止造成锚链断裂或锚机损坏。绞八字锚时，应先绞起下风锚后，再绞起上风锚或先绞起内挡锚后，再绞起外挡锚。锚绞至露出水面后，应查看是否挂有杂物，如渔网、钢丝绳等，在清理后方可将锚绞进锚链筒。

（五）清洗作业

（1）油管及过滤器、加热器等如有泄漏应尽快清除，并注意防止漏油流散。

（2）机舱地板上的油污必须随时抹去。在用水冲洗机舱底部时，要防止水柱和水珠冲到电机设备上而引起损坏，并防止人员滑倒跌伤。

（3）使用易燃或有刺激性的液体清洗部件时，一般应在艉部甲板等下风处进行，不宜在机舱内进行。任何时候都要注意防止发生污染水域的事故，冲洗甲板时也应防止垃圾及油污入水。

（4）在处理酸、碱或其他化学品，或进入含有有毒气体的处所时，需相应地戴手套、防护眼镜、口罩、面罩等。

（六）油漆作业

（1）作业人员应根据油漆特性及作业特点穿戴适当的防护装备（如图2-1-44所示），戴安全帽，穿工作服、工作鞋，戴手套、防护眼镜、口罩。必要时戴上适当的防毒面具或呼吸器。高处作业要正确使用速差式防坠器/安全带，同时还应做好防滑、防冻或防暑工作。

（2）作业前应做好预防措施。比如，封闭处所应提前做好通风；机器处所应设置机器禁用告示；电气设备应切断电源并设置禁用告示。

（3）油漆作业时及油漆干透前，室内与封闭处所应保持有效通风，不得吸烟和使用明火（如图2-1-45所示）。在油漆作业场所10 m以内，不准进行电焊、切割等明火作业。

（4）油漆过程应随时关注机器设备、地板、头顶等周边环境，防止跌伤、碰伤。

（5）在舷外、上高进行油漆作业时，应同时遵守舷外及上高作业要求。

（6）严格遵守设备使用要求，喷漆作业时，应按照喷漆设备的使用说明及喷漆设备使用的安全注意事项进行操作。

（7）及时清理。沾染油漆的衣服、鞋、帽等物品应及时清理干净，无法清理干净的，应妥善放置，防止自燃。

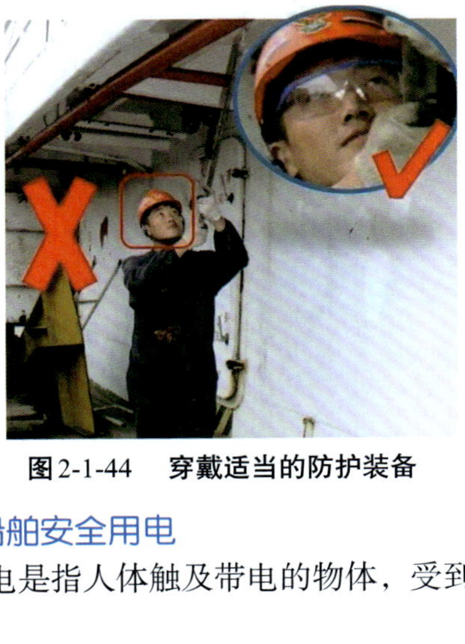

图2-1-44　穿戴适当的防护装备

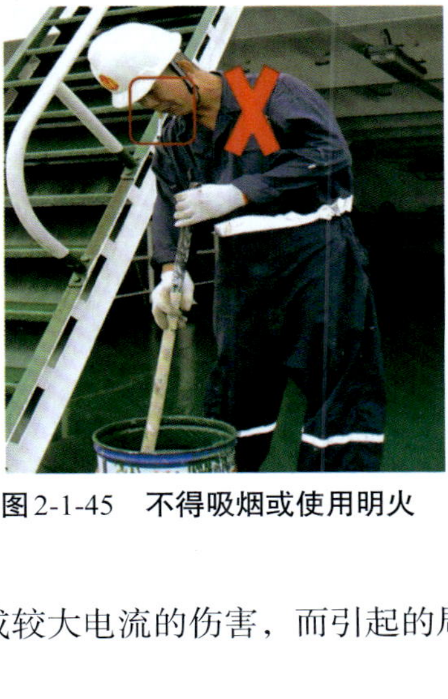

图2-1-45　不得吸烟或使用明火

（七）船舶安全用电

触电是指人体触及带电的物体，受到较高电压或较大电流的伤害，而引起的局部受伤或死亡的现象。按伤害程度不同，可分为电伤（外伤）和电击（内伤）两类。电路放电时，电弧或飞溅物使人体外部发生烧伤、烫伤的现象叫电伤；人体触到带电物体，电流通过人体内部器官而造成的伤害叫电击。为防止触电事故发生，我们要注意：

（1）不带电操作。船员应尽量不进行带电操作，特别是在危险的场所应禁止带电作业。若必须带电操作，应采取必要的安全措施，如有专人监护及采取相应的绝缘措施等。

（2）对电气设备采取保护措施。电气设备的金属外壳（如电机、变压器）可利用保护接零或保护接地等安全措施，但绝不允许在同一电力系统中一部分设备采用保护接零，另一部分设备采用保护接地。

（3）建立安全检查制度。各种电器，尤其是移动式电器应建立经常的与定期的检查制度，若发现存在不安全因素，应及时加以处理。

（4）严格执行安全操作规程。为了保证作业安全，必须在电源、开关或线路等处悬挂各种警告牌（如图2-1-46所示）。船员操作应严格遵守操作规程和制度。

（a）

（b）

（c）

图2-1-46　警告牌

（八）进入封闭处所

封闭处所是指用于出入的开口受限或通风不佳或者不是为作业人员持续停留而设计的处所，任何封闭处所内的气体都可能是缺氧的或富氧的和/或含有易燃和/或有毒气体或蒸汽。人员贸然进入封闭处所（如图2-1-47所示），常会发生人员窒息或中毒死亡事故。

（a）

（b）

图2-1-47　封闭处所

1. 风险评估

为确保安全，船上适任人员应经常对将要进入的空间中的任何潜在危险做出初步评估，判断缺氧、富氧、易燃或有毒空气环境出现的可能性（如图2-1-48所示）。除非能够确实证明是可以安全进入的，否则应假定即将进入的处所存在危险。

2. 进入许可

拟进入封闭处所的人员应该在进入前获得由船长或指定责任人员签发的许可证（如图2-1-49所示）。未经允许或未采取针对特定船舶设定的相应安全措施时，任何人不得打开或者进入封闭处所。

图2-1-48　对风险初步评估

图2-1-49　获得进入封闭处所的许可证

3. 进入封闭处所的一般预防措施

（1）无须进入时，通向封闭处所的门和舱口应始终锁闭，防止进入。

（2）当打开封闭处所的门或舱口盖来提供自然通风时，应当在入口处安排守护人员或者用绳子或铁链拦在入口处并悬挂警告标识，以防止人员意外进入（如图2-1-50所示）。

（3）在确定可以安全进入封闭处所时，应确保：

①通过评估确定潜在的危险，并尽可能隔离或消除。

②该处所已经通过自然方式或机械方式彻底通风（如图2-1-51所示）。

图2-1-50　防止人员意外进入

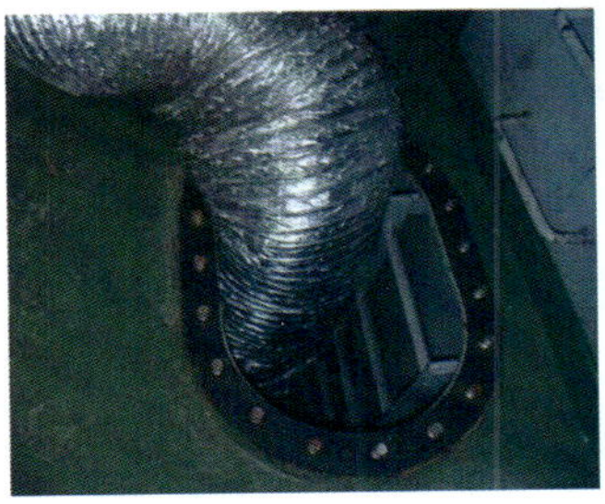

图2-1-51　彻底通风

③处所内的氧气水平经测试显示正常，处所内易燃或有毒蒸汽的水平达到了可以接受的程度。

④处所设有安全保护并有良好的照明才可以进入。

⑤对在进入封闭处所期间各方所使用的通信系统，已进行了商定和测试。

⑥有人员进入封闭处所时，应该在入口处安排一名守护人员。

⑦处所入口处的救援和急救设备（如图2-1-52所示）已安排到位，同时也商定好了救援计划。

⑧进入人员需正确着装并带好装备，以方便进入并完成后续任务（如图2-1-53所示）。

⑨取得经签发的进入许可证。

（4）只有接受过培训的人员才能被指派进入封闭处所或者承担守护人员或救援小组成员的职责。

（5）应对所有与进入封闭处所相关的设备进行使用前检查，并确保其处于良好工作状态。

图2-1-52　准备好救援和急救设备

图2-1-53　正确着装并带好装备

4. 空气检测

为了能够进入，应进行气体检测（如图2-1-54所示），气体检测在对封闭处所停止通风10分钟后进行，并获得以下所需数据的稳定读数：

（1）使用氧气含量计测量氧气体积百分比达到19.5%。

（2）如果初步评估确定处所内可能存在可燃气体或蒸汽，经适当精度的可燃气体测试仪测量，不超过可燃下限（LFL）的1%。

（3）暴露在有毒蒸汽或有毒气体中，读数不超过职业暴露极限（OEL）的50%。

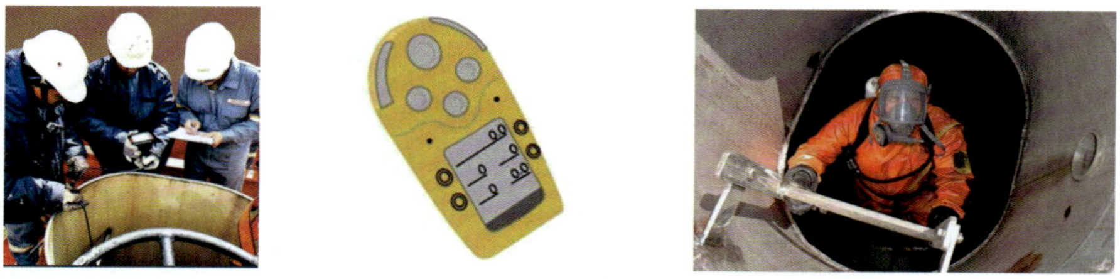

（a）　（b）　（c）

图2-1-54　气体检测（进入封闭处所内测量应佩戴隔绝式呼吸器）

5. 进入封闭处所后的预防措施

（1）处所内有人员进入时，应经常对空气进行检测，并在状况发生恶化时提示处所内的人员离开。

（2）在人员进入处所后以及在人员临时休息期间，应持续对处所进行通风。休息过后再次进入时，应再次对空气进行检测。如果通风系统发生故障，处所内的所有人员必须立即离开。

（3）一旦出现紧急情况，在救援到达并对现场情况进行评估、确保可以安全进入处所来实施救援之前，任何在场船员不得进入此处所。只有训练有素和装备完善的人员可以在封闭处所内从事救援工作。

6. 进入已知或怀疑空气不安全的处所的附加注意事项

（1）人员拟进入的未经检测的处所均被视为非安全场所。

（2）如果怀疑封闭处所的空气或已确认为不安全，如非必要，不得进入。进入处所的人员数量应为执行相应工作所需要人员的最低数量。

（3）只有接受过设备使用培训的人员，在配备了适宜的呼吸器的情况下，才允许进入此处所，进入时不应使用过滤式防毒面具（如图2-1-55所示）。

图2-1-55　经过培训并正确佩戴相关设备方可进入

五、绳结操作

船用绳结是缆绳打结、连接、系绑的形式和方法，常用于船舶运输作业中缆绳与索具的固定或连接、船舶的系绑、设备或货物的固定、货物的吊放、上高或舷外作业以及救生等，打各种类型的绳结是船员的必备技能之一。

1. 平结

平结可以在连接两条同样粗细和材质绳索的时候使用，也可以在捆扎物体时使用。平结不适用于比较粗或者表面光滑的绳索上。

平结的打结方法（如图2-1-56所示）：

	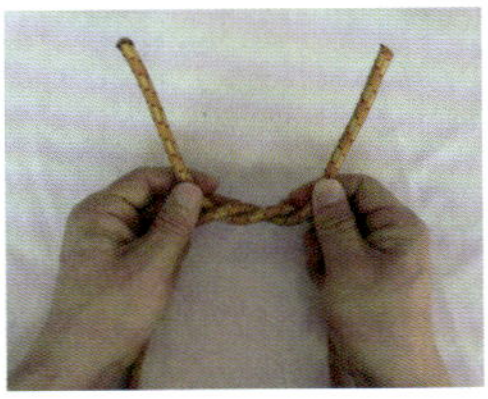	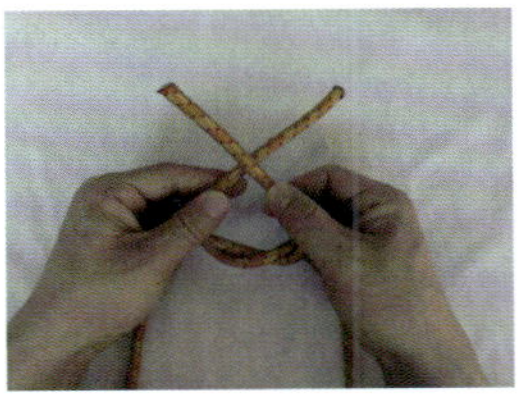
①首先，左、右手分别握住绳的左、右两端，将两绳端互相交叉在一起，注意其中哪一只手的绳端在上，现在是左手端在上	②接下来，将其中一根绳端在另一个绳端上绕一圈，形成一个半结	③然后，将两根绳端再次交叉，打第一个半结时是左手端在上，所以这时应该右手端在上。此时如果两个绳端位置错误，结果会变成“外行平结”

④再接下来，将其中一根绳端在另一个绳端上再绕一圈，形成第二个半结	⑤最后，握住两端绳头用力拉紧即成平结

图2-1-56　平结的打法

绳结要收紧，绳头不能留太短，以防受力后滑脱。外行平结（如图2-1-57所示）不稳定，易滑脱。留有活头，便于解开的平结叫缩帆结（如图2-1-58所示）。

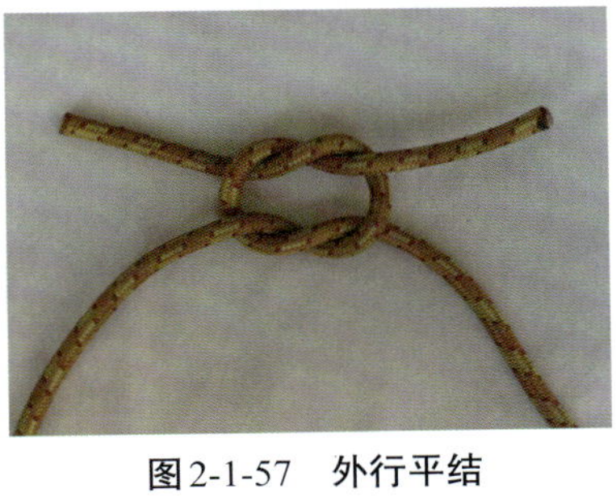

图2-1-57　外行平结

图2-1-58　缩帆结

2. 丁香结

丁香结在船舶上高空作业时经常用到，把绳索固定在金属等易滑的圆柱物体上，或者小绳与大缆垂直连接时，也可以发挥很大的作用。

丁香结的打结方法（如图2-1-59所示）：

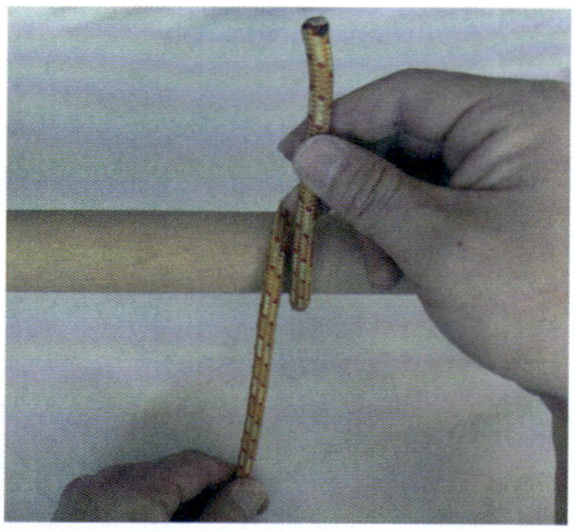	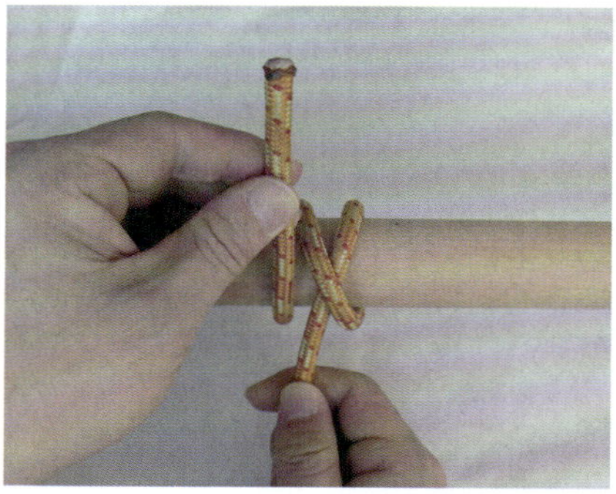
①将绳端绕过圆柱物体一圈，绳端在绳干的右侧	②绳端向左压住绳干，再绕圆柱物体一圈。这时绳端在绳干的左侧
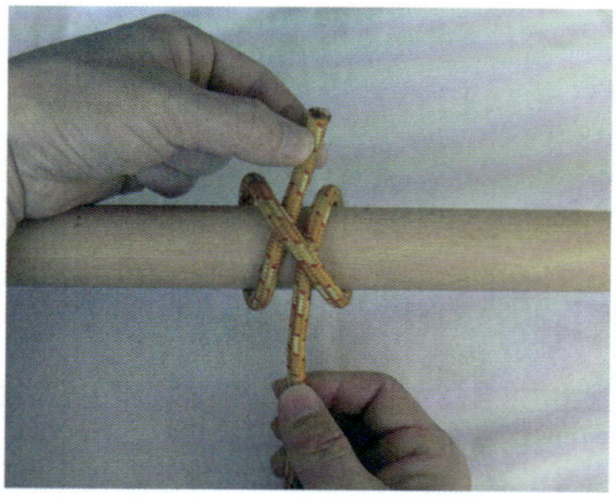	
③将绳端穿进第二次形成的绳圈内	④用力拉紧绳索两端，丁香结完成

图2-1-59 丁香结的打结方法

这个结如果只是一端受力，我们可以最后再用绳头在绳干上打个半结，这样，就不用担心结会散开。这个结叫作丁香兼半结（如图2-1-60所示）。船员应尽量掌握作业中单手打好丁香结的技能。

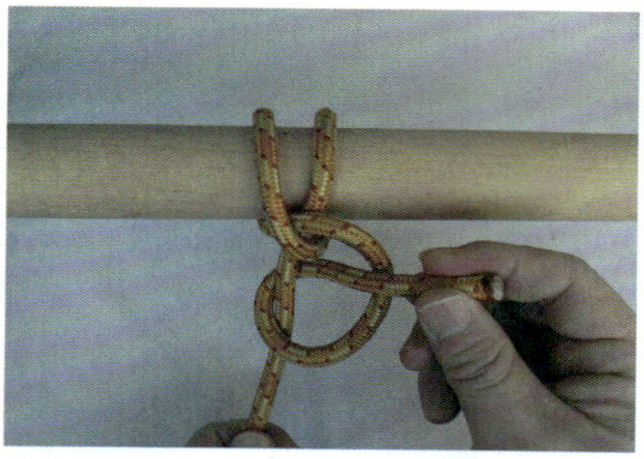

（a）

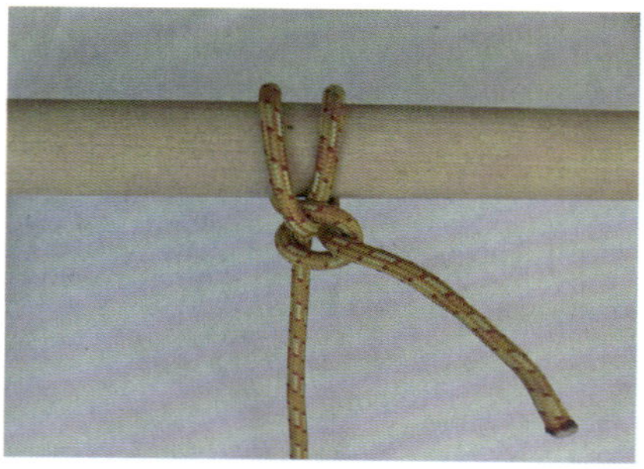

（b）

图2-1-60 丁香兼半结

3. 单索花

单索花又称为单编结、接绳结、编织结等。其主要用于绳索连接，特别是连接两条粗细及材质不同的绳索或者绳索与眼环的牢固连接，经常被用在船舶缆绳的连接上。

单索花的打法（如图2-1-61所示）：

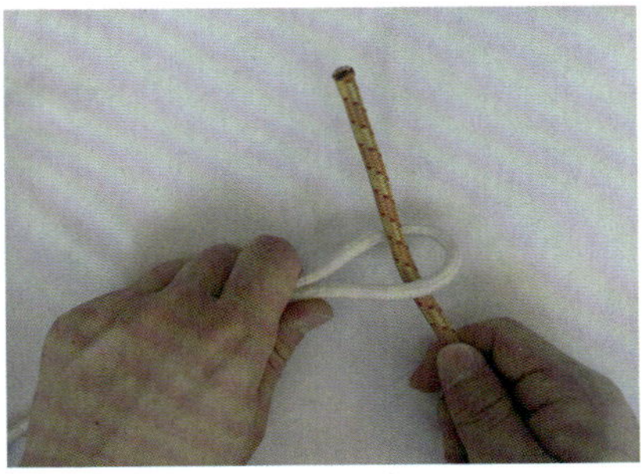	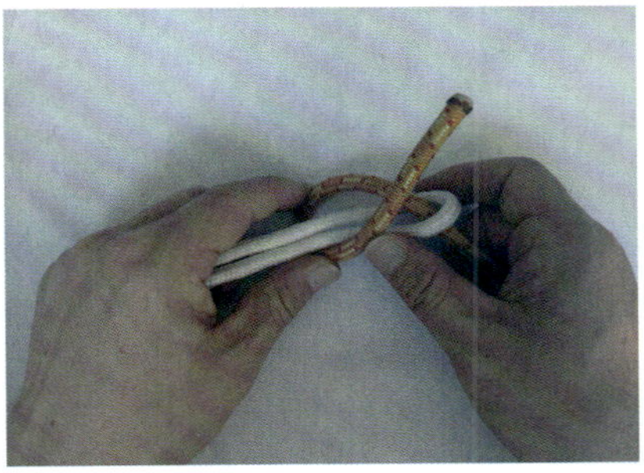
①在较粗绳索末端做一绳环，然后将另一条较细绳索从绳环的下方穿过	②将穿过粗绳绳环的“细绳绳头”绕粗绳绳环一周
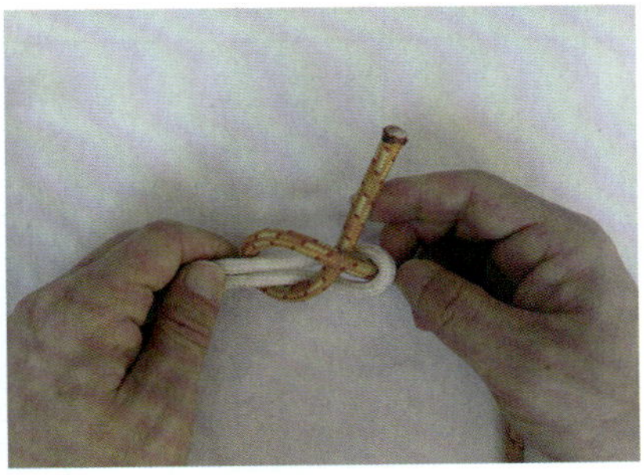	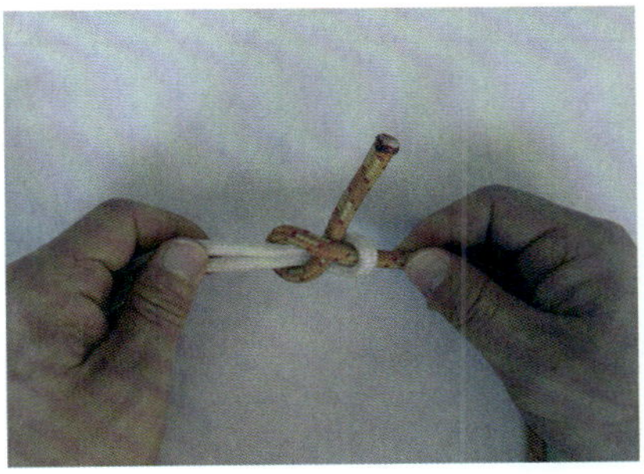
③让“细绳绳头”从“细绳绳干”和“粗绳绳环”之间穿过，呈一个“X”形	④握住两端的绳头收紧，单索花完成

图2-1-61　单索花的打法

单索花的最大特点是打法简单迅速，而且即使材质不同、粗细不同的绳索也可以利用单索花来连接。此外，单索花的摩擦力很大，所以有时候也会在拖引船舶时使用。

单索花的另一个特点是，不论绳结拉得多么紧，单索花的拆解都十分容易。单索花还有一个优点，就是它的结小，打结的时候不需要占用更多的绳索。

打单索花时要注意：

（1）绳头不能留的太短，绳结要收紧，并保持平整，以免受力后滑脱。

（2）当用于粗细不同的两根绳索连接时，应该用较粗绳的绳头做绳环。

（3）这个结不适用于将绳索在较大的嵌环或坚硬的绳环上系固。

双索花（双编结）是在单索花的基础上，将绳头再多绕粗绳绳环一周，在船舶上经常被用在上高绳与座板绳的连接上（如图2-1-62所示）。

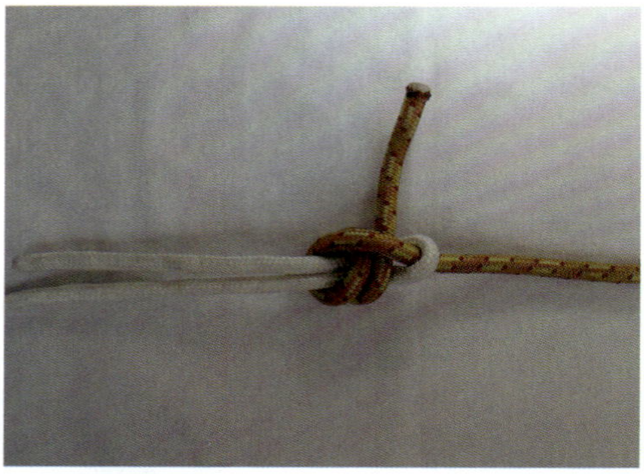

图2-1-62　双索花

4. 单套结

单套结有两个主要用途，一个是将绳索系在其他物体上，另一个是在绳索的末端结成一个固定的绳圈使用。单套结在船舶上绳与绳、绳与眼环临时连接时使用，也可以作为临时琵琶头来套住物体。以前也在上高、舷外作业时用作临时安全带，也可作营救落水者的救生绳。

第一种打法是普通的打法，是以右手为主进行打结（如图2-1-63所示）。

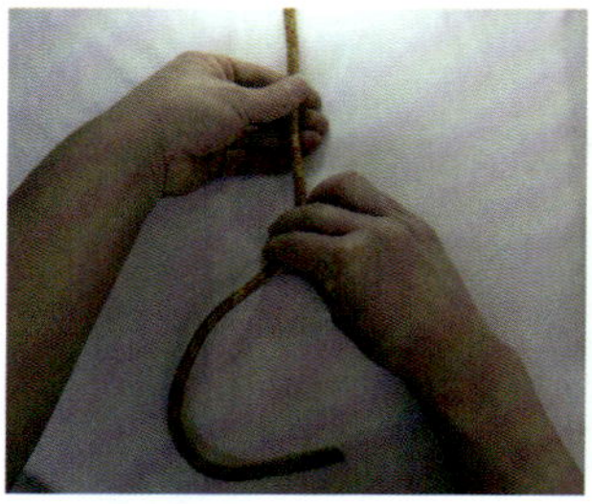	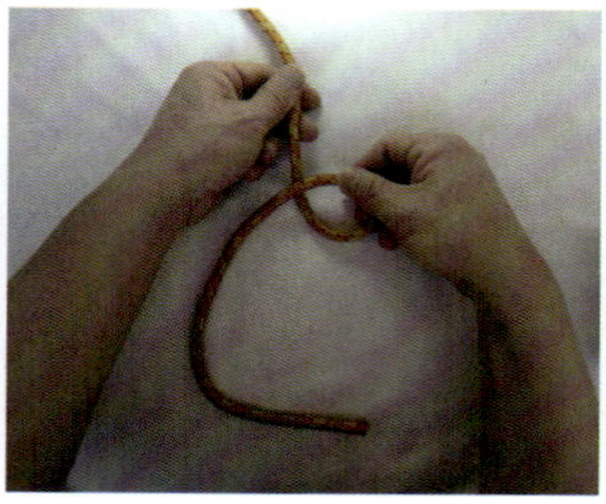	
①左手持绳干，绳端下垂，右手三指捏住绳干，拇指在下，食指和中指在上	②顺时针转动右手腕，在绳干上做一个绳圈	③改左手握住绳圈交叉点，将绳端自下向上穿过绳圈的中间
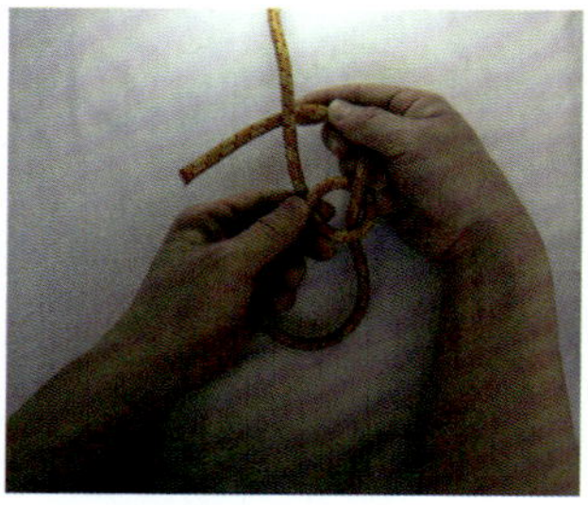		
④绳端压绳圈从绳干后自右向左绕回	⑤再次穿回绳圈	⑥将打结处收紧

图2-1-63　单套结的打法（一）

注意，收紧的时候一只手拉绳干，另一只手拉绳头以及和它相邻的绳圈部分，不要一手拉绳干，另一只手拉另外一侧的绳圈部分，这样会将绳结拉变形而不能形成固定的绳圈。

观察这个结，绳头是在绳圈的中间。

打单套结，我们可以记住这个口诀：“一条蛇”从“洞”里钻出来，绕着“树”跑一圈，然后又重新回到“洞”中。

另一种方法用在将单套结系在船舶的眼环或在生活中系在树上或柱子上（如图2-1-64所示）。

<table>
<tr><td>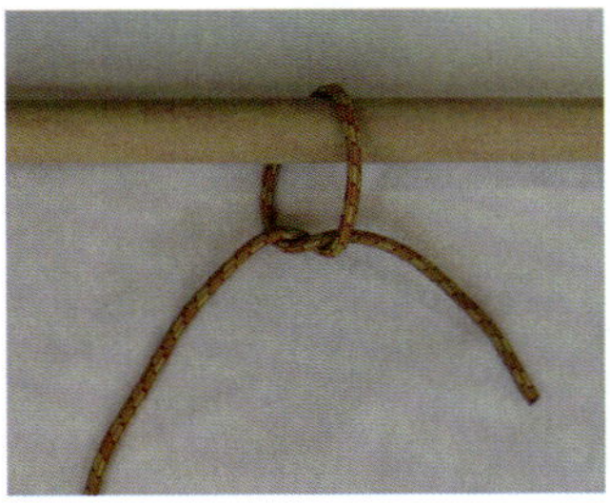</td><td>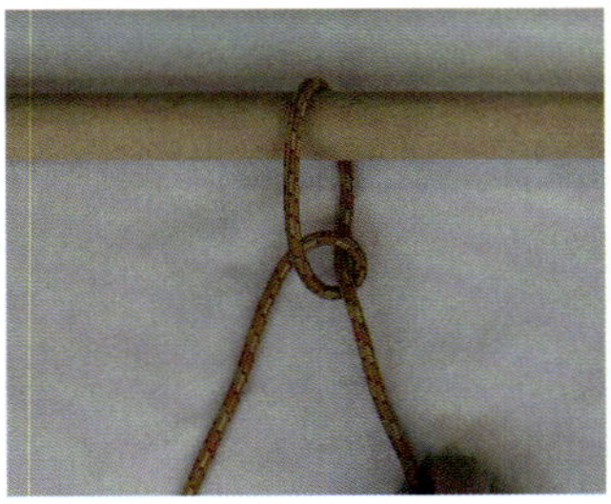</td><td>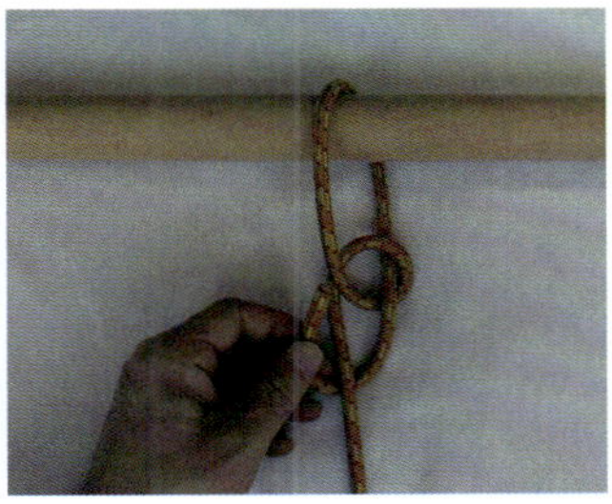</td></tr>
<tr><td>①左手持绳干，右手持绳端，打一个半结，好像用半结将绳子绑在物体上</td><td>②左手不用力，右手朝着手腕方向拉绳子的末端。这时候绳端被拉直，在绳干上形成了一个绳圈</td><td>③将绳端压绳圈绕绳干</td></tr>
<tr><td>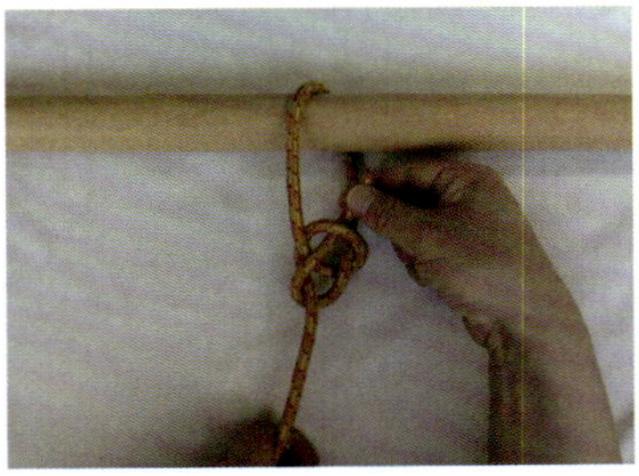</td><td colspan="2">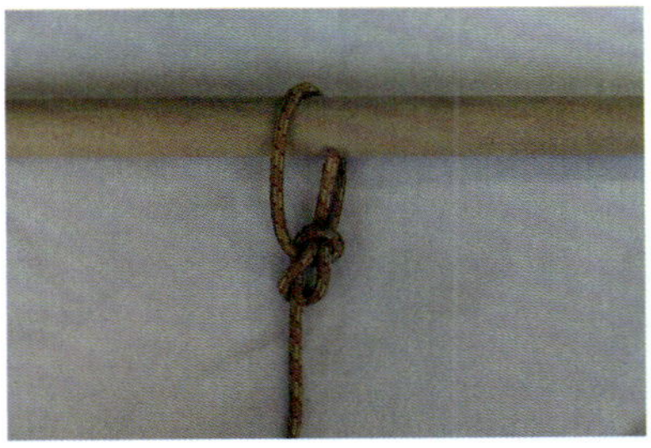</td></tr>
<tr><td>④穿回绳圈中</td><td colspan="2">⑤拉紧打结处</td></tr>
</table>

图2-1-64　单套结的打法（二）

打单套结时一定要注意，留的绳头不要太短，防止滑脱；打完结以后要收紧，防止绳子受力发生变化，使结散掉。船员还应当学会在自己腰上单手打单套结做救生绳的技能。

5. 撇缆活结

撇缆活结是在带缆时将撇缆绳与系船缆绳眼环连接的专用绳结。

撇缆活结的打法（如图2-1-65所示）：

①将撇缆绳绳头穿过系船缆绳眼环

②在绳根上做一绳环

③将绳头绕绳环一圈以后，从撇缆绳形成的绳圈中穿出

④做一活头塞进绳环

⑤握住绳头，收紧绳根即可

图 2-1-65　撇缆活结的打法

打撇缆活结要注意：绳头与活绳环都不能留得太短，绳结要收紧，以免受力后松脱，若用撇缆头一端系结，活绳环要留得大些，尽量收紧打牢，避免拉脱，活结散开。

6. 系缆活结

系缆活结是用于防止挽在双缆桩上的钢丝缆绳弹出或松脱使用。

系缆活结的打法（如图 2-1-66 所示）：

①取 2 米长左右小绳，对折成双，将弯折而成的绳环从第三与第四道钢缆之间穿过

②将另一边两绳头之一绕过缆桩上面的三道钢缆后做成活头

③活头穿过绳环

（续图）

④拉另一绳头，将绳环收紧	⑤再将刚刚拉的绳头也做成活头，穿进前一个绳环中	⑥收紧前一个绳环

图2-1-66　系缆活结的打法

打系缆活结要注意：应将最上面的三根钢丝绳绑牢，绳结要收紧，绳头不能留得太短，并保持活头状态，系结操作时不可戴皮手套，动作应敏捷，防止手被钢丝绳夹伤或扎伤。

7. 松降结

松降结用于高空、舷外作业时控制单人座板和双人架板松降。

松降结的打法（如图2-1-67所示）：

①先将穿过滑车的高空作业用的绳索一端在单人座板上打好双索花结，留出绳端约2米长	②另一端绳干从单人座板4根小索中间拉出后向上方提，用右手握住

（续图）

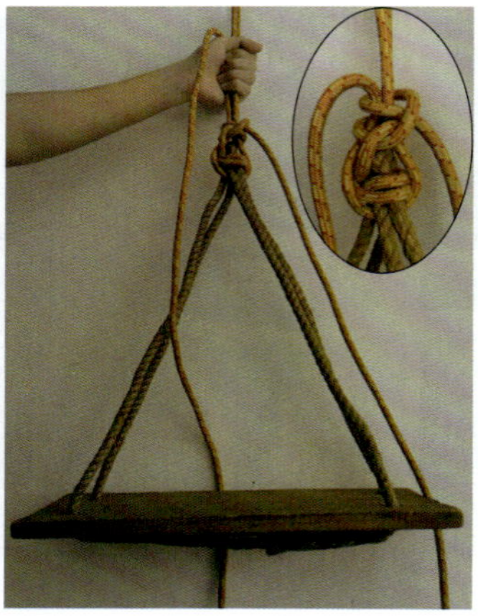	
③用原2米长的绳端在3根受力的绳干上打丁香结。下拉绳干，压到臀下	④余下的绳端用来做座板腰绳，从腰后绕到另一侧在座板小索上再打一个丁香结

图2-1-67　松降结的打法

使用松降结注意：此结使用时，应打准确，绳端须留足，防止受力时因绳头太短而松散。需要松降时，将臀下绳干向上送，即可缓慢松降，需要制动时，拉紧绳干并压到臀下。

8. 架板结

架板结用于架板绳与架板的连接和固定。

架板结的打法（如图2-1-68所示）：

①将架板绳中部放在架板上横档里面	②两边绳子往下在横档下面交叉后绕到架板上	③在横档外交叉

④再将横档里面绕在架板上的那一段绳子拉长，从架板端部翻到架板下面	⑤收紧两边绳子	⑥实际使用时还应该用两边的绳子在横档两边各加做一绳圈（半结），套入横档收紧即可

图2-1-68　架板结的打法

打架板结时要注意：

（1）绳股要保持平整。

（2）为防止受力后架板倾斜，要注意两绳圈套好后两边绳子出绳方向要一致。

（3）架板的布置因作业方式不同，系结有时采用的方式也不同，系结时所用的绳段也不同。采用双绳固定架板的方式时，应取架板绳的中间绳段系结，以保持架板绳两端等长，采用可松降的固定方式，应以架板绳的一端系结，绳头应留足长度，以供打单套结和松降结。

9. 架板活结

架板活结是用于将架板绳在船舷栏杆上固定时的专用活结。

架板活结的打法（如图2-1-69所示）：

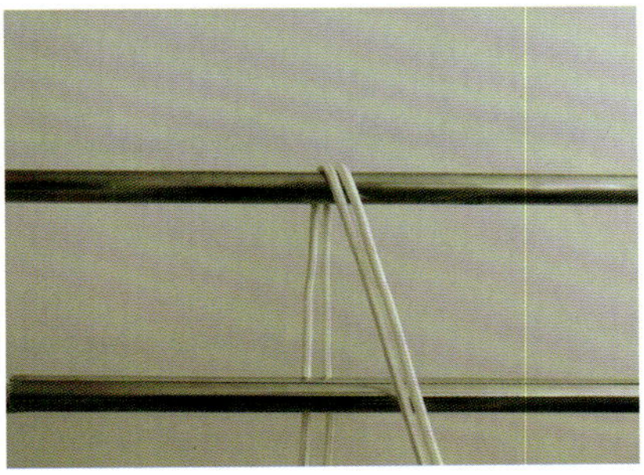	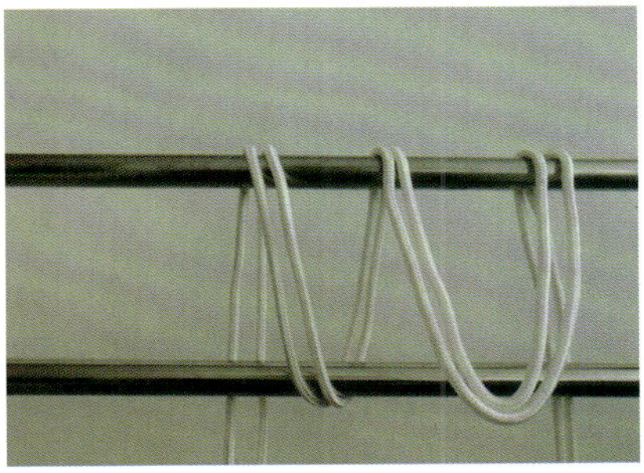
①架板放出舷外	②将架板绳结的两根绳在两道栏杆上绕一周
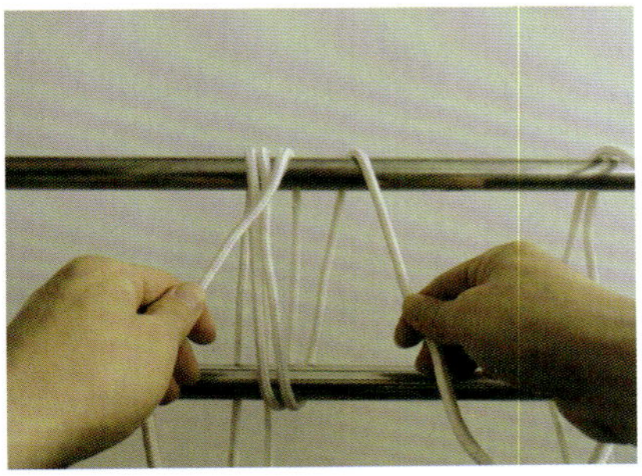	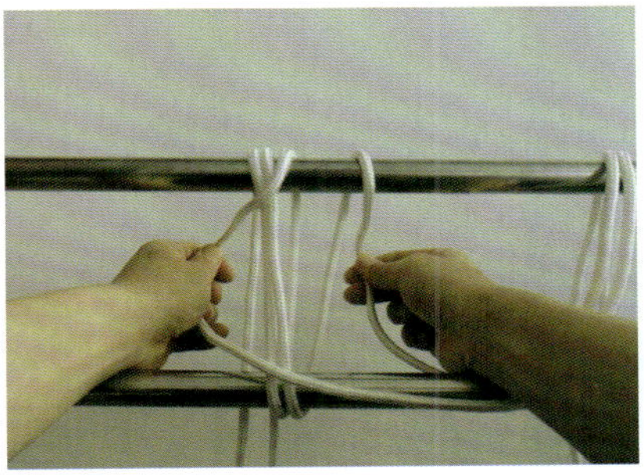
③在两道栏杆之间分开两绳各做成一个绳环	④左环从架板绳左侧伸出栏杆外，右环从右侧伸出栏杆外
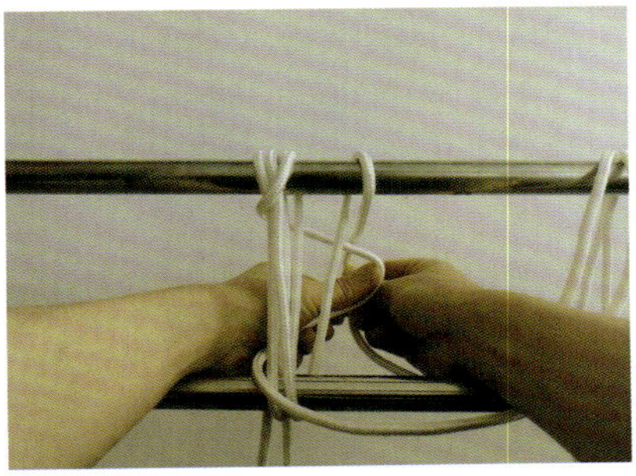	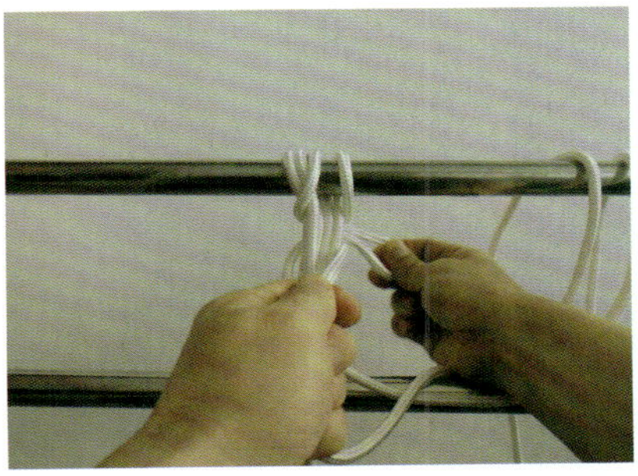
⑤用右环套左环	⑥收紧右绳

（续图）

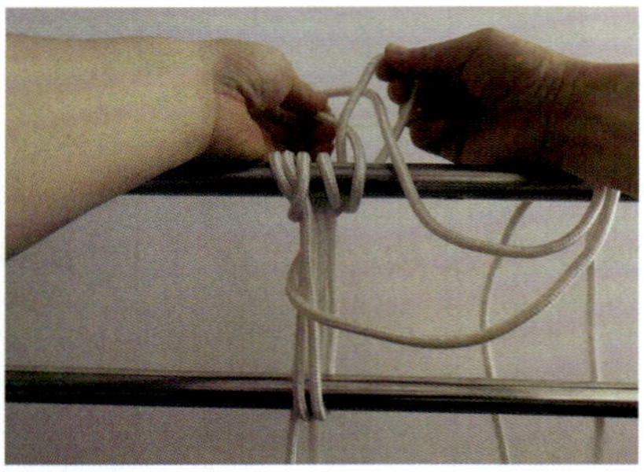	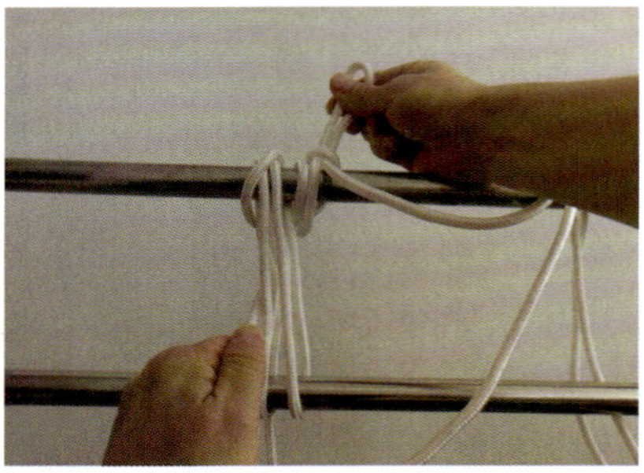
⑦再将右绳做一绳环，在栏杆上面穿入左环	⑧收紧左绳
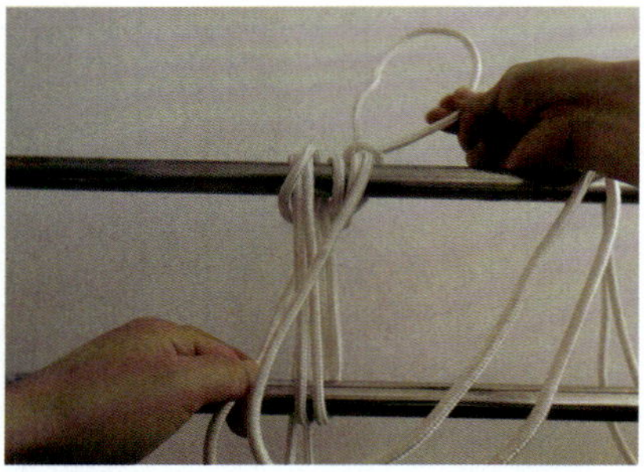	
⑨将右环拉长到一定程度，使能绕两栏杆之间所有绳索打一半结	⑩打好半结

图2-1-69　架板活结的打法

打架板活结的注意事项：系结时要注意保持架板面处于水平状态，绳结要确实系牢，剩余绳头要清理清爽，避免发生意外，保证架板操作人员安全。

第二节　防止船舶污染水域环境

一、防治船舶污染的一般规定

为防治船舶及其作业活动污染内河水域环境，保护内河水域环境，交通运输部颁布了《中华人民共和国防治船舶污染内河水域环境管理规定》，规定相关要求如下：

（1）中国籍船舶防治污染的结构、设备、器材应当符合国家有关规范、标准，经海事管理机构或者其认可的船舶检验机构检验，并保持良好的技术状态。

（2）船员应当具有相应的防治船舶污染内河水域环境的专业知识和技能，熟悉船舶防污染程序和要求，经过相应的专业培训，持有有效的适任证书和合格证明。

（3）在内河水域航行、停泊和作业的船舶，不得违反法律、行政法规、规范、标准和交通运输部的规定向内河水域排放污染物（如图2-2-1所示）。不符合排放规定的船舶污染物应当交由港口、码头、装卸站或者有资质的单位接收处理。

（4）禁止船舶向内河水体排放有毒液体物质及其残余物或者含有此类物质的压载水、洗舱水或者其他混合物。

（5）从事水上船舶清舱、洗舱、污染物接收、燃料供受、修造、打捞、拆解、污染清除作业以及利用船舶进行其他水上、水下活动的，应当遵守相关操作规程，采取必要的防治污染措施。船舶在港从事前面所列相关作业的，在开始作业时，应当通过甚高频、电话或者信息系统等向海事管理机构报告作业时间、作业内容等信息。

（6）船舶发生污染事故，应当立即就近向海事管理机构如实报告，同时启动污染事故应急计划或者程序，采取相应措施控制和消除污染。在初始报告以后，船舶还应当根据污染事故的进展情况做出补充报告。

（7）船舶造成内河水域污染的，应当主动配合事故调查机构的调查。船舶污染事故的当事人和其他有关人员应当如实反映情况和提供资料，不得伪造、隐匿、毁灭证据或者以其他方式妨碍调查取证。

（a）　　　　　　　　　　（b）

图2-2-1　船舶不得向内河水域排放污染物

二、防止船舶造成油污染

（一）油类作业规定

（1）为防止船舶含油舱底水污染水域，除不产生含油舱底水的驳船等船舶外，船舶应采取下列措施之一：

①将所产生的污油水储存在船上污油水舱（柜）中，由岸上接收设施（如图2-2-2所示）或污油水接收船接收，严禁将污油水直接排出舷外。

图2-2-2　岸上接收设施

②污油水经污油水处理设备处理后排放，其排放的处理水含油量不应超过15ppm。污油水处理后所产生的污油应储存在船上，由岸上接收设施或污油水接收船接收（如图2-2-3所示）。

（a）　　（b）

图2-2-3　污油水接收船

（2）航行于三峡库区、京杭运河和漓江等要求污油水零排放水域的船舶，应将所产生的污油水储存在船上污油水舱（柜）中，由岸上接收设施或污油水接收船接收，严禁将污油水直接排出舷外。

（3）150总吨及以上的油船、油驳和400总吨及以上的非油船、非油驳的拖驳船队应当制订船上油污应急计划，应当将油类作业情况如实、规范地记录在经海事管理机构签注的油类记录簿（如图2-2-4所示）中。150总吨以下油船应当制定油污应急程序。

图2-2-4　油类记录簿

（4）150总吨以下的油船、油驳和400总吨以下的非油船、非油驳的拖驳船队应当将油类作业情况如实、规范地记录在轮机日志或者航行日志（如图2-2-5所示）中。

（a）　　（b）

图2-2-5　轮机日志和航行日志

实、规范地记录于垃圾记录簿中。垃圾记录簿应当随时可供检查，使用完毕后在船上保留两年。

（a）　　　　（b）

图 2-2-13　垃圾管理计划和垃圾记录簿

（6）船舶应当配备有盖、不渗漏、不外溢的垃圾储存容器（如图2-2-14所示）或者实行袋装，按照船舶垃圾管理计划对所产生的垃圾进行分类、收集、存放。

（7）来自疫区船舶的船舶垃圾、压载水、生活污水等船舶污染物，应当经检疫部门检疫合格后，方可进行接收和处理。

（8）禁止船舶在内河水域使用焚烧炉。

（9）船舶医务室垃圾应消毒处理。

图 2-2-14　船上垃圾储存容器

（10）船舶垃圾应分类收集，一般建议船舶垃圾分为以下几类，并应加上图示、颜色等标识。

①厨余垃圾。

②可回收垃圾（塑料、金属、废纸等）。

③有害垃圾（含油垃圾、废电池、灯管等）。

④其他垃圾（烟头、一次性餐具等）。

（11）向水体倾倒船舶垃圾，由海事管理机构责令停止违法行为，处1万元以上10万元以下的罚款；造成水污染的，责令限期采取治理措施，消除污染，处2万元以上20万元以下的罚款；逾期不采取治理措施的，海事管理机构可以指定有治理能力的单位代为治理，所需费用由船舶责任人承担。

五、船舶污染的法律责任

违反《中华人民共和国防治船舶污染内河水域环境管理规定》，将受到处罚，比如：

船舶超过标准向内河水域排放生活污水、含油污水、向大气排放船舶动力装置运转产生的废气；船舶在内河水域排放有毒液体物质的残余物或者含有此类物质的压载水、洗舱水及其他混合物；船舶在内河水域使用焚烧炉；或未按规定使用溢油分散剂，由海事管理机构责令改正，并处以2万元以上3万元以下的罚款。

船舶发生污染事故，未按规定报告的或者未按规定提交船舶污染事故报告书的，由海事管理机构对船舶处以2万元以上3万元以下的罚款；对直接负责的主管人员和其他直接责任人员处以1万元以上2万元以下的罚款。

船舶未按规定如实记录油类作业、散装有毒液体物质作业、垃圾收集处理情况的；船舶未按规定保存油类记录簿、货物记录簿和船舶垃圾记录簿的；船舶在港从事水上船舶清舱、洗舱、污染物接收、燃料供受、修造、打捞、污染清除作业活动，未按规定向海事管理机构报告的，由海事管理机构责令改正，并处以3 000元以上1万元以下的罚款。

第三节 船舶应急应变知识和程序

一、船舶应急应变基本知识

（一）应变部署表、应急计划、应变任务卡

船舶应根据船员配备情况和船舶设备情况编制应变部署表和各种应急计划，明确每个人在各种紧急情况下应到达的岗位和应执行的任务。

为紧急情况预先制订的行动方案称为应急计划。人们将同时包含弃船和消防的应急计划称为应变部署表（如图2-3-1所示）。

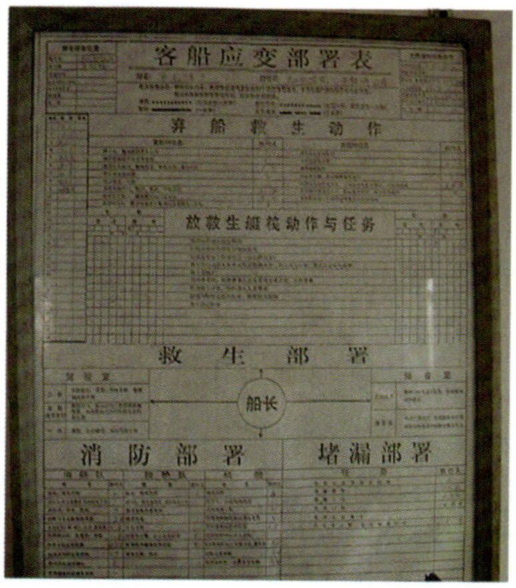

图2-3-1　应变部署表

应变部署表应张贴位置：驾驶台、机舱、餐厅和生活区内走廊（如图2-3-2所示）。

每个船员的床头和救生衣上要有船员应变部署卡（如图2-3-3所示），卡上注明应变信号、本人应登乘的艇筏号，救生动作时的职责和必须携带的设备和物品。

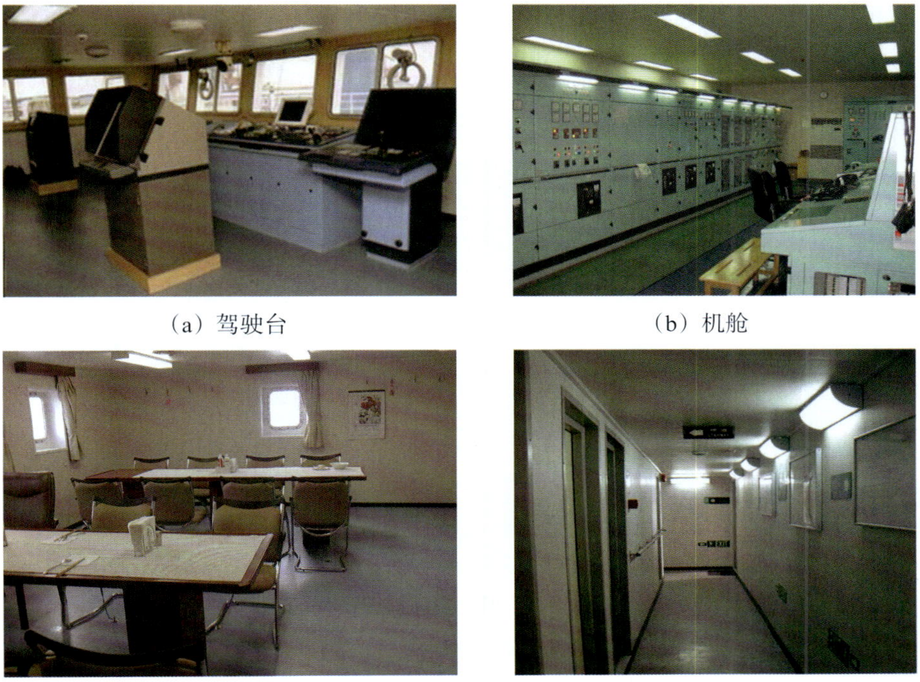

（a）驾驶台　（b）机舱　（c）餐厅　（d）生活区走廊

图2-3-2　应变部署表张贴位置

应变部署卡				
编号	职务	姓名	艇号	筏号
弃船	信号	·······　—　七短声一长声，重复连放1分钟		
	任务			
消防	信号	················短声连放一分钟，随后：一长声（船前部失火），二长声（船中部失火），三长声（船后部失火），四长声（机舱失火），五长声（上甲板失火）		
	任务			
人落水	信号	— — —　连续三长声，随后：一短声（右舷落水），二短声（左舷落水）		
	任务			
解除警报：—　一长声				

图2-3-3　船员应变部署卡

对于船员来说更重要的是平时要定期按应变部署表和应急计划的任务进行演习，只有经常性的训练和演习才能使预案变为本能。通过多次演习，船员将熟悉应急的各项程序、自己的职责和任务，从而在实际发生紧急情况时，能迅速协同作战，正确熟练使用各种应急设备，最终有效控制局面。

（二）船上应急报警系统

船上应急报警系统包括全船性报警系统和局部报警系统（如图2-3-4所示）。全船性报警系统通常连接通用紧急报警装置、手动报警装置、固定式自动探火和失火报警系统、抽烟式探火系统和自动喷水器、探火与失火报警系统等。局部报警系统主要有：主机、舵机、副机、锅炉等故障自动报警系统和释放二氧化碳（或气溶胶、七氟丙烷等）前的自动报警系统。

通用紧急报警装置用于按照约定的报警信号召集船员。

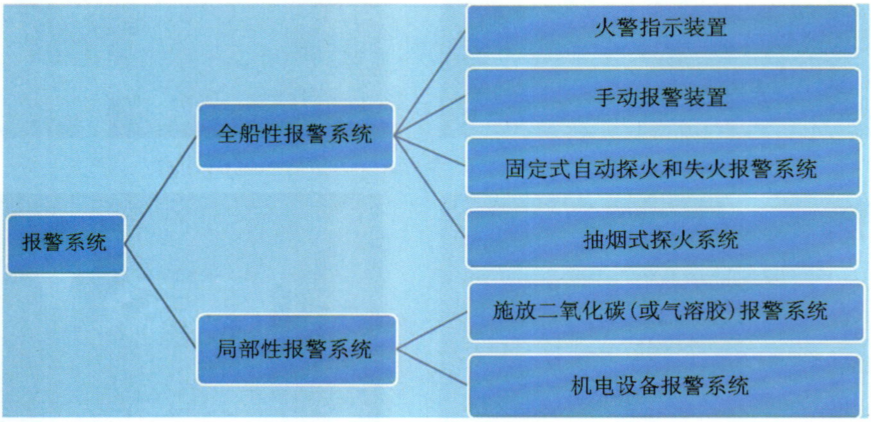

图2-3-4　船上应急报警系统

火灾报警系统和手动报警装置会连接火警指示装置。火警指示装置一般位于驾驶台或负责值班船员处所，以保证驾驶台或负责值班船员听到和看到该报警信号。任何探测器或手动报警按钮动作时，会在火警指示装置上发出听觉和视觉报警信号。指示装置可以表明已经动作的探测器或手动报警按钮所在的区域。

手动报警装置的手动警按钮（如图2-3-5、图2-3-6所示）遍布起居处所、服务处所、控制站。每一通道出口处都装有一个手动报警按钮；在每一层甲板的走廊内，手动报警按钮的位置便于到达，且走廊的任何部位距手动火警按钮的距离都不得超过20米。手动报警按钮封闭在有机玻璃盒里，旁边同时布置有小太平斧等小敲击器具。需要时，敲碎玻璃罩，用手按动按钮即可。

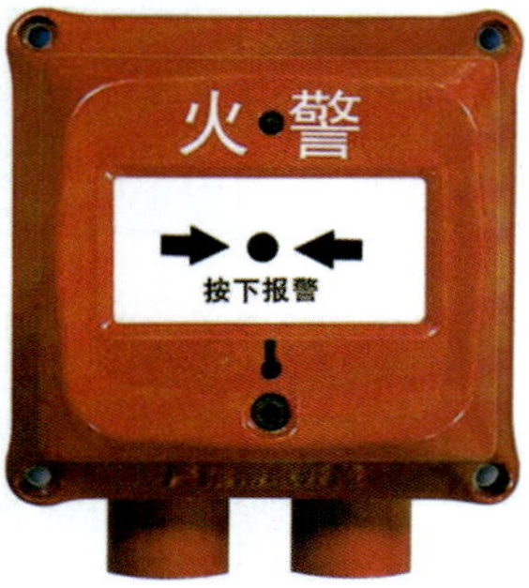

图2-3-5　手动报警按钮

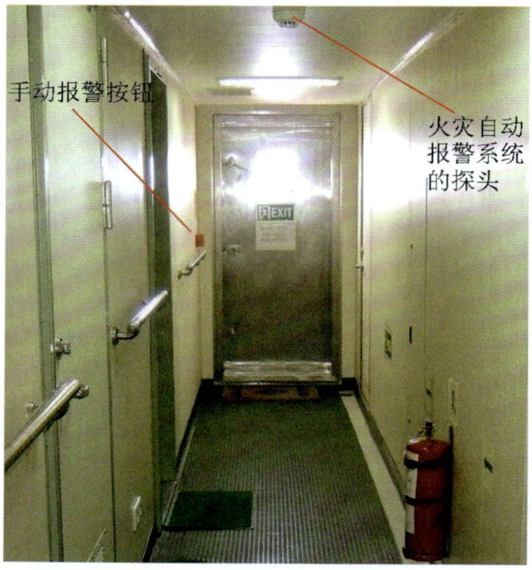

图2-3-6　走廊的手动报警按钮和火灾自动报警系统的探头

固定式自动探火和失火报警系统一般安装在驾驶台内，通过与通用紧急报警装置、广播系统连接，可实现全船多种方式报警。其保护区域主要包括驾驶台、船员生活区、服务处所以及机舱等区域。探测器是火灾自动探测设备，通常安装于被保护处所的天花板上。探测器按其敏感元件的反应原理一般分为感温、感烟、感光等几类。（如图2-3-6、图2-3-7所示）船员和旅客不应在探头上悬挂衣物或损坏探测器，以免本舱室失火时不能自动报警而妨碍及时施救，造成不必要的人员伤亡和财产损失。

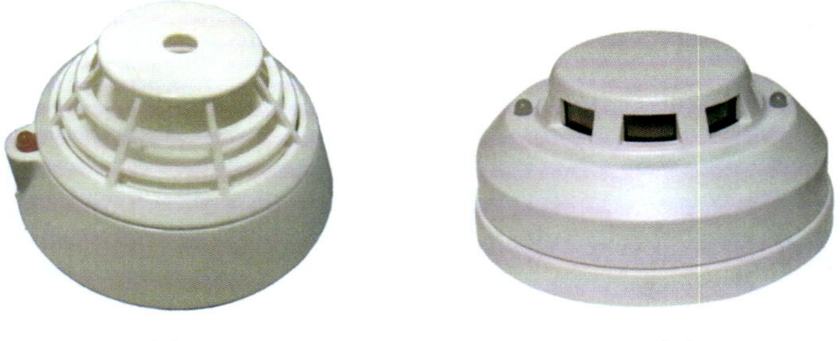

(a)　　　　(b)

图2-3-7　感温式、感烟式火灾自动报警系统的探头

自动喷水器、探火与失火报警系统也称为自动喷淋系统，一般客船配备的是固定消防系统。该系统的喷头在高温作用下，开始自动喷水。喷头（如图2-3-8所示）自动喷水的同时，系统能立即发出声光报警，并指示发生火灾的分区位置，从而能够及时召集船员进行救火。货船上较少使用自动喷淋系统。

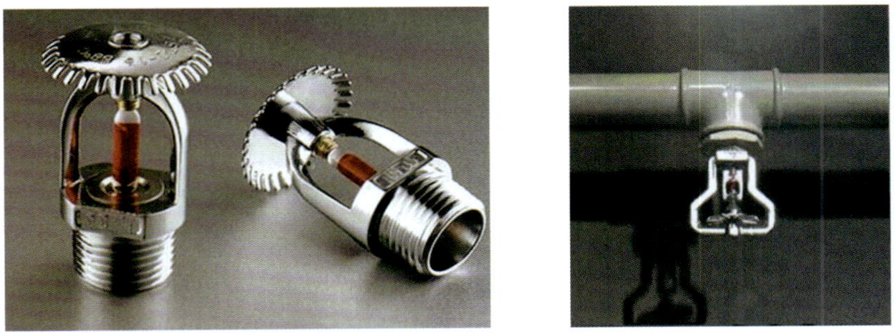

(a)　　　　(b)

图2-3-8　自动喷淋系统的喷头

抽烟式探火系统中安装在每个货舱的取样管收集空气样本，系统探测到烟雾或其他燃烧物时，控制板和指示装置会发出视觉和听觉信号，船员可通过烟雾感应单元确定着火货舱位置。

在二氧化碳（或气溶胶、七氟丙烷）报警系统中，经常有人工作或出入的处所采用二氧化碳（或气溶胶、七氟丙烷）灭火剂灭火时，设有听觉和视觉自动报警装置，用于通知处所内人员立即撤离。预报警时间的长短为撤离该处所所需的时间，在灭火剂施放前不少于20秒。

机电设备报警系统是在机电设备发生任何故障时，报警系统同时发出听觉和视觉信号报警，用于通知机舱值班人员及时进行处理。

除上述报警系统外，船舶上还使用号笛、有线广播等方式报警。必要时，号钟、号锣、口哨等均可用于报警。船员应熟悉各种形式的报警方式，以免错失宝贵的应急时机。

（三）声响信号

内河船配备的声响信号一般包括号笛、号钟、号锣，这些设备也可用于报警（如图2-3-9所示）。号笛拉手或按钮安置在驾驶台内易于使用的地方。号钟与号锣二者可选其一配备，且可用与其声音特性相同的其他设备代替。号锣与锣棒存放在易于取用之处，且有明显的标记。

（a）号笛　（b）号钟　（c）号锣

图2-3-9　号笛、号钟、号锣均可用于报警

（四）报警信号

当船舶出现会危及人命、船舶及机器安全的情况时，会通过警铃或号笛等声响信号发出报警信号通知船员立即采取应急措施。常用报警信号如表2-3-1所示。

表2-3-1　常用报警信号

警报类型	信号类型	持续时间
消防	警铃和号笛急促短声	连续1分钟
弃船	警铃和号笛七短一长声	连续1分钟
堵漏	警铃和号笛两长一短声	连续1分钟
人员落水	警铃和号笛三长声	连续1分钟
溢油	警铃和号笛一短两长一短声	连续1分钟
解除警报	警铃和号笛一长声	连续6秒或口头宣布

为指明火警部位，在消防警报信号之后，鸣一长声表示船的前部，两长声表示船的中部，三长声表示船的后部，四长声表示机舱，五长声表示上层建筑甲板。

警铃和号笛三长声后一短声或两短声，连放1分钟，分别表示右舷或左舷有人落水。

短声一般为1秒，长声一般为4~6秒。

对于其他紧急情况的警报信号，由公司根据情况规定，船员应通过培训和演习熟悉这些警报信号及本人的相应职责。

（五）报警方法

发现紧急情况的人员应通过大声呼救、打电话给驾驶台或按下就近的手动式火警按钮发出警报。船舶通过甚高频（VHF）或移动电话拨打12395向主管机关报警，请求救援（如图2-3-10所示）。

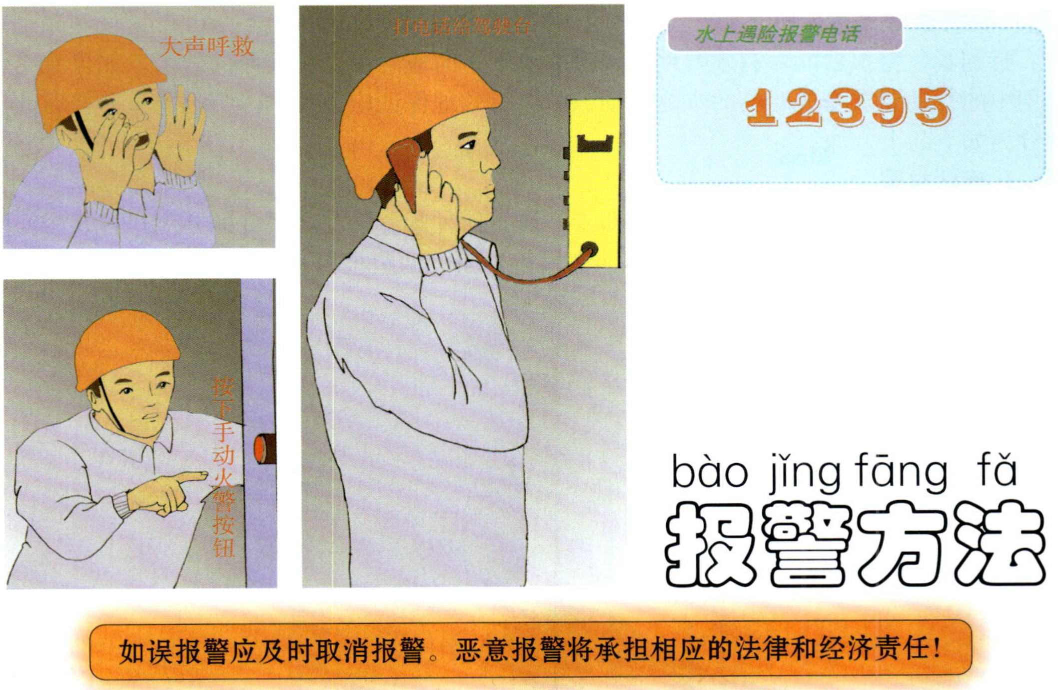

图2-3-10 报警方法

内河船舶通过甚高频与手机报警是最直接的方式。船舶遇险后可拨打水上遇险报警电话12395或当地水上搜救机构、海事机构值班电话报警。

1. 拨打12395报警

中国海上搜救中心在中国沿海和长江、珠江、黑龙江沿线的主要城市都开通了水上搜救专用报警电话12395，可直接拨打，不需加区号。

2. 拨打水上搜救值班电话报警

当地水上搜救机构或海事机构均实行24小时值守制度，值班电话通过网站或其他方式对外公布。

3. 水上遇险报警的主要内容

遇险船舶向水上搜救中心报警时，尽可能说明以下内容：

（1）船名、联系方式和救助需求。

（2）险情种类，险情发生的时间和地点。

（3）遇险人数及伤亡情况。

如果条件允许，要进一步报告以下内容：

（1）水域污染情况。

（2）船舶碍航情况。

（3）事故现场的气象，包括风力、风向、流向、流速、水温等。

（4）载货情况，特别是危险货物，货物的名称、种类、数量。

（5）事故直接原因、已采取的措施和救助请求。

（6）船舶的主要尺度、所有人、经营人。

（六）听到紧急警报后的行动

听到紧急警报后能否有效行动，关键取决于平时应急培训和演习的效果。如果将应急计划中的行动要求变成船员的本能行动，就能有效地保证应急成功。听到紧急警报后的行动分为如下几个方面：

1. 确认报警

船员一听到紧急报警，首先应立即弄清属于何种紧急情况。最好的办法是打开房门同时迅速穿上衣服（如图2-3-11所示），沉着冷静地听完两组报警。

图2-3-11　打开房门并迅速穿着衣服

如不是熟悉的信号，应该查询布置于床头墙壁上的应变部署卡。切忌没有弄清楚情况而盲目行动，导致延误宝贵的时机和造成不必要的人身伤害。

应急时切忌携带应急不需要的物品而妨碍行动（一些船员在弃船时因执迷于携带自己的财物，导致无法及时撤离获救）。

2. 迅速行动

当确认报警后，应立即确认自己的任务并立即携带规定器材，在2分钟内到达指定的集合地点（如图2-3-12所示），参加应急行动，任何拖沓都会丧失抢救时机。

图2-3-12　迅速到达指定集合地点

3. 保护旅客

水上应急中人命是第一位的，而在救助人命时，应该先旅客后船员（如图2-3-13所示）。

图2-3-13 **保护旅客**

4. 服从指挥

在应急情况下，全体船员都要维护船上的统一指挥，保持镇静，按应急计划采取正确的行动，全体船员形成一个整体才有力量。在应急过程中千万不能恐慌，恐慌的结果只会使事态恶化，恐慌会使人丧失理智，丧失正确的判断力并使船员士气低落。船员平时加强训练，定时组织应急演练，掌握应急的各项技能，就能在关键时刻保持镇静，并按照应急计划采取行动。

二、船舶应急

船舶一旦进入临近事故状态或事故状态，就必须应急反应。所谓应急，是指使水上人命财产和水域环境摆脱和远离事故危险，恢复安全状态的活动过程。应急的成败直接关系着人命财产损失和环境损害的程度，所以应急必须是迅速的和有效的（如图2-3-14所示）。

船舶应变部署表和船舶应急计划由各公司根据船舶情况编制，但其目的、总的原则和程序是一致的。

图2-3-14 **应急必须是迅速的和有效的**

成功应急的要素（如图2-3-15所示）是达到减少人命财产损失和减轻环境损害的保障。

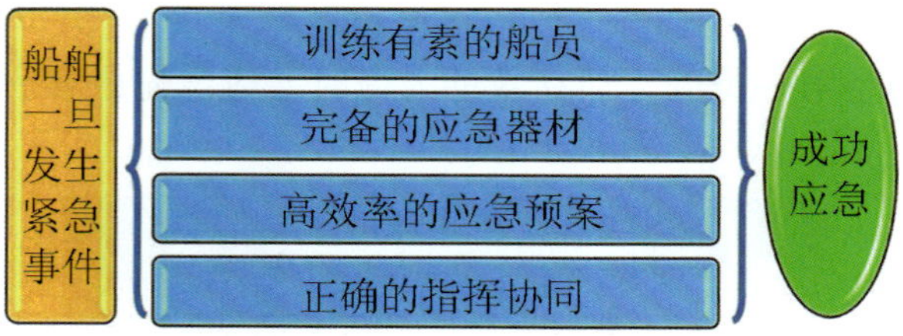

图2-3-15　成功应急的要素

（一）消防应急

1. 示警

发现船舶火情，必须立即报警，并迅速采取有效行动；驾驶台值班人员报告船长并发出警报（如图2-3-16、图2-3-17所示）。

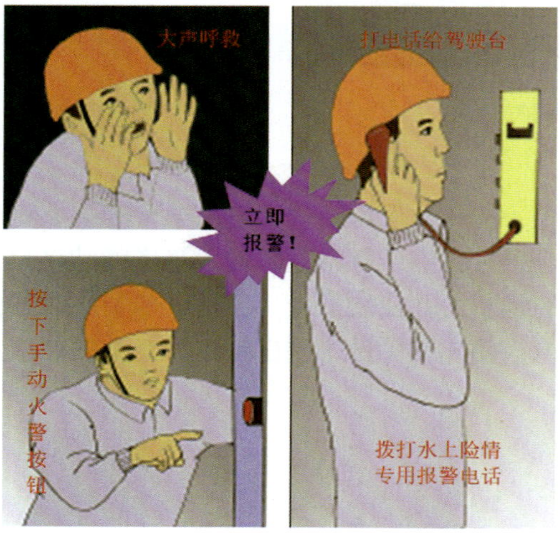

图2-3-16　立即报警

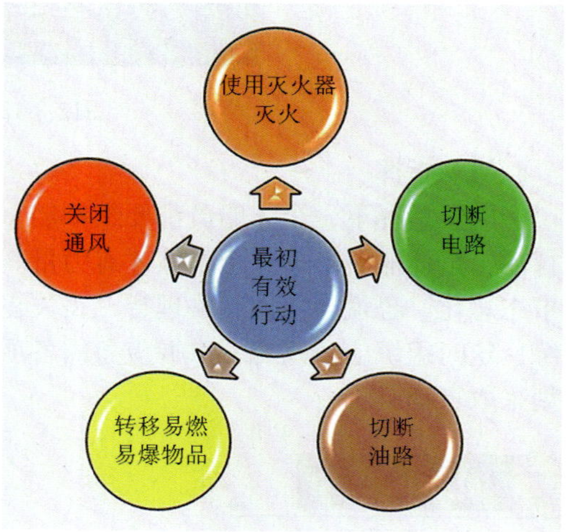

图2-3-17　采取最初有效行动

2. 迅速行动

（1）船员听到警报信号后应按应变部署表规定携带消防器材，2分钟内到达指定位置，并做好灭火的一切准备工作（如图2-3-18所示）。

图2-3-18　迅速行动

（2）机舱应确保警报发出后5分钟内起动消防泵。

3. 探明火情

火灾发生后，必须派人探明火情，以便有效地采取措施进行灭火。弄清火情部位、火情性质、火情和趋势、以及火情部位周围的有关物品等情况，探明火情是船长决策的基础（如图2-3-19所示）。

图2-3-19　探明火情是船长决策的基础

4. 及时报告

船长及时向就近的海事主管部门和上级部门报告（如图2-3-20所示），并向周围船舶通报或求救，保持信息传达迅速畅通。船舶如果在航行中发生火灾，船长应负责组织全体船员施救。

图2-3-20　及时报告

5. 确定施救方案

船长根据现场反馈信息，确定施救方案。在火情不明时，盲目打开起火处所的门、窗和舱盖会导致火势进一步扩大（如图2-3-21所示）。

图2-3-21　盲目处置后导致火势进一步扩大

6. 指挥施救

在组织指挥扑救火灾中要采取正确、有效的施救措施，避免不必要的人身伤亡。船长和大副要根据火情发展，及时组织力量和调整部署（如图2-3-22所示）。

图2-3-22　扑救火灾中及时组织力量和调整部署

灭火过程要限制盲目射水，并应及时排出积水，避免船舶因积水过多而减少了稳性和浮力，导致船舶倾覆（如图2-3-23所示）。

图2-3-23　灭火过程要限制盲目射水

7. 客船发生火灾

应首先疏散旅客，保证旅客生命安全（如图2-3-24所示）。

（1）指挥旅客穿好衣服和正确穿好救生衣。

（2）防止旅客拥挤，保持通道和梯道上的秩序，引导旅客顺着脱险通道撤离。

（3）引导旅客进入集合地点。

（4）如有必要，组织旅客按顺序撤离。

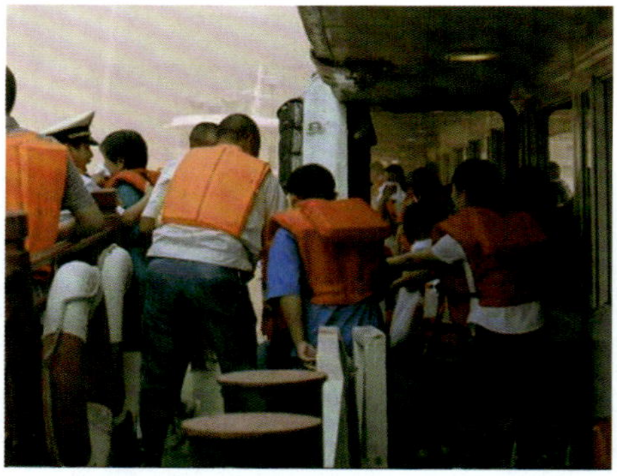

图2-3-24　疏散旅客

8. 船舶在港口靠泊或锚泊时发生火灾

要及时向港口消防部门和海事主管部门报警。在消防队未到达前应积极自救。

向港口消防部门或海事主管部门报警可以获得更好的指导和救助。

船舶火灾由海事主管部门负责总体指挥，港口消防部门负责灭火指挥（如图2-3-25所示）。港口消防部门到达火场后，船方应介绍船舶及火场情况，并积极协助灭火。

9. 事故调查

船舶要配合港口消防部门或海事主管部门调查火灾原因，保护火灾现场，反映真实情况（如图2-3-26所示）。

图2-3-25　港口消防部门负责灭火指挥

图2-3-26　配合调查火灾原因

（二）弃船应急

由于内河水道不宽、船离岸和港口较近、船舶密度大，一方发出呼救、八方响应，所以弃船的可能性不是很大。

船舶如果因破损而大量进水有沉没危险，除了堵漏外应尽快驶往附近港口，如附近无港口，应尽力抢滩靠岸，同时立即向周围船只和就近的海事主管部门求助。

1. 弃船的条件

船舶遇到严重危险时，船长应动员全体船员利用船上的各种设备尽最大努力抢救，减小财产损失和人员伤亡。如果经船员竭尽全力抢救仍然无法挽救船舶，船上人员生命面临巨大威胁，船长可以宣布弃船（如图2-3-27所示）。

弃船是指船舶处于严重的危险状态时，船上的所有人员主动撤离船舶的行为。

图2-3-27　船舶处于严重的危险状态时船长宣布弃船

2. 弃船命令的发布

弃船命令只有船长才有权发出，任何人不得随意发布弃船命令，弃船命令的发布要慎重。船长在发布弃船命令的同时，应施放弃船信号并用船上的有线广播、报警装置等设备，通知船上所有人员（如图2-3-28所示）。

图2-3-28　船长下令“弃船”

3. 听到弃船命令的行动

（1）当弃船命令或信号发出后，全体船员和旅客切勿惊慌混乱，应严守纪律，服从指挥，保持良好秩序，按照弃船的应变部署，坚守岗位，执行弃船工作。

（2）离船前应携带规定的物品，迅速到达指定集合地点（如图2-3-29所示）。

（3）在突发紧急情况下，客船乘客容易产生恐惧情绪，船员正确引导疏散乘客、采取相应的应急行动是非常必要的（如图2-3-30所示）。

图2-3-29　到指定集合地点

图2-3-30　正确引导疏散乘客

4. 弃船前个人准备工作

（1）加穿适当的衣服：求生者在离开难船前应尽量多穿一些衣服，以防止身体表面失热过快。尤其是在寒冷水域遇险，更应多穿几层保暖性能好的衣服，可以明显减小“冷冲击”的不利影响，减少身体表面的热量消耗，延长人员在水中的待救时间。在寒冷气候中更要戴手套、毛线帽，穿毛袜等以防止体热很快散失。

（2）穿妥救生衣：人员穿好衣服后，外面一定要穿着一件救生衣，按要求系紧领口带、胸带和腰带。

（3）如时间允许，应尽量收集毛毯、衣服等护身衣物。

5. 安全离开难船

（1）如果可能，应直接登上救生艇尽量避免与冷水接触，保持“干身”离开难船。

（2）如直接跳入水中应避免身体受到损伤：

①确认已经穿好救生衣。如果没有绑好救生衣的带子，跳水时就可能使头部受伤。

②最好选择低处跳水。

③摘下假牙、玻璃或隐形眼镜，去掉口袋内的尖锐物品。

④不要直接自高处跳向救生浮具，避免人身受到伤害和损坏救生浮具。

⑤注意船舶漂移方向和速度，在风和水流的作用下，船舶漂移速度可以超过人员游泳速度，因此，跳水时应选择船舶的上风舷跳水。

⑥如果船体已经损坏，跳水时应尽量避开船体破损部位和水面的漂浮物或其他落水者。

⑦跳入水中后应尽快离开难船，并尽快游上岸或登乘救生艇筏。

（3）跳水方法

①在船甲板边缘站好。

②深吸一口气，用左手捂住口鼻。

③右手绕过左上臂紧握救生衣上端。

④肘部尽可能靠在身体两侧。

⑤保持两眼向前平视，不要向下看，否则会造成身体前倾。

⑥向前迈开一大步，后面腿随即跟上，双腿并拢夹紧，保持头向上、脚向下垂直入水。始终保持上述姿势，直至身体浮出水面后，才能松开双手，如图2-3-31所演示的步骤。

1–准备：捂住口鼻，紧握救生衣

2–跳水：双脚并拢，身体垂直，两眼平视

3–入水后：尽快游离

图2-3-31　从高处跳水步骤

（三）人落水应急

在船舶航行期间和停泊期间，由于各种原因有时会发生人员落水。大多数落水事件发生在人员在露天甲板行走、站立或斜靠在船边。人员落入水中后如不能及时得到救助，其生命就会受到严重威胁。

1. 发现落水人员应立即采取的行动

发现人员落水时，目击者应立即大声呼叫，向驾驶台值班人员报告：右（左）舷/船首（尾）有人落水。

接到报警之后，驾驶台值班人员应用有效的声响器具发出人落水应急警报，并立即同时做三件事：

（1）立即停车，向人落水一舷操满舵，摆开船尾，防止车叶触及落水者。

（2）做标记。白天立即抛下救生圈或其他任何可供浮在水面落水者攀附的物体。夜间立即抛下一只带有自亮浮灯的救生圈；保持探照灯对准落水者。

（3）加强瞭望搜寻，应始终保持落水者在视线内，可以在船首安排瞭望人员。

2. 搜寻落水者

放下救生艇搜寻，并在发现落水者后从其下风方向靠拢救援；可能的情况下，掉头驶回人员落水位置搜寻落水者。

向附近和过往船舶发布人员落水和搜救信息，请求协助搜救，通报本船位置和落水点。由于内河水道通常有流，当发现有人落水时，船与落水者之间的距离已经较远了，另一方面内河的船舶密度大，处在下游的船通常能比较方便地、就近将顺流漂来的落水者救起。所以说落水者附近的船舶，其救助作用是很大的。实践证明，落水者大都是由附近船舶救起的，例如长江内的黄沙船经常救起落水者，每艘黄沙船相当于一艘大救生艇。

拖船船队有人落水时，应立即抛锚（条件许可尽可能择地抛锚，以免堵塞航道妨碍交通），如风大、流急、浪高或发现较晚，应解队，让拖船去救；如风平、流缓、浪静或发现及时，可派救生艇去救。

在营救过程中，船长要注意本船的安全，以防顾此失彼，遭受更大的损失。

救助船应注意瞭望，一旦发现前方有一上一下的“东西”漂来，很可能就是落水者，应立即用舵偏开，防止“它”被压入船底。

3. 关于搜救船只的选用

（1）使用本船搜救的效果最佳：因为本船速度快、机动性好，船舶高度尤其是驾驶台高度大，搜索视野开阔，便于迅速发现落水者，并且人手多、救生设备完善，特别是能用探照灯照射水面，能够快速将落水者救起。

（2）使用机动救生艇搜救的效果次之：它的速度慢、高度低，抗风浪的能力一般、视野不够开阔。

4. 落水者的行动

落水者可以通过挥动手臂、T恤衫、手绢或任何可能抓到的亮颜色物体使自己更容易被船舶瞭望人员看到。通过大声呼喊、拍打水面（同时也能被看到）、吹响哨笛的方式让船舶瞭望人员听到。

（1）穿着救生衣的自救行动

落水者在水中游泳，首先应掌握正确的呼吸方法，避免换气时呛水，采用鼻呼口吸。为延长游泳的时间，应做到有节奏的呼吸。

长时间在低温水中连续不断地游泳，最容易引起痉挛，俗称抽筋。最易发生抽筋的部位是脚背和小腿。出现这种情况，不仅会妨碍落水者继续游泳，而且会引起恐慌而危及生命安全。为避免出现这种情况，一旦出现抽筋千万不要惊慌，这时可先深吸一口气，再将头向前弯入水中，四肢放松下垂，慢慢用力按摩抽筋部位（如图2-3-32所示）。

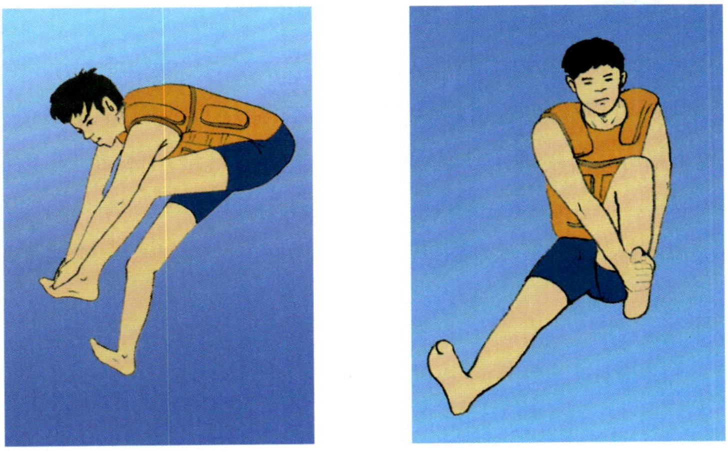

(a) (b)

图2-3-32 痉挛的应急处理

如果上述方法不能奏效，应再深吸气，在水中弯腰，用双手握紧大脚趾，伸直两腿，同时双手用力向胸前方向拉。

如一次不见效可反复多次，再严重的抽筋也会得到缓解。肌肉松弛后，应休息一段时间，并改换另一种游泳姿势，再继续游下去。

如在水中待援，可使用“HELP姿势”，以保持体力与体温。

（2）未穿救生衣者的自救行动

落水而未穿救生衣的确是很危险的，尤其在长江、珠江等大河中，浪易将人压下去或淹浸口鼻。但若能采取正确的自救行动，抱定“我要活着回去”的信念，就能争取时间、获救脱险。

①仰浮是未穿救生衣落水者最适宜的漂浮待救姿势。其优点是：动作慢，运动量小，体力消耗小，能较持久地在水面上待救；在无大风浪的水面，只要保证能使眼、口、鼻都始终保持在水面上就行了，不仅呼吸方便，且视界开阔（如图2-3-33所示）。

图2-3-33 无救生衣仰浮姿态

②落水者在水中切勿将衣服抛弃，因为衣服既可以做浮具，穿着衣服还可抗御寒冷和烈日，并且便于让救援者提拉衣服。衣服改做临时浮具的方法是：

a.脱下上衣，把纽扣全部扣住。

b.扎紧袖口和领口，衣服下端也扎紧。

c.在第二与第三纽扣之间吹气，使衣服鼓起，即可支持体重。

d.如用裤子更理想，将两裤管扎紧倒持裤腰迎风张开，待两裤管涨满后，即扎紧裤腰，便可做成一个良好的马鞍形浮具。

注意：在暖水中，可以尝试利用裤子作为临时漂浮用具。然而，在冷水中若将头浸入水下脱下裤子，利用裤子作为漂浮用具会消耗热量和体力，产生不利影响。

③落水者在水中应尽快捞获并利用较安全可靠的、可用作救生浮具的漂浮物，在水中保持漂浮，等待救援。

④当河面较平静或距离岸、滩、船较近，而附近又暂时无过往船时，可向附近的岸、滩、船奋力游去，自我救助。当接近救助艇或过往船舶时，应采取立泳泳姿，并将双手举出水面摆动，并大声呼救（如图2-3-34所示）。

除非过往船舶已发现落水者，并停船准备救援外，落水者不应做无效果的游泳去追赶航行中的船舶。

在水中保持漂浮如感到疲倦想入睡时，必须设法保持清醒，要有决心和信心同危险做斗争，坚持的时间越长，获救的机会就越大。

图2-3-34　双手举出水面摆动，并大声呼救

（3）冷水中应采取的行动

落水者在冷水中求生自救的要点：

①弃船入水时，应多穿保暖防水的衣服；尽量将头、颈、手、脚遮护好，袖口、裤管口、腰带等扎紧。

②最外面应穿妥、系紧救生衣。

③秋冬季节在船舶稀少的地方采用省力的仰泳姿势。

④可考虑采取如图2-3-35（a）所示的“HELP姿势”以保存体温,即两腿弯曲并拢,两肘紧贴身旁。两臂夹紧，两手抱在救生衣前面。多人时可采取如图2-3-35（b）所示的“HUDDLE姿势”。

HELP姿势　　HUDDLE姿势

图2-3-35　HELP姿势和HUDDLE姿势

（4）油火水面应采取的行动

①水面有油火时应采取的行动

a.跳水前应判明风向和水面有无障碍物或落水人员，并在上风舷侧跳水。

b.跳水时应穿着棉毛衣服（不可穿化纤织物）。

c.先深吸气，再闭气，同时用一只手掩鼻口，另一只手遮蒙眼睛及面部，并将两腿夹紧伸直，垂直跳下。

d.入水后应向上风方向潜泳，若需换气，应用手探出水面，做向周围拨水的动作，将水面油火拨开；当头部露出水面时应转身面向下风，做深呼吸后，立即下潜继续向上风方向潜去，必要时脱掉救生衣，以防烧着（如图2-3-36所示）。

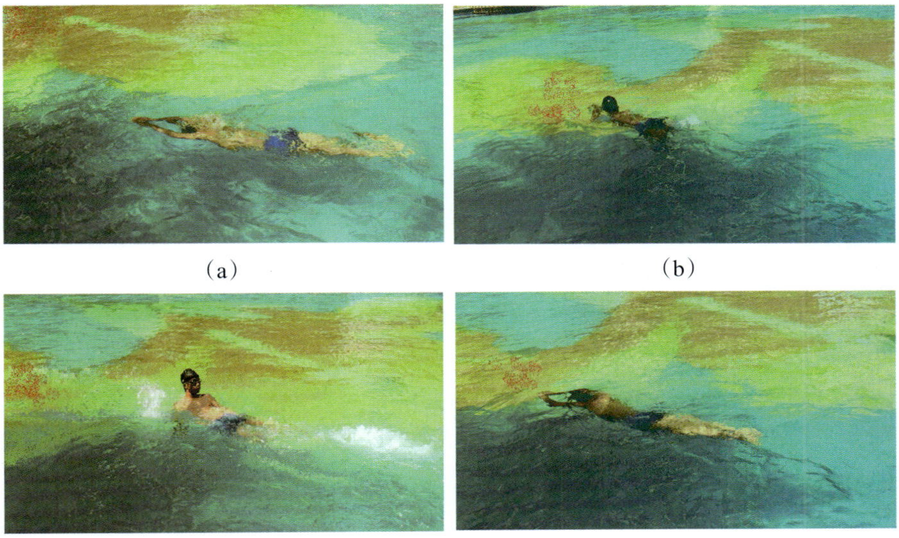

（a）　（b）　（c）　（d）

图2-3-36　水面有油火时向上风方向潜泳

e.不可穿着笨重的衣、鞋和救生衣，在情况允许时可将救生衣和必需的衣物包扎好，用一小绳系在腰上。拖出油火区后，再收回穿用。

②水面有未燃烧油层应采取的行动

a.必须使头部（尤其是双眼）高出水面，尽快游离有油水面（如图2-3-37所示）。

b.换气时必须极为小心。勿使油水进入呼吸道或吸入肺腔。因油滴会堵塞肺泡引起肺炎，严重损害呼吸功能；勿使眼睛沾到燃油。

c.必要时可多穿、带救生设备（器材）或者将其他救生设备（器材）绑在腰上，以提升浮力抬高肢体。

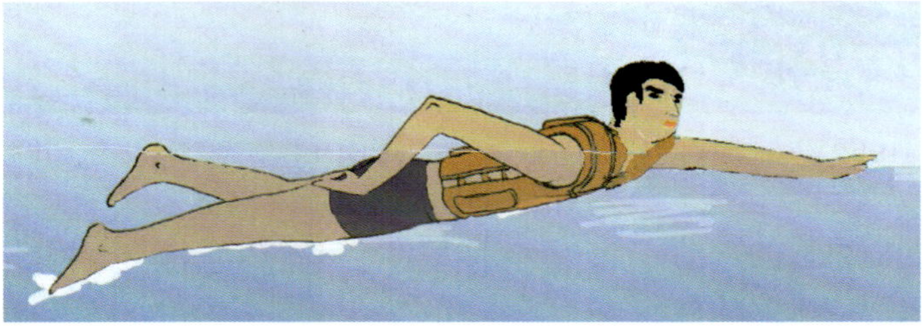

图2-3-37　必须使头部高出水面，尽快游离有油水面

5. 救生艇救援漂浮遇险人员

救生艇在援救漂浮遇险人员时，应从下风侧向遇险人员接近，并在适当距离将艇停住，以避免撞压遇险者，然后，将遇险船员救起，再回到本船下风舷上船。

（1）当遇险者仍有活动能力时

①可以抛下带绳索的救生圈，或伸出桨篙让落水者抓取，然后将其拉到艇边，将其拉扶上来（如图2-3-38所示）。

②如果艇内有人协助，在不影响救生艇安全的情况下，可向落水者一侧压低干舷，艇上人抓住落水者的手臂或衣服，将落水者拉上艇（如图2-3-39所示）。

图2-3-38　伸出桨篙让落水者抓取

图2-3-39　协助落水者攀登上艇

③如果艇内配有登艇绳梯，艇内人员可将绳梯放出，协助落水者从绳梯上登艇。

（2）当遇险者因体力消耗过大或已受伤而无力登艇或失去知觉时

①应用艇篙小心勾拉他的救生衣或衣服，使其靠拢。

②如已负伤，则应注意避免碰及其伤口，艇上人员应跳到水中将其救起（如图2-3-40、图2-3-41所示）。

图2-3-40　双人下水营救落水者

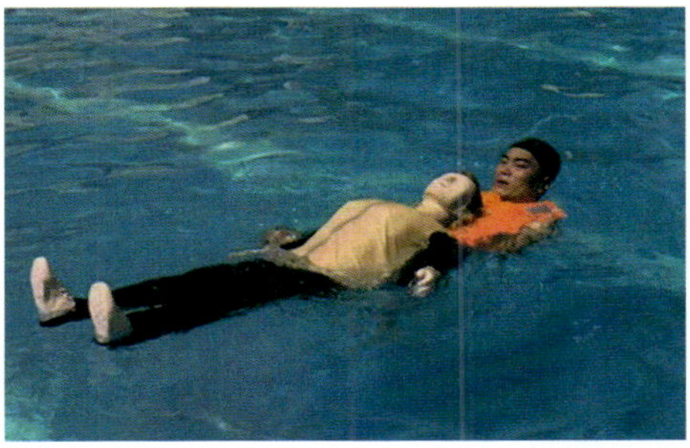

图2-3-41　单人下水营救落水者

6. 落水者在水中登艇的要领

先抓住救生艇旁下垂的扶手绳，用一只手攀着艇边，一只脚先蹬在艇侧水下的舭龙骨上，而后将另一只手也去攀着艇边，用另一只脚蹬扶手绳，四肢同时用力，弯曲双臂，将上身向艇内倾斜，这样就能登上救生艇了（如图2-3-42所示）。

（a）　（b）

图2-3-42　落水者在水中登艇

落水人员失去知觉时，应选派游泳技能好的船员穿好救生衣、带上救生索跳入水中协助救助。

（四）防污染应急

船舶发生污染事故，应当立即就近向海事管理机构如实报告，同时启动污染事故应急计划或者程序，采取相应措施控制和消除污染。

1. 报告的要求

当船舶实际发生或可能发生污染事件时，船长或船舶其他负责人应立即报告最近的海事管理机构，并通知船舶所有人等主要联系人员。

（1）需报告的污染事故包括：

①由于船舶或设备损坏引起溢漏。

②为了确保船舶安全和救生目的所致排放。

③排放的含油污水超过标准要求。

④船舶作业过程中，因操作人员失误造成的油类或有毒液体物质溢漏。

（2）需向海事管理机构报告的事项包括：

①船舶的名称、国籍、呼号、识别号或者编号。

②船舶所有人、经营人或者管理人、污染损害赔偿责任保险人的名称、地址和联系

方式。

③相关水文和气象情况。

④污染物的种类、基本特性、数量、装载位置等情况。

⑤事故原因或者事故原因的初步判断。

⑥事故污染情况。

⑦已经采取或者准备采取的污染控制、清除措施以及救助要求。

⑧签订了船舶污染清除协议的，还应当报告船舶污染清除单位的名称和联系方式。

⑨其他事项。

（3）下列附加资料与初始报告应同时或尽可能快地发给船舶所有人或船舶营运人。

①船舶和设备损坏更详细情况。

②损坏是否仍在发展。

③火灾危险和预防措施。

④船上货物积载情况和数量。

⑤人员伤亡情况。

⑥其他船舶和财产的损坏。

⑦要求援助时间和预计援助到达时间。

⑧救助单位名称和救助设备类型。

⑨是否要求进一步援助。

⑩初步要求的备件和其他材料。

⑪被通知方或了解事故的外部机构详情。

⑫任何其他主要资料。

（4）海事管理机构联系人可以从应急计划中或从交通运输部海事局网站上查询获得。

（5）船舶主要联系人包括船舶所有人、船舶管理人、船舶营运人、代理、签约船舶污染清除单位等，可以从应急计划中查询获得。

（6）发生污染事故的船舶，应当在事故发生后24小时内向事故发生地的海事管理机构提交船舶污染事故报告书。因特殊情况不能在规定时间内提交船舶污染事故报告书的，经海事管理机构同意可以适当延迟，但最长不得超过48小时。

2. 应急处置措施

发生溢漏事故时，迅速采取应急处置措施，以控制和减少溢漏。溢漏包括操作性溢漏和事故性溢漏，操作性溢漏是指在正常装卸和内部驳运油/有毒液体物质过程中所引起的管系溢漏、舱柜满溢等污染事故。事故性溢漏包括搁浅、火灾/爆炸、碰撞、船壳损坏、严重倾斜、进水/沉没、触礁等事故情况下发生的溢漏。

（1）操作性溢漏主要包括以下应急反应措施

①立即停止有关操作，关闭管系上的有关阀门。

②发出报警信号，启动应急反应程序，根据应变部署表各司其职。

③确定溢漏源，进行溢漏量评估及原因分析。

④向海事管理机构及有关联系人报告所发生的溢漏事故。

⑤制止或减少溢漏，防止溢出的油类/有毒液体扩散。

⑥清除溢漏物并做好回收溢漏物的处理；如果溢漏量较大，除船员的应急反应外，应直接联系或通过当地代理联系船舶污染清除单位或其他应急力量协助清理。

⑦清污完毕后，应征得海事管理机构同意后方可重新作业。

（2）发生事故性溢漏必须优先采取的措施

①最优先的措施是保证人命安全，首先检查是否有受伤人员，判断是否需要救助，决定是否弃船。

②检查是否有溢漏或判断是否可能有溢漏，如有，在保证船舶和人命安全的条件下，船长应立即采取控制溢漏措施。

③根据周围环境判断如果船舶继续停在出事地点可使事态进一步恶化，则应将船舶移到安全场所。

④对各种事故采取应急措施时，都必须考虑船舶的应力和稳性。

⑤当船舶结构受损极其严重时，为防止和控制溢漏，应采取减载措施。

⑥在所有的溢漏事故中，应采取措施防止火灾和爆炸事故的发生。

（3）发生事故性溢漏时的应急反应程序

①船长应立即向全体船员发出应急反应部署命令，全体船员按应急反应部署规定的职责，迅速到达自己的岗位，同时考虑船舶的应力和稳性。

②船长按规定立即向海事管理机构报告并根据情况向港口有关部门以及与本船有关的部门通报。

③为减少溢漏量，应按照不同溢漏原因采取不同控制措施。

④如必要并可行，可将舱内余油/有毒液体驳入其他完好舱室或调驳到其他船，以防止继续溢漏。

⑤如果溢漏量较大，仅由本船船员组织反应难以获得理想效果，应直接联系或通过当地代理联系船舶污染清除单位或其他应急力量协助清理。

3. 与沿岸有关部门和海事管理机构的协作

船舶与沿岸有关部门快速有效地协作，对减少污染事故的危害是至关重要的。在控制或清除油类/有毒液体物质溢漏以减少损失时，船长应充分考虑控制和回收油类/有毒液体物质的措施，服从海事管理机构的有关决定和指导。

4. 弃船采取的措施

船舶有沉没危险或者船员弃船的，应当尽可能地关闭所有液货舱或者油舱（柜）管系的阀门，堵塞相关通气孔，防止溢漏，并向海事管理机构报告船舶燃油、污染危害性货物以及其他污染物的性质、数量、种类、装载位置等情况。

5. 内河污染的调查

船舶造成内河水域污染的，应当主动配合事故调查机构的调查。船舶污染事故的当事人和其他有关人员应当如实反映情况和提供资料，不得伪造、隐匿、毁灭证据或者以其他方式妨碍调查取证。

6. 内河污染事故的证据

船舶污染事故的当事人和其他有关人员提供的书证、物证、视听资料应当是原件原物，不能提供原件原物而提供抄录件、复印件、照片等非原件原物的，应当签字确认。

（五）碰撞应急

（1）船舶临近碰撞和发生碰撞，应迅速发出警报，召集全体船员（如图2-3-43所示）。

（a）

（b）

图2-3-43　碰撞

（2）迅速确定碰撞部位，碰撞发生的时间与地点，双方大概的危险程度与人员伤亡情况，是否发生污染，对方的船名、呼号、船籍港、始发港与目的港、载货情况，船东名称及地址，当时的潮汐与能见度等情况。

（3）将上述情况迅速报告公司和附近港口主管机关，并与他们保持有效的联系。

（4）针对碰撞损失的情况迅速组织自救；根据公司指示采取相应的措施；判断是否需要外援救助。当碰撞导致人员伤亡、货物倾斜移位、机械设备损坏、船舶搁浅/触礁、进水下沉、污染、倾覆等紧急情况时，应转入相应的应急操作（如图2-3-44所示）。

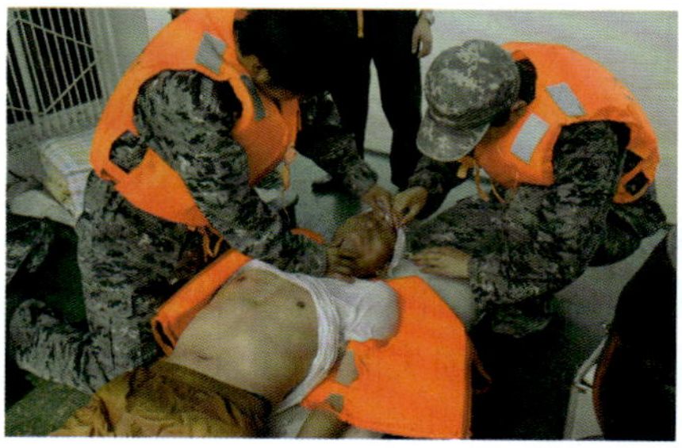

图2-3-44　救护队急救

（5）当一船撞进另一船，造成被撞船主水线以下船壳破坏时，一般不应迅速倒车使两船分离，以免加速进水，可采取慢车顶推，并将被撞船破洞处处于下风侧（如图2-3-45所示）。如被撞船损坏严重，有沉没危险时，应迅速撤离对方所有人员后脱离，避免其沉没时压住本船船头而祸及本船。如附近有浅滩，应根据需要将被撞船推顶离开主航道/深水水域至浅水水域抢滩。如不满足抢滩条件，被撞船船长应及时宣布弃船。

图2-3-45　当一船撞进另一船时一般采取慢车顶推措施

（6）碰撞的任何一方或附近船舶都应当在不危及自身安全的情况下，积极救助遇险船，全力抢救落水及伤亡人员，并在现场附近守候和搜寻，直至双方人员及船舶已脱离危险或无救助必要，并要在接到港口主管机关或公司指示后方可离开现场。一般情况下，碰撞事故发生后，损坏轻微的船舶提供的救助是损坏严重的船舶所能得到的最快捷的救助（如图2-3-46所示）。

图2-3-46　**积极救助**

（7）如实慎重记录航行日志等法律文件。

（六）搁浅应急

内河水域通行环境相对狭窄，搁浅船舶长时间横滞在通航水域中，容易造成沿途航道的堵航，增加过往船舶发生碰撞的可能，甚至酿成更大的水上交通事故。同时船舶搁浅后如果脱浅过程处理不当，还可能会出现船体破裂、断裂、倾覆、沉没、燃油泄漏、甚至人员伤亡等安全事故。因此在发生船舶搁浅事故后，要尽快调查清楚情况，做好应急处理。

1. 搁浅时应急措施

航行中发现船舶即将搁浅时应立即停车，并尽可能抛锚。抛锚可以减缓船速、固定船位，并可利用收绞锚链配合倒车脱浅（如图2-3-47所示）。

图2-3-47　**搁浅时尽可能抛锚**

2. 人员和船舶信息了解

立即了解人员和船舶状况信息，迅速判断决策，以便采取相应措施。

（1）人员状况信息

①确认船舶搁浅时发生的冲击是否造成船上人员伤亡，做好应急救助准备。

②搁浅后在船人员是否齐全并做好救生防护准备，船上工作人员是否各就其位，同时还要进一步做好在船人员的安抚工作，避免产生恐慌心理。

（2）船舶状况信息

①船舶搁浅状况：船舶搁浅前后吃水和吃水变化；检查各舱货物状况；确定船舶倾斜情况。

②船舶受损状况：查找船舶的搁浅部位，判断破损程度，确定进水情况，检查操舵装置和推进器的受损状况。

③船舶搁浅位置地形地貌和气象状况：搁浅河段是否属于内河潮汐河段，涨、落潮时间和潮高，船舶周围水深变化；流向、流速；天气、风向、风速等情况（如图2-3-48所示）。

图2-3-48　了解船舶搁浅位置地形地貌和气象状况

3. 应急处理步骤

应急处理应遵循“能自救才自救”的原则，切忌盲目采取行动，并且须第一时间向主管部门报告。

（1）按《避碰规则》显示号灯、号型，加强瞭望，注意气象、潮汐变化等情况（如图2-3-49、图2-3-50所示）。

（2）主管人员检查主机、舵机和辅助机械，注意确定螺旋桨和舵有无损害。

（3）测量淡水舱、压载舱、油舱、污水沟等处的液位，判定搁浅位置、程度，发现船舶进水时，应立即按进水应急计划组织排水、水密隔离和堵漏，同时判断可否立即自力脱浅。

图2-3-49 白天显示垂直三个黑球（L不限）

（a）一盏锚灯（12米≤L＜50米）

（b）两盏锚灯（L≥50米）

图2-3-50　夜间显示锚灯和垂直两盏红色环照灯

自力脱浅：

自力脱浅常用倒车方式，一般是搁浅较轻或顺应涨潮时使用。内河船舶吨位较小，普通搁浅通过科学自救后脱险成功概率较高。但如若船底漏水应引起高度重视，内河船舶一般为一舱制船，抗沉能力较弱，需及时判断脱险后是否会因船舶漏水而发生倾覆、沉没等更严重的事故。

（4）若不能自力脱浅时，船长要及时申请救援，利用外力协助船舶脱浅（如图2-3-51所示）。

图2-3-51　拖船协助船舶脱浅

（5）在候援期间，船方应警惕潮水和风流对船舶强度和稳性的影响，固定船位，防止船舶因风浪破损、横倾乃至倾覆。

4. 横倾时处理

当船舶发生严重横倾，为防止过度倾斜后无法放艇，可请示船长放下高舷救生艇，以便弃船时使用（如图2-3-52所示）。

图2-3-52　过度倾斜后无法放高舷侧救生艇

（七）进水应急

内河船舶由于尺度小，隔舱少，储备浮力不大，一旦进水来不及堵漏可能会面临沉没的危险，因此，根据内河航道的特点，多采取就近择地抢滩的原则。为防止船舶倾覆或沉没，船方需积极采取正确措施自救，按下列程序应急。

（1）发现船舶漏损进水，应立即发出警报，召集全体船员。

（2）船员按应急计划的分工携带规定的器材，迅速赶到现场，做好堵漏准备。

（3）迅速查明漏损部位、损坏情况和进水量，确定施救方案。

查明漏损情况的方法包括：

听测量管或空气管有无出气声或流水声。如双层底或其他密闭舱室进水，可听到出气声和流水声；船舱进水可听到流水声；敲击隔舱壁，根据发出的声音可以判断邻舱是否进水。

用泵抽水，看水源的大小和动向，若某舱抽水不竭，可判定该舱进水。当进水水位超过破口高度时，水面会冒出气泡或水泡。可从水泡或气泡的位置和大小推测破洞的位置和大小。

测量舱底水和压载水的水位，若某舱水位突然增高，可判定该舱进水。根据水位增高的速度，可以大略估计进水量及漏洞的大小。

如舱内装满了货物，无法在舱内测定破口的确切位置，可采用漏洞探测器探测破口位置。顺着船舷板将漏洞探测器置于舷外水面以上，紧贴船壳上下左右移动，有吸挠现象出现的位置即为漏洞所在。查看杆上深度标记及该处肋骨号数，便可确定漏洞位置。

（4）发现船体破损进水后，应立即通知机舱对破损舱室进行排水。机舱要根据情况注入、排出、移驳压载水等方式保持船体平衡。

船体破损进水后如发生过大的横倾或纵倾，易使船舶丧失稳性发生倾覆的危险，通常采用移载法或对称压载法，保持船舶平衡。

移载法是将船上燃料和水调整到破损舱的相反侧来纠正纵倾或横倾。对称压载法是向与破损舱室对称位置的压载舱灌水压载。如艏尖舱破损进水，船舶出现严重艏纵倾，这时可在艉尖舱灌水压载，以保持船舶平衡。两种方法可先后使用或同时使用，当船舶处于紧急状况有倾覆危险时，我们可以消耗船舶储备浮力换取稳性来赢得时间，以挽救人命和财产。

（5）实施有效的堵漏措施。

在排水的同时，应迅速关闭主甲板以下的全部水密门窗，并根据破口的位置、大小等具体情况采用合适的器材和适当的堵漏方法进行堵漏。

（6）如条件允许可驶入就近港口维修。

（7）若进水严重，应请求第三方援助，如有必要尽可能择地抢滩。抢滩后，继续进行排水、堵漏、抢救旅客及货物等工作。

抢滩要考虑以下几个条件：

①选择尽可能不损坏船底的沙滩。

②如果船舶已发生漏油，应选择不产生或少产生污染损害的地点。

③受风、浪、水流影响较小的地点。

④应急修理，临时卸货以及陆地交通，通信方便的地点。

⑤选择使用拖船易于拖下的地点。

根据船舶破损情况及堵漏方法的不同，船舶堵漏器材也不一样，内河船舶常用的堵漏器材有：堵漏毯、堵漏板、水泥、黄砂、木板、木撑、木塞、铁钉、棉絮等。

常用的堵漏方法如下：

1. 船体裂缝

船体裂缝处不可直接打入木楔（木楔的使用方法如图2-3-53所示），以免扩大裂缝。应先在裂缝两端各钻一小孔，再将橡皮、棉絮等软物覆于裂缝上，压以木板，用木柱等方式支撑和固定。

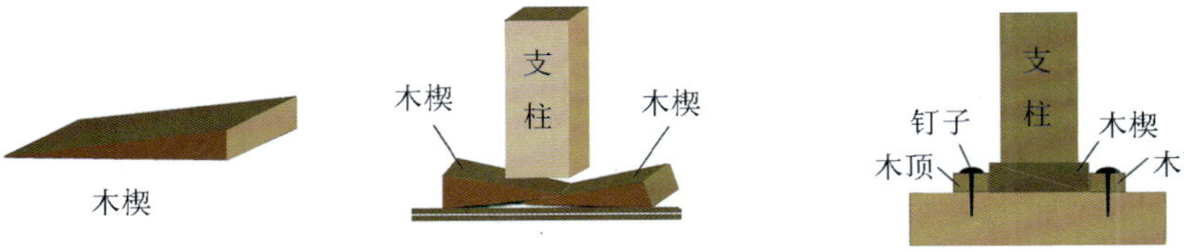

（a） （b） （c）

图2-3-53 木楔的使用方法

2. 船体小破洞

若发生船体小破洞，可于船内用相当大小的木塞用布料或棉絮包裹，直接塞进破洞（如图2-3-54、图2-3-56所示）。如果一个堵漏塞不够用，可用数个堵漏塞。稍大一些的破洞可以使用活页堵漏板堵漏（如图2-3-55、图2-3-57所示）。

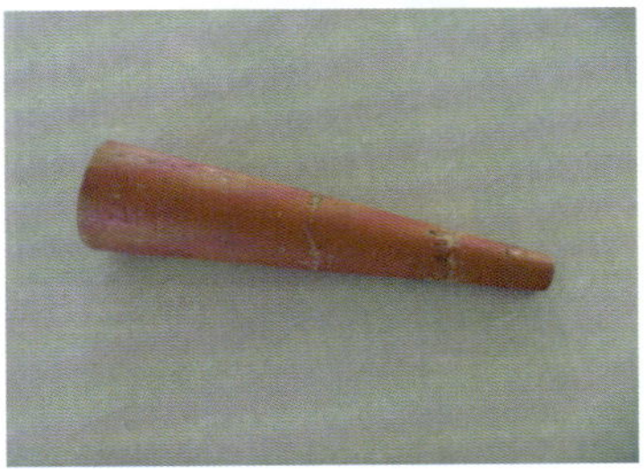

图2-3-54 木塞

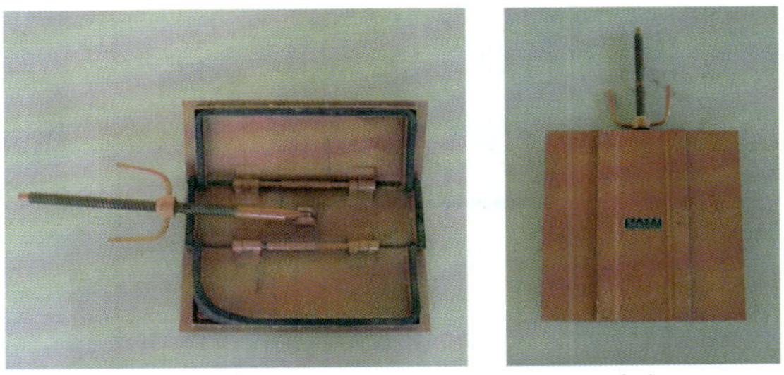

（a） （b）

图2-3-55 活页堵漏板

（a）用软布包住木塞 （b）将带软布的木塞塞进破洞 （c）用锤子将木塞打进破洞

图2-3-56 木塞的使用方法

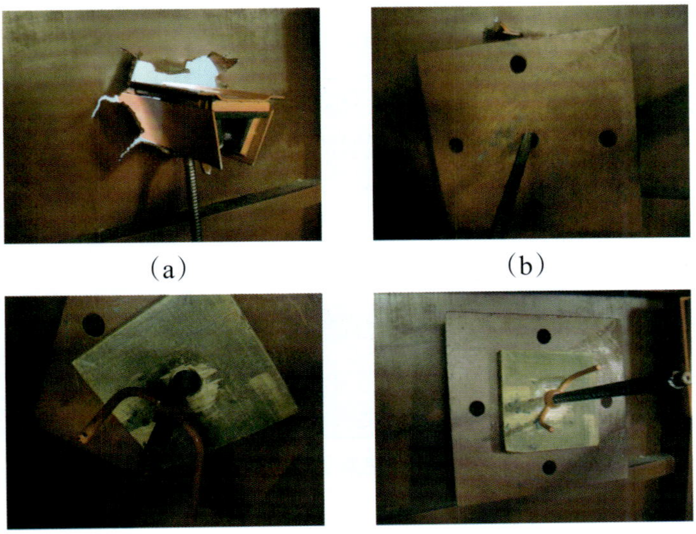

（a） （b）

（c） （d）

图2-3-57 活页堵漏板的用法

（a）将堵漏板合上从舱内送出舱外后，将板打开放在合适的位置上；（b）将铁片垫子穿过螺栓；（c）将木垫子穿过螺栓，并开始拧紧螺母；（d）摆正堵漏板和垫子，拧紧螺母。

3. 船体大破洞

如果船内可以操作，可用床垫等卧具填塞，再覆以木板，用木柱支撑固定（如图2-3-58所示）。如果破洞水压太大，应在船体外破洞处敷设堵漏毯，以减少进水量，再在船内用支架进行堵漏（如图2-3-59所示）。

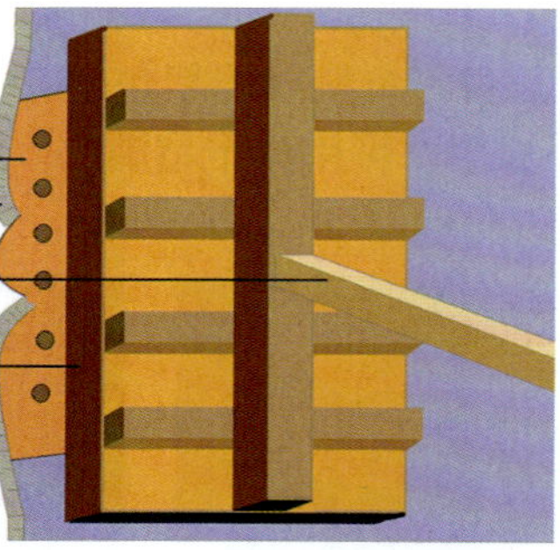

图2-3-58　**床垫堵漏**

图2-3-59　**减少进水量后船内堵漏**

如果船内没有操作空间，在船外用堵漏毯（如图2-3-60所示）能有效地减慢船舶进水和下沉速度，为机舱排水、加固相邻舱壁、抢滩、等待救援争取时间。堵漏毯一般用至少两层帆布作面缝制而成，四角设强力耳环供张索受力。堵漏毯使用时，下端应坠以重物，使之能垂到船底。过底索应有足够长度，从船首绕过船底，与前张索、后张索、控制索配合，使堵漏毯覆盖于破洞处，然后用绞车等收紧和固定各张索。在堵漏毯被破口钢板或船体突出物挂住时，应妥善处理，避免硬拉而撕破堵漏毯。堵漏毯的使用方法如图2-3-61所示。

图2-3-60　**堵漏毯**

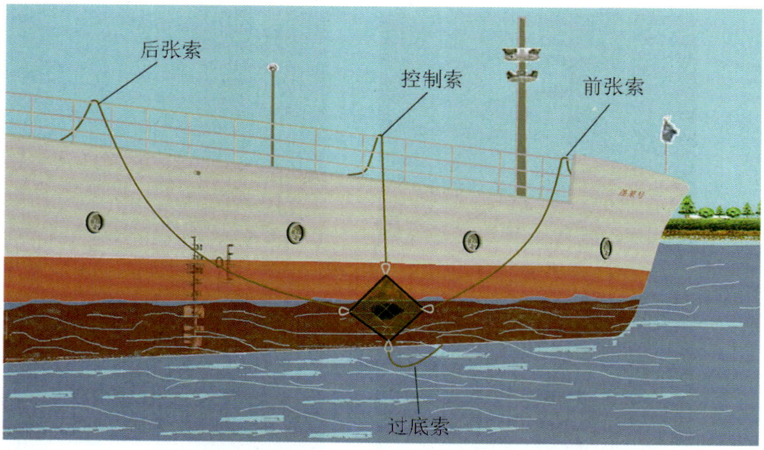

图2-3-61　**堵漏毯的使用方法**

第三章 内河水上救生与求生

第一节 概 述

内河航运以其高效、经济、绿色等优势，在国家经济发展中发挥着积极作用，随着水上活动的日益增加，而内河船舶却存在船员自救能力差、船舶性能参差不齐、交通和通信不完全畅通、专业救助力量接近空白等诸多问题，给内河水上交通安全带来了巨大的压力。船员通过本章的学习，了解人员落水的原因与威胁因素并加以防范，要求达到内河水上救生与求生的培训目的，掌握水上救生与求生的知识与技能，提高船员的自救能力。

一、概念

水上救生是指本船或他船人员落水时，船舶乘员运用救生技能与救生设备对其实施营救的行动；水上求生是指人员失足落水或船舶发生事故弃船时，运用相关知识与技能，充分利用求生设备与其他可利用条件进行的自救、互救或待救行动。

图 3-1-1 内河航道宽度有限

内河航道宽度有限（如图 3-1-1 所示），船离岸滩或港口较近，且船舶密度大、过往的船舶多，风浪也不如海上大，因此船舶或人员遇险，绝大多数情况下是能够得到及时救援、取得良好的自救效果的。

二、水上救生与求生的培训目的

（1）掌握救生设备及其属具的使用方法。
（2）熟练掌握水中救生与求生的知识和技能。
（3）掌握弃船和人员落水时应采取的措施。
（4）牢记被救助时的注意事项与配合行动。
（5）增加化险为夷的信念，培养救生与求生意志。

三、导致人员落水的主要原因

（1）航行或作业中人员失足落水。
（2）船体检修保养过程中人员落水。
（3）人员登、离船时落水。
（4）突遇风浪时人员落水。
（5）碰撞或触礁事故导致人员落水。
（6）其他海损事故导致的人员落水等。
最好的救生行动就是时刻警惕、做好安全措施，预防事故、防止人员落水。

四、威胁落水者的因素

1. 溺水

无论落水者是否熟悉水性，在水中的第一威胁都是溺水，因为河水中有风浪、漩涡，人员在没有借助漂浮物的情况下，个人游泳能力会比想像的低得多，如不能及时获救，就有溺水的危险。

2. 浸水

人体浸泡在水中，皮肤与水接触散热快，难以保持体温，体温下降到一定值会出现生命危险。

3. 悲观恐惧

悲观恐惧心理会导致当事人方寸大乱、行动失常，增加求生的危险。悲观恐惧情绪还会令人做无谓的行动，致使体能消耗及身体机能丧失更快。

4. 其他伤害

在水中漂浮还可能会受到诸如过往船舶、油类或化学类等漂浮物、有毒害生物等的伤害，还有可能遇到风浪淹浸、雨水淋浸或太阳暴晒等带来的危险。

五、水上救生与求生的必备要素

水上救生与求生工作要想顺利开展并取得成功，必须具备以下三要素：

1. 救生设备

救生设备是水上救生与求生的第一要素，包括船上配备的专用设备：救生艇、救生筏、救生浮具、救生衣、救生圈等（如图3-1-2所示）。内河船上救生设备配备的情况不尽相同，有的只配备了个人救生设备，因此内河船员应当学会运用一切可浮、可用的器具作为救生设备使用的技能。

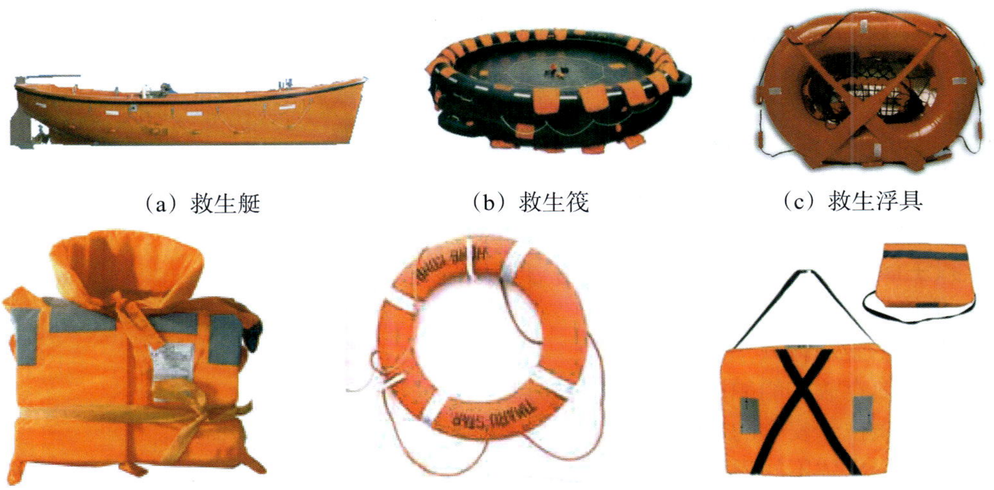

（a）救生艇　（b）救生筏　（c）救生浮具

（d）救生衣　（e）救生圈　（f）个人救生浮具

图3-1-2　船用救生设备

2. 救生与求生知识和技能

救生与求生知识和技能包括熟悉救生设备及其使用方法、熟练掌握自救与救人知识与技能，及在紧急情况下懂得采取有效的应对措施。

无论是施救还是自救，切忌慌乱。施救者应在保持自身安全的前提下行动，充分预计营救的困难与危险，并尽量争取更多人协助施救；落水者则应在避开即时的危险后尽快准确判断自己的处境，寻找漂浮物以保持浮力，想办法呼救，尽快让人知道自己落水并能找到自己的位置，切忌盲目挣扎。

3. 求生意志与信念

求生者要坚信自己一定能战胜灾难、经得起饥寒和险境的考验，并能坚持到最后。实践经验表明，信念和意志产生的精神力量，有时要比身体力量强大得多。要知道内河航道上落水者获救的概率是十分大的。

第二节　救生设备及其使用

救生设备是保证水上救生成功的重要物质基础。船舶必须按照救生设备规范的要求配置各类救生设备，船员平时应妥善管理救生设备，熟练掌握各种救生设备的性能和使用方法，在发生紧急情况时能够迅速正确使用救生设备。

一、对救生设备的总体要求

船舶配备的救生设备，须通过试验和检验并经主管机关认可。

船舶在离港前及整个航行期间，一切救生设备应保持随时可用状态。

救生设备应以良好的工艺和规范认可的材料制成。

除另有规定外，救生设备应能在−30 ℃至65 ℃的气温范围内存放而不致损坏，在−1 ℃至30 ℃的水温范围内正常使用；个人救生设备应在−15 ℃至40 ℃的气温范围内仍然可用，浸水设备在−1 ℃至30 ℃的水温范围内正常使用。

救生设备应能防腐烂、耐腐蚀，并不因江水、油类或霉菌的侵蚀而影响其正常工作；如暴露在日光下，应能抗老化变质。

救生设备所有部位上应涂抹国际橙色或鲜红的橙色或者相对明显易见的颜色，以有助于水上探测搜寻，并在有利于探测的位置张贴逆向反光材料。

（一）救生设备的存放

1. 集体救生设备

（1）救生艇的存放

①救生艇存放在船舶推进器之前足够远的地方。

②救生艇位于安全的地方，并加以保护免受火灾和爆炸引起的损坏。

③船舷突出体不妨碍放艇，救生艇体不突出舷外。

④救生艇安放在艇座上，且放艇操作便利。

（2）气胀式救生筏和多人用救生浮具的存放

①气胀式救生筏尽可能沿船长左右舷均匀分布。

②气胀式救生筏的降落位置与推进器保持一定距离，且便于人员登乘，其降落和存放位置不会干扰其他救生筏的操作。

③气胀式救生筏存放于专用筏架上，艏缆系牢在船上，并配有自由漂浮装置，救生筏随船下沉时能脱离船舶自由漂浮并自动充气，也可用人工方法施放。

④ 多人救生浮具均匀存放于船舶两舷和人员容易到达的地方，其存放方式能保证在船舶沉没时，救生浮具能自由浮起，且便于脱离。

2. 个人救生设备

（1）救生衣和个人救生浮具要存放在显见易取之处（如图3-2-1所示）；供值班人员使用的救生衣存放在驾驶台、机舱和任何其他有人值班的地方。

（a）

（b）

图3-2-1　救生衣与救生浮具要存放在显见易取之处

（2）救生衣和个人救生浮具的存放位置有明显和永久性的标示；儿童救生衣的存放位置应清楚标明“儿童救生衣”字样。

（3）救生衣存放在甲板、集合站等露天开敞处所时，应置于救生衣柜中，不可直接暴露在室外环境中。

（4）客船救生衣和个人救生浮具的存放还应符合以下要求：

① 客舱内应存放与乘客等额数量的救生衣或个人救生浮具。

② 救生衣集中存放时，儿童救生衣与成人救生衣分开放置。

（5）船舶应在乘客舱室和公共处所张贴救生衣和个人救生浮具的穿着和使用方法示意图（如图3-2-2所示）。

第一步：将救生衣套在颈上，把两长方形浮力袋放置胸前，缚好颈带。

第二步：将缚带向下收紧，再向后交叉。

第三步：将缚带拉到前面穿过扣带环扎紧。

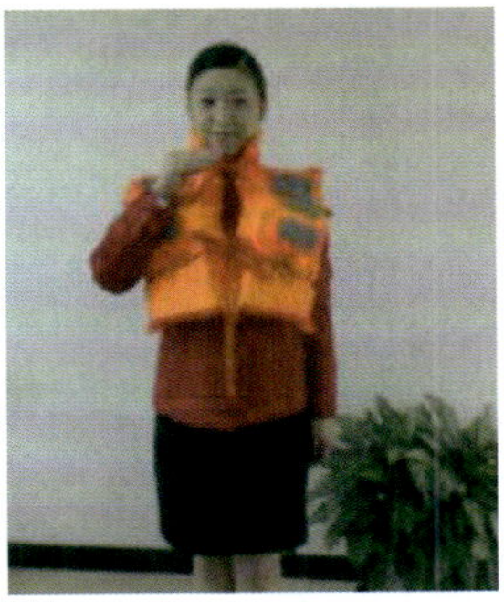

第四步：穿好救生衣的式样（左肩部有呼救哨一只）。

图3-2-2　公共处所张贴救生衣穿着方法的示意图

（6）救生圈应合理分散布置在船舶两舷和人员容易到达的地方，其悬挂装置能保证在船舶沉没时，救生圈能浮离（如图3-2-3所示）。带有救生浮索的救生圈悬挂在驾驶台外的两舷，并能被迅速取用。

图3-2-3　驾驶台两侧应放置带有救生浮索的救生圈

（二）救生标志

在通往救生设备存放处或登乘处的所有通道、梯口和出口处均张贴“船舶救生设备标志”（如图3-2-4所示），指明救生设备所在的位置和方向。

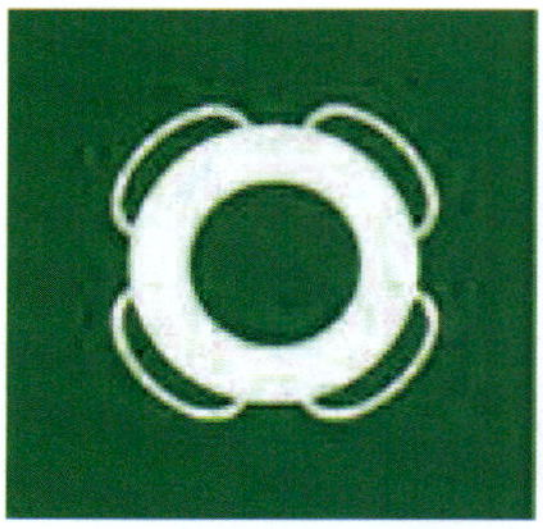
（a）救生圈

（b）带自亮浮灯的救生圈

（c）带救生浮索的救生圈

（d）可吊式救生筏

（e）救生衣

图3-2-4　部分船舶救生设备标志

（三）救生设备的登乘

（1）配备救生艇筏的船舶，设有登乘梯或紧急撤离系统等便于艇、筏施放人员登入救生艇、筏的登乘装置，或供船上人员登入降落到水面上的集体救生设备（如图3-2-5、图3-2-6所示）。

图3-2-5　登乘梯

图3-2-6　紧急撤离系统

（2）在通往救生艇、筏等集体救生设备存放处的所有通道、梯口和出口，连同集合站、登乘站和集体救生设备存放处所及其降落的水域提供应急照明（如图3-2-7所示），并张贴“船舶救生设备标志”，指明救生设备的存放处所（或登乘处）的位置和方向。客船集体救生设备的登乘处设置告示牌写明“老弱病残孕优先使用”字样。

图3-2-7 应急照明

二、个人救生设备

个人救生设备包括救生衣、救生圈和个人用救生浮具等。

（一）救生衣

救生衣是一种提供浮力救护生命的个人救生装备，可牢固穿着在身上，一般采用尼龙面料或氯丁橡胶包裹浮力材料或可充气的材料，并在外表增加反光材料制作而成。救生衣的外观为橙红色；配备哨笛；在水中浸泡后，浮力损失不会超过10%；能使人口部露出水面；在过火2秒后持续燃烧时间不超过6秒。

1. 救生衣的配备要求

（1）一般内河船上每人至少配备1件救生衣，另外至少为每一位值班人员配备1件救生衣。

（2）根据内河航段和航行时间的不同，短程非急流航段普通客船上乘客用救生衣可部分或全部由个人救生浮具替代。

（3）内河旅游船、设有开敞观光甲板的游览船和客船都在显而易见的公共场所增配一定数量救生衣（包括儿童救生衣）。

（4）航行于内河A级航区或J1或J2级急流航段或夜间航行的客船，根据规定在部分救生衣上配备救生衣灯。

2. 救生衣的种类

救生衣的种类很多，但船舶配备的救生衣应具备规定的浮力与一定的防火能力，以及长时间浸泡损失的浮力不能超过规定额度，而且要满足国家相关标准或IMO/MSC的要求。

目前，内河船上使用的救生衣按结构分，主要有背心式和套头式救生衣；按浮力形式分，有固有浮力式救生衣和气胀式救生衣；按用途分，有船用救生衣、船用工作救生衣、儿童救生衣。

（1）船用救生衣是用于船上乘员穿着救生与求生用的救生衣。

（2）船用工作救生衣是用于船员工作或救生与求生时穿着的救生衣（如图3-2-8所示）。

（3）儿童救生衣是适用于儿童乘客穿着的救生衣（如图3-2-9所示）。

(a)　(b)　(c)　(d)　(e)

图3-2-8　不同款式的船用救生衣与船用工作救生衣

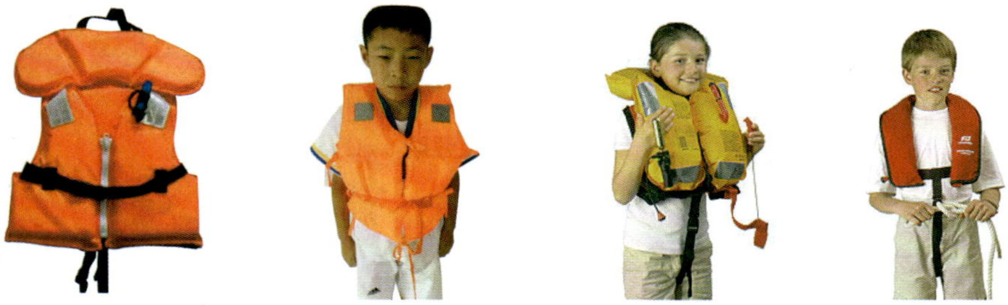

(a)　(b)　(c)　(d)

图3-2-9　不同款式的儿童救生衣

3. 救生衣的穿着方法

在应急时，应先穿上较厚的衣服，再穿救生衣；穿救生衣要做到紧紧贴住身体，在实际求生行动中应将救生衣绳用平结系紧。除了熟悉下面两种典型救生衣穿着方法外，在实际工作中船员还应尽快熟练掌握本船所配备各种救生衣的穿着方法。救生与求生技能考核要求船员能在1分钟内迅速、正确、牢固穿好救生衣。

（1）穿着固有浮力式救生衣

穿着前，应先检查浮力袋、领口带、腰带等，不能有损坏。翻好领子，从头顶套入穿妥后，把腰带分别从左右两端穿过塑料环绕到身后，再绕到前面一周，在胸前穿过胸带用力收紧打一平结系牢，然后将领口系牢，最后整理好哨笛等，其步骤如图3-2-10所示。

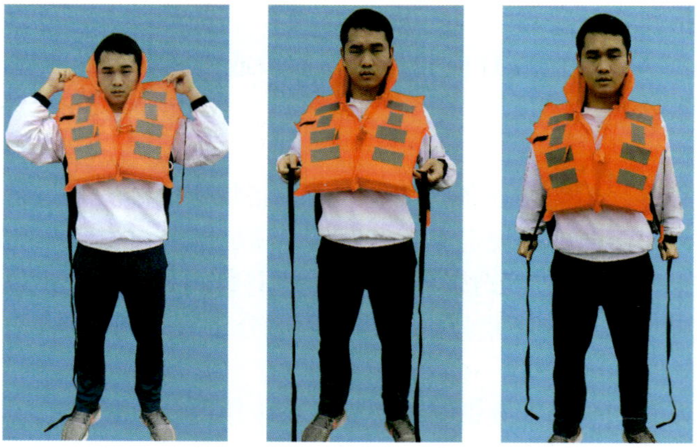

(a)　(b)

步骤1—套上救生衣　步骤2—腰带穿过塑料环并向后拉紧

（续图）

步骤3—腰带在背后交叉

步骤4—向前时最好穿过塑料环或环上方带内

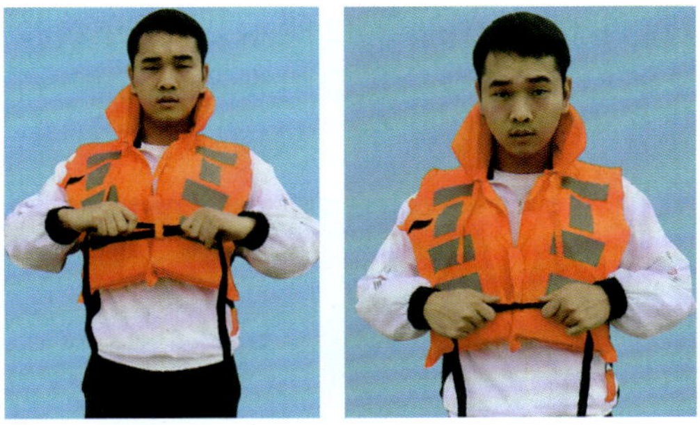

（a）　　（b）

步骤5—腰带穿过胸环打平结系紧

步骤6—系好领口带

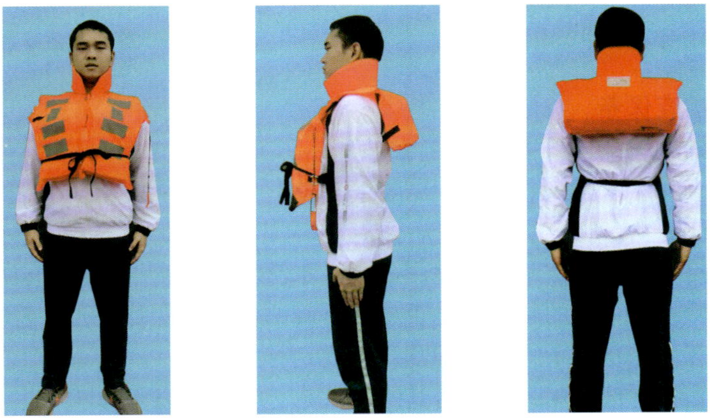

（a）　　（b）　　（c）

步骤7—救生衣穿戴完成后自我进行检查

图3-2-10　普通救生衣穿着方法步骤图

（2）穿着气胀式救生衣

穿着前，应检查气嘴和通气管、胸带、腰带、跨带等，确认完整无损，确认两个独立的气室互不连通、不漏气。穿着方法十分简便，但注意要分前后。穿好后，系紧胸带和跨带，拉二氧化碳充气瓶拉绳，使救生衣充气成型或用牙齿将气嘴向前顶紧吹气（松开即自动关闭），并交替往左、右气嘴吹气，使前后左右平衡，以增大浮力，如图3-2-11所示。

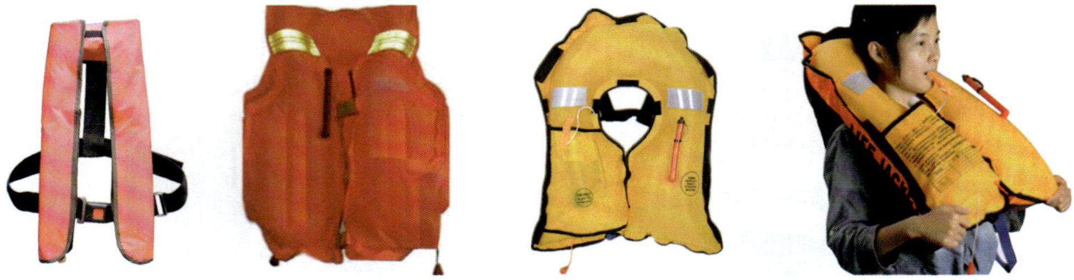

(a)　　(b)　　(c)　　(d)

图3-2-11　气胀式救生衣

4. 救生衣的使用

救生衣的主要作用是遇险落水时漂浮待救（如图3-2-12所示），或穿着救生衣游泳（如图3-2-13所示）、营救落水者，舷外作业、临边作业、风浪中或其他在有可能落水的环境中工作时也应提前穿好救生衣。

图3-2-12　穿着救生衣漂浮待救

图3-2-13　穿着救生衣游泳

5. 救生衣的检查保养

（1）每年应抽出一部分救生衣做浮力试验。

（2）经常检查救生衣外观，每三个月检查一次，查看有无霉烂、发脆或损坏，如有应及时修补、清洗或更新。

（3）必须保持救生衣清洁干燥，使用后用淡水洗净晾干，平时每月也应晾晒一次。

（4）应经常检查每个人的救生衣是否放在正确的位置、保管是否妥善。

（5）修船时应全部拿出来整理和晾晒，按规定补足缺损。

（6）保证救生衣不被挪用，禁止将其用作枕头、坐垫，以免影响救生衣的浮力。

（7）救生衣应防止被油类玷污。

（二）救生圈

1. 救生圈的配备要求

船长20米及以上的内河船舶，根据船长不同，会配备不同数量的救生圈（船越大要求配备的救生圈数量越多）。其中部分救生圈要配备长度不小于30米可浮救生索，如船舶需在夜间航行，其中部分救生圈应配备自亮浮灯（如图3-2-14、图3-2-15所示）。按规定，配有自亮浮灯的救生圈不应同时配备可浮救生索（如图3-2-16所示）。救生圈上应标注船名、船籍港等信息。

图 3-2-14　配备自亮浮灯的救生圈

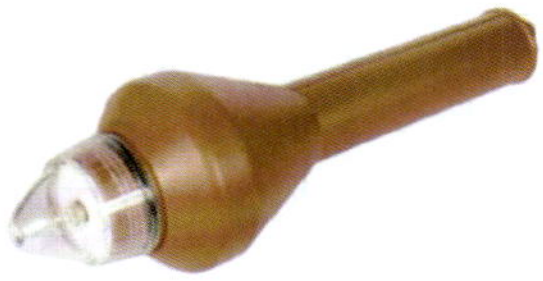

图 3-2-15　自亮浮灯

图 3-2-16　配备可浮救生索的救生圈

2. 救生圈的使用方法

（1）抛投救生圈营救落水者

船在停泊时，如有人落水，若船（艇）距离落水者较近，抛投者应一手握住救生索，另一只手将救生圈抛在落水人员的下游方向，无流而有风时应抛于上风，以便于落水者靠近获得。也可以先将救生索系在栏杆上，两手同时抛投救生圈。若船（艇）与落水者有一定距离，应将救生索一头系好后，将救生圈连绳索一起用力抛出，这样抛出的距离较远（如图 3-2-17 所示）。营救落水者时，待落水者穿妥套牢救生圈后，船上人员回收浮索，将落水者拉至船（艇）边后将其救上船（艇），回收时应防止落水者从救生圈内溜出（如图 3-2-18 所示）。

(a)　　(b)

图 3-2-17　正确抛投救生圈

(a)　　(b)

图 3-2-18　抛投救生圈救助落水者

航行时如不慎落入水中，落水者应大声呼叫以引起其他人员的注意。发现者应边呼救边就近拿取救生圈，迅速抛向落水者附近的水面。发现者在呼救、报告与参与营救的过程中，尽量不要让落水者离开自己的视线。

一般不要正对着落水人员投掷救生圈，救生圈打到落水者身上可能导致伤害，也要避免救生索缠绕船（艇）螺旋桨。但如果落水者距离较远，应将救生圈尽力朝着落水者的方向抛去，而不必过多考虑砸到落水者或流向的问题。

（2）水中迅速正确使用救生圈

在水中穿入救生圈的方法：落水者先抓住把索，用两手压住救生圈的一边，水的浮力会使救生圈竖立起来，双手和头部乘势套入圈内，使救生圈夹在两腋下面，将手穿入把索中，浮于水中等待营救或游泳（如图3-2-19所示）。

不穿入救生圈的使用方法：穿着救生衣下水救人时也可以采用一只手抓住救生圈，另一只手做划水动作（如图3-2-20所示）；游泳时也可双手扶救生圈在前，浮起头部，腿部做游泳动作向前游。

图3-2-19　穿入救生圈漂浮待救

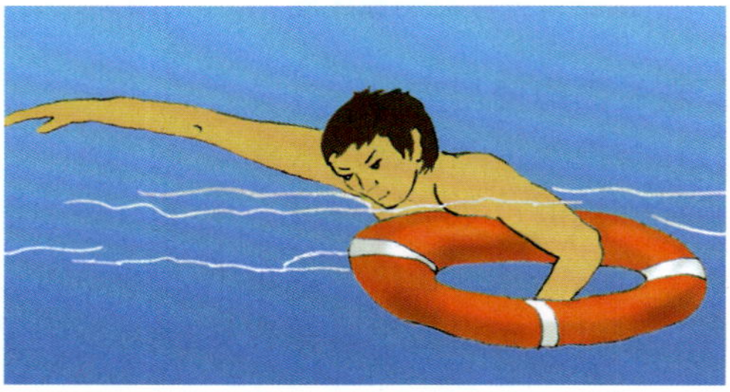

图3-2-20　单手持救生圈游泳

3. 救生圈的检查保养

（1）每年应抽出一部分做浮力试验。

（2）每三个月检查有无裂口、损坏，如有应及时修补和换新。

（3）经常检查救生圈的外观，确认已贴反光带，外观状态良好，没有被油漆覆盖。检查救生圈周边把索连接情况，强度应足够、无霉烂老化，救生圈清楚标识船名及船籍港和拼音。

（4）检查附带救生绳是否正常，其自亮浮灯外观状态应良好且处于有效期内。

（5）修船时应全部拿出来检查整理，如有缺损按规定补损；如有必要，重新写上船名、船籍港和编号。

（6）检查救生圈是否放在正确的位置。

（三）个人用救生浮具

个人用救生浮具是指可支持一个人在水中漂浮待救或游泳的救生器具。

（1）内河船舶救生浮具包括睡垫式、枕头式和坐垫式。

①睡垫式救生浮具（如图3-2-21所示）为三层或四层可折叠式，包布四周和正反两面的平面纵向中部附设便于抓取的救生攀拉手带。

②枕头式救生浮具（如图3-2-22所示）为两层可折叠式，折叠后应通过尼龙搭扣搭牢，使之呈枕头状。枕头式救生浮具包布附设便于抓取的拉手带和能使人落水后保持一定浮态的交叉手挎带。

③坐垫式救生浮具（如图3-2-23所示）包布附设前拉手带、边拉手带，并在平面上附设人字挎带，目前应用最为广泛。

救生浮具仅仅是能够辅助漂浮的物品，使用救生浮具游泳自救的前提是，使用者有能力借助其浮力到达安全的地方，或是需要救援时，在救援到达前保持其自身的漂浮状态。

（2）个人救生浮具使用方法简便：上身穿入肩挎带、手穿入人字挎带或抓紧边手带，将浮具抱紧在胸前，使颌部暴露在水面以上，呈伏泳漂浮姿态待救（如图3-2-24所示）；

也可以双手穿过挎带抓紧浮具放在前方，双腿做游泳动作向前（如图3-2-25所示）。

（3）救生浮具应存放在干燥、易取、不受挤压、有明显标志的处所，且浸水时能自行漂浮。

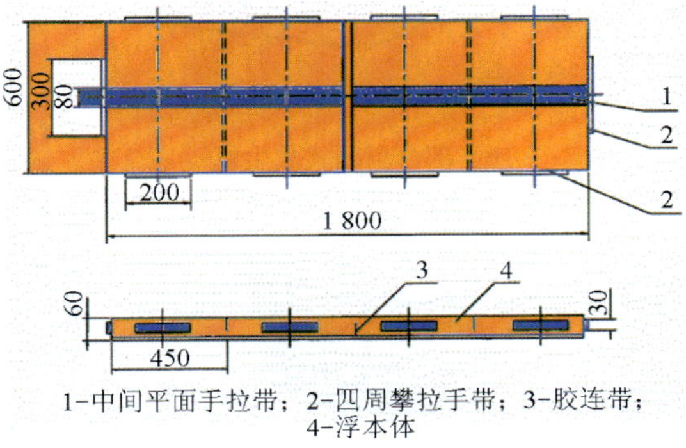

图3-2-21　睡垫式救生浮具

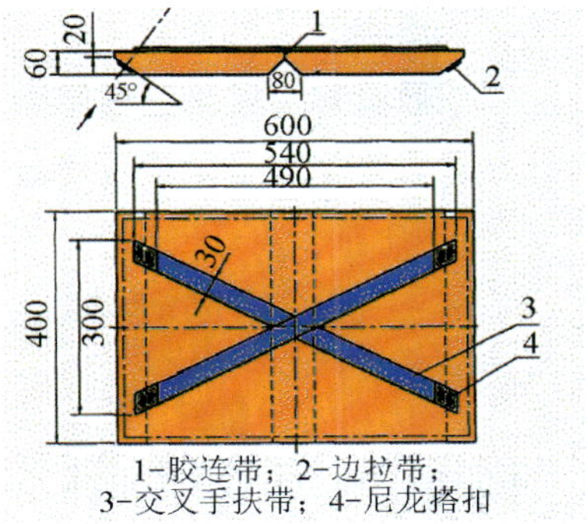

图3-2-22　枕头式救生浮具

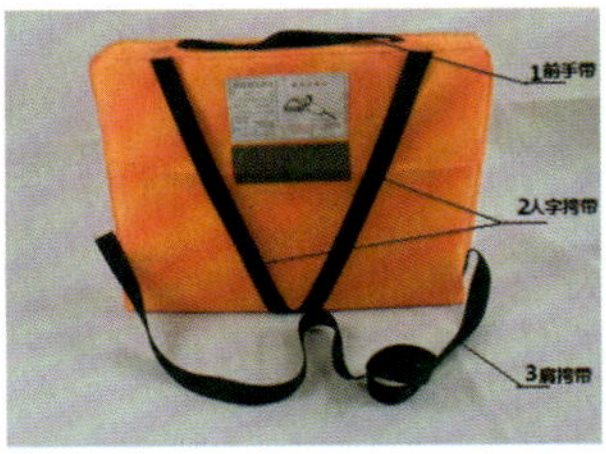

图3-2-23　坐垫式救生浮具

图3-2-24　抱救生浮具的漂浮待救者

图3-2-25　持救生浮具游泳

三、集体救生设备

内河客船、油船、化学品船和液化气体运输等种类船舶规定需要配备集体救生设备。内河一般干货船不强制要求配备集体救生设备，可自行决定配备与否，但只要配备了集体救生设备，就须满足《内河船舶法定检验技术规则》的要求。

内河船舶配备的集体救生设备包括救生艇/救助艇、气胀式救生筏、多人用救生浮具和船舶紧急撤离系统与救生用登乘梯等。

（一）救生艇

1. 救生艇的种类

救生艇有全封闭式、部分封闭式、敞开式三种，内河主要配备敞开式救生艇，如图3-2-26所示为救生艇的种类。

2. 救生艇吊艇架

吊艇架是升降（收放）救生艇的装置。目前内河船舶主要使用转出式、重力式两种吊艇架；按操作动力分为手动式和机动式两种。手动转出式救生艇吊艇架在内河小型船舶上仍有使用。

（a）全封闭式救生艇

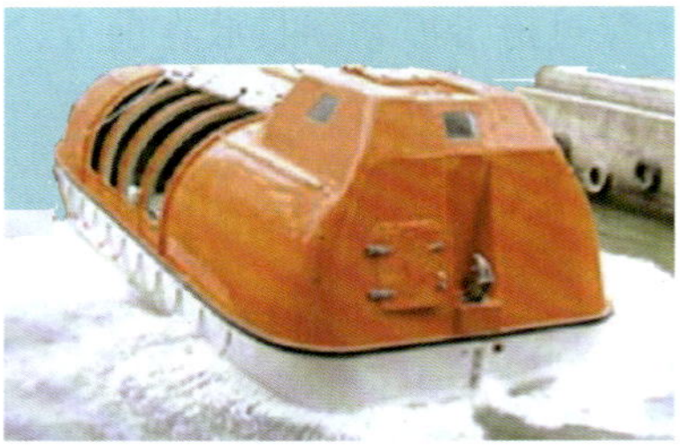

（b）部分封闭式救生艇

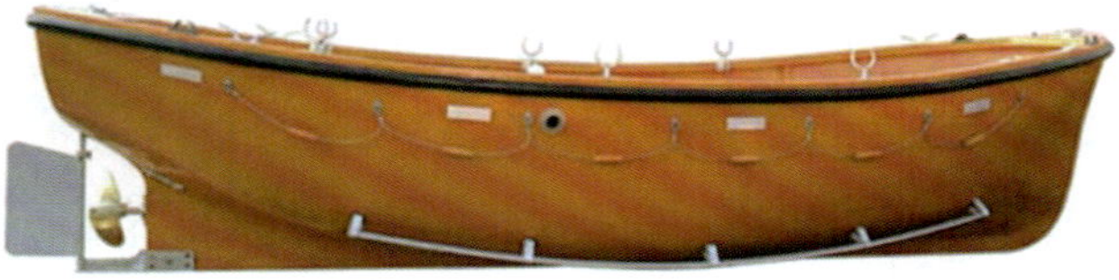

（c）敞开式救生艇

图3-2-26　救生艇的种类

（1）转出式吊艇架

这是一种简单吊艇架，有单臂型和双臂型，其结构简单、耐用，但操作费时费力，内河船多用于收放小型救生艇（如图3-2-27所示）。在人力推动下，艇架能绕竖直轴旋转，使救生艇由舷内转到舷外或由舷外转到舷内，升降艇时可选择手动或电动方式进行操作。

（a）

（b）

图3-2-27　转出式吊艇架

（2）重力式吊艇架

这是一种机动吊艇架，放艇时利用艇架自身的重量使艇摆出舷外、降落水面；收艇用吊艇机操纵。主要有重力倒臂式和重力滑轨式吊艇架。

①重力倒臂式吊艇架（如图3-2-28所示）是一种转动型艇架。放艇时，吊艇臂绕着艇架下端销轴转动，使吊艇臂向外倾倒，将艇吊出舷外、放下水面。

②重力滑轨式吊艇架（如图3-2-29所示）是一种滚动型吊艇架。放艇时前后两对滚轮沿座架的钢槽导轨向外滚动，使吊艇臂连同艇一起外移并倾倒，将艇吊出舷外、放下水面。

图3-2-28　重力倒臂式吊艇架

图3-2-29　重力滑轨式吊艇架

3. 施放与回收救生艇

由于吊艇架的类型不同，救生艇的收放操作也不完全相同，然而基本的操作大致是一样的。

（1）放艇

放艇的基本步骤有四步，分别是：解开固定装置、使艇转出舷外、松放下水、摘脱艇钩。现以常用的重力式吊艇架施放救生艇为例加以说明。

①取下艇罩（如图3-2-30所示），解开固定装置。

②装上吊艇机摇柄，稍微摇动使吊艇索吃力（如图3-2-31所示）。

③两名艇员登艇，解开救生索并查看艇底塞是否装好。

④一艇员抬起吊艇机上的刹车手柄，艇靠自身重力下滑到舷外。艇到船边位置刹住吊艇机，一人带上艇首缆、另一人装舵。

图3-2-30　取下艇罩

图3-2-31　稍摇动摇柄使吊艇索受力

⑤人员集合在登乘甲板登艇（如图3-2-32所示），然后松艇首缆下降救生艇（如图3-2-33所示）。

图3-2-32　全体船员登乘救生艇

图3-2-33　松艇首缆下降救生艇

⑥抬起刹车手柄继续放艇，同时迅速检查发动机，使其在入水前发动起来。

⑦艇入水后，尽快同时脱掉首、尾吊艇钩，如不能同时脱掉，应先脱掉尾钩。

⑧放艇人员立即通过登乘梯或救生索登艇（如图3-2-34所示）。

图3-2-34　放艇至水面，放艇人员通过登乘梯或救生索登艇

⑨解掉艇首缆，迅速将艇驶离大船（如图3-2-35所示）。

图3-2-35　驶离大船

（2）收艇

①救生艇驶到大船的下风舷边的吊艇架下方，带好艇首缆，调整好艇位。

②两名留艇人员将吊艇绞辘同时挂上首、尾的吊艇钩。

③其他人员则由登乘梯、救生索攀登上船（对于小船则可以直接登船）。

④船上人员绞收吊艇索，将艇平稳升起到甲板基座（或吊艇架）上，挽牢吊艇索、解去艇首缆。

⑤用手摇柄使艇在艇座上落位，使艇上属具归位。

4. 登乘救生艇的顺序

在紧急情况下，船员只有按照一定的顺序登乘，才能保证全部人员迅速地离开难船，所以维持良好的秩序是顺利登乘、全部撤离的重要保证。

登乘顺序应是：妇女儿童、老弱病残、其他船员，最后是船长（如图3-2-36所示）。

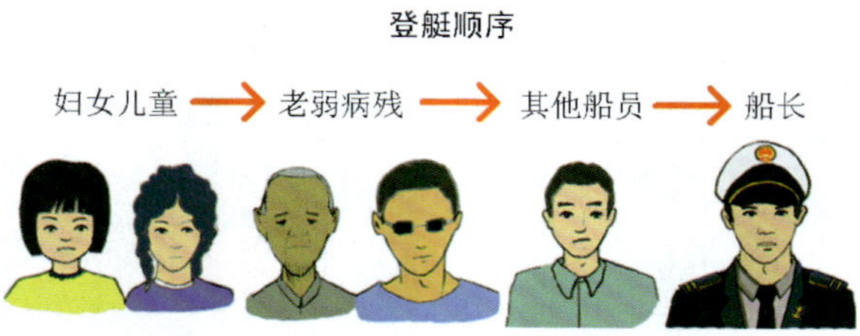

图3-2-36　登艇顺序要求

5. **救生艇的属具**

内河船舶救生艇用属具如表3-2-1和图3-2-37所示，除艇篙应散置外，其他属具均应适当牢固放置于艇内，且应便于取出。

表3-2-1 救生艇用属具

序号	属具名称	配备数量	序号	属具名称	配备数量
1	艇机燃料油	供4小时用	9	白色环照灯	1个
2	艇机润滑油	供4小时用	10	水瓢	1个
3	修理工具箱	1个	11	帆布盖	1副
4	可浮桨	2支	12	救生圈	1个
5	带钩艇篙	1根	13	艉缆	1根
6	桨架	2个	14	哨笛	1只
7	舵及舵柄	1副	15	灭油火的灭火器	1只
8	艏缆	1根	16	急救医药箱	1套

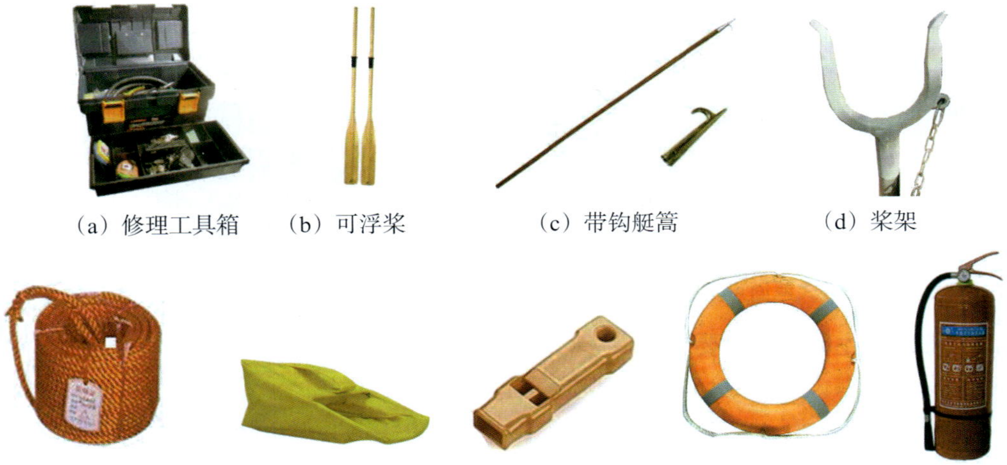

(a) 修理工具箱 (b) 可浮桨 (c) 带钩艇篙 (d) 桨架

(e) 艏/艉缆 (f) 水瓢 (g) 哨笛 (h) 救生圈 (i) 灭火器

图3-2-37 救生艇部分属具示意图

除上面提到的属具外，救生艇还要配备帆布盖。

6. **救生艇的检查保养**

(1) 每季度对全部属具详细检查一次，有短缺就补充、有报废就换新。

(2) 应经常对艇内帆布制品和绳索进行通风晾晒。

(3) 吊艇索如是纤维绳，应每隔半年掉头一次；若是钢丝绳，则要保持不锈和润滑。

(4) 艇的空气箱不得涂油漆，年度修理时应检查其气密性。

(5) 艇机应每隔3～4天起动一次并让其运转几分钟。

(6) 如果是木质艇，日晒过久会爆裂漏水，所以各艇应轮流下水浸泡，夏季每天早晚要向艇壳外洒水，以防爆裂漏水。

(7) 吊艇架上的活动部分不应涂油漆，而应常润滑，以保持转动灵活。

（二）气胀式救生筏

气胀式救生筏系指依靠非刚性的充气室作浮力，在准备使用前通常保持不充气状态的救生筏（如图3-2-38所示）。

图3-2-38　不充气状态存放的救生筏

1. 气胀式救生筏的分类

气胀式救生筏主要有开敞式两面可用气胀式救生筏（如图3-2-39所示）和带顶篷气胀式救生筏（如图3-2-40所示）。两者的存放与施放方法要求大体一致。

图3-2-39　开敞式两面可用气胀式救生筏

图3-2-40　带顶篷气胀式救生筏

2. 气胀式救生筏的一般要求

（1）保存要求：在−18～65 ℃的气温范围内存放不致损坏。

（2）使用要求：在−18～65 ℃的气温范围和0～30 ℃的水温范围内使用。

（3）救生筏的构造，能经受在一切海况下暴露漂浮30天。

（4）救生筏的构造应保证从18米高度处投落下水后，救生筏及其属具能符合使用要求。

（5）采用以空气间隙隔开的双层材料或其他等效设施来隔热和御寒；设有防止水分聚集在空气间隙内的设施。

3. 气胀式救生筏结构名称

带顶篷气胀式救生筏结构如图3-2-41所示。

4. 气胀式救生筏结构要求

以开敞式两面可用气胀式救生筏为例，结构要求如下：

（1）其构造应保证从10米高度将其容器投落入水后，救生筏及其属具满足使用要求。

（2）漂浮的开敞式两面可用气胀式救生筏能经受从至少4.5米高度处反复登跳。

（3）全部充气后的开敞式两面可用气胀式救生筏不论哪一面朝上，人都能从水中登上救生筏。

（4）主浮力舱分成不少于两个独立舱，通过止回充气阀充气；浮力舱的布置能保证在任一个舱损坏或充气失效时，完整的浮力舱能支持该筏额定乘员。

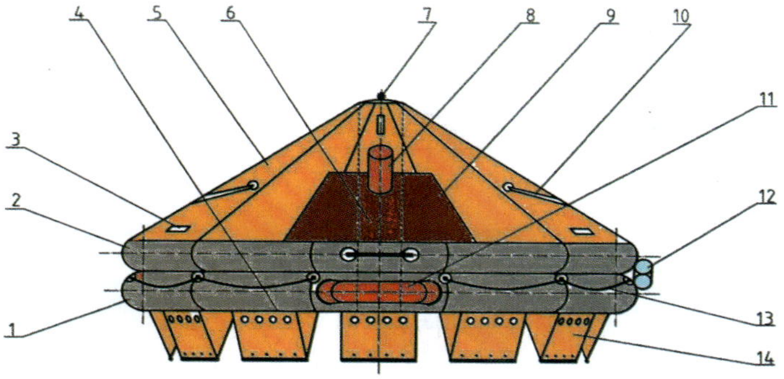

图3-2-41　带顶篷气胀式救生筏结构

1–下浮胎；2–上浮胎；3–反光带；4–筏底；5–篷帐；6–篷柱；7–示位灯；8–瞭望窗；9–出入口；10–雨水槽；11–登筏平台；12–充气钢瓶；13–扶手绳；14–平衡水袋

（5）开敞式两面可用气胀式救生筏筏底为水密。

（6）应用无毒气体充气。环境温度为−18～20 ℃时，在1～3分钟内充足气体。开敞式两面可用气胀式救生筏充气后在满载全部乘员和属具的情况下，保持其形状不变。

其他气胀式救生筏取舍参考上述要求。

5. 气胀式救生筏的属具配备

如表3-2-2所示为气胀式救生筏属具配备。

表3-2-2　气胀式救生筏属具配备

属具名称	配备数量	属具名称	配备数量
可浮救生浮环配30米浮索	1套	哨笛	1只
浮柄护套安全刀	2把	带电池的防水手电筒	1支
水瓢	1只	急救医药箱	1套
海绵	2个	可浮手划桨	2支

6. 救生筏的施放

气胀式救生筏施放方法一般分为抛投式、机械吊放式和自由漂浮式。

（1）抛投式施放

抛投式施放是目前常用的救生筏施放方法，在船舶发生紧急情况时，操作手动施放装置，解开固定索具，借助人力抬起救生筏，将其抛出舷外，落入水中漂浮。如筏存放甲板距水面高度较小或由于其他原因导致筏抛入水中不能自动充气成型时，需手动继续拉出艏缆，直至打开充气钢瓶的阀门，使筏充胀成型浮于水面。救生筏充胀成型后，船上求生人员登乘离开难船（如图3-2-42所示）。

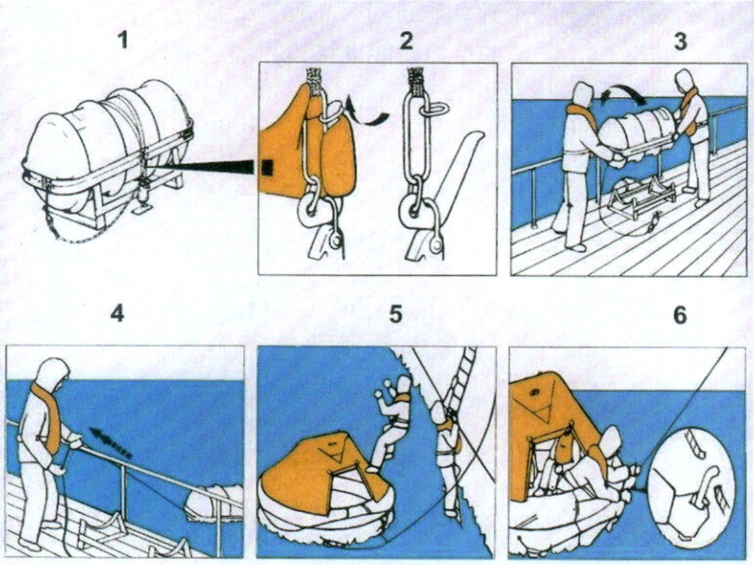

图3-2-42 抛投施放气胀式救生筏

1–救生筏；2–解开施放钩；3–固定艏缆，抛出救生筏；4–拉动艏缆；
5–充气成型后登筏；6–割开艏缆离开难船

（2）机械吊放式施放

有的船上为救生筏的降放专门配备了吊放设备，使用时，打开组合存放救生筏的固定索具，将其抬到吊放设备的吊钩下，挂好吊钩，拉动充气拉绳，使其在舷边充气成形。利用吊臂的移动，将救生筏转到登乘甲板的舷外，临时固定在舷侧，船上人员登乘救生筏完毕后，解开临时固定索具，松放吊筏索，将救生筏降落水面，筏内人员解脱缆绳，离开难船。这样，可以使乘员避免了爬绳梯、跳水等危险动作（如图3-2-43所示）。

图3-2-43 吊放气胀式救生筏

（3）自由漂浮式施放

在救生筏存放装置上配有静水压力释放器、薄弱环或易断绳，当救生筏在存放位置上，随着船舶的下沉而沉入水下一定深度时，静水压力释放器产生压力作用，自动解脱救生筏的固定索具，救生筏充胀成型向水上浮起，通过拉断易断绳，救生筏脱离难船漂浮于水上，落水人员登乘救生筏（如图3-2-44所示）。

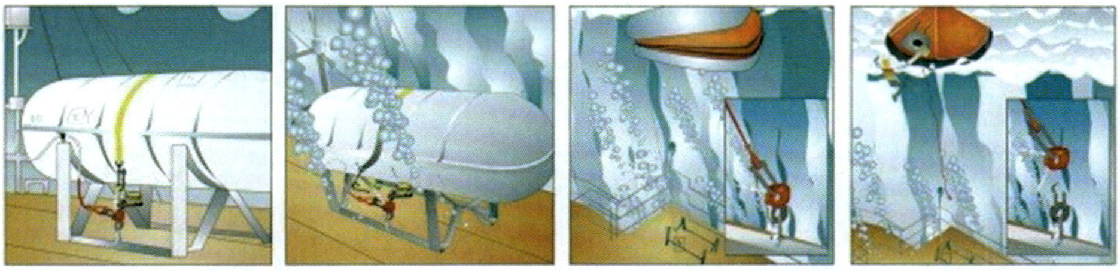

(a) (b) (c) (d)

图3-2-44 救生筏自由漂浮过程

7. 扶正与登入救生筏

（1）扶正倾覆的救生筏：抛投式救生筏在抛投施放时，有可能在充胀成型的过程中，筏体是倾覆的。出现这种状况后，需要人员穿着救生衣下水，接近救生筏，手拉浮胎外侧的扶手绳，将有充气钢瓶的一侧拉至下风，人从配有钢瓶的一侧（筏体偏低的一侧）爬上筏底，两脚蹬在浮胎上，身体尽量向前拉住筏底的扶正带，整个身体向后仰坐，同时脚下用力蹬住浮胎，利用个人身体的力量和风力的协助，将倾覆的救生筏扶正（如图3-2-45所示）。

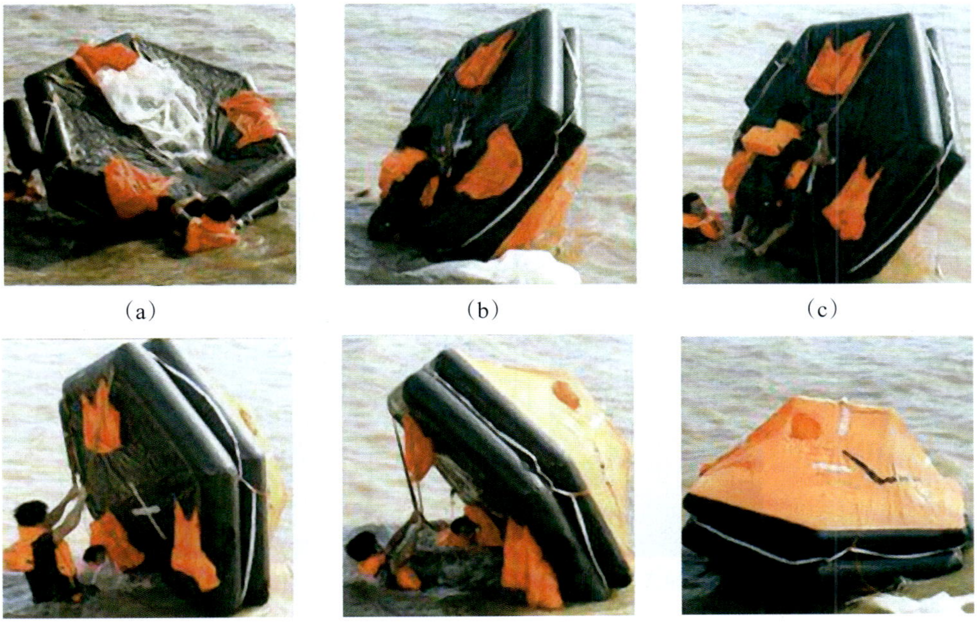

(a) (b) (c)

(d) (e) (f)

图3-2-45 扶正倾覆的救生筏

（2）登入救生筏：救生筏扶正后，水中人员游到登筏口，找到并用脚登上绳梯或登筏平台，手扶筏边或拉紧筏内的绳缆，重新向前爬上筏口，进而身体向内移动，进入筏内（如图3-2-46所示）。如有多人应互相协助登筏。

（三）多人用救生浮具

多人用救生浮具一般采用整体塑料发泡成型，或外壳采用塑料成型、内部充填闭孔型发泡材料，或其他经认可的材料制成；呈长方形或椭圆形，救生浮具在其四周或表面上装设可浮把索、拉手带或交叉挎带等其他使人员落水后能保持一定浮态的抓取物，供若干个落水者抓扶、等待获救；内部用绳索或木格编成脚踏板，供体弱的遇险者乘坐，它是一个简易的救生筏（如图3-2-47所示）。多人用救生浮具的属具包括1盏自亮浮灯、2支可浮手划桨和1根艏缆。

(a)

(b)

图3-2-46　登入救生筏

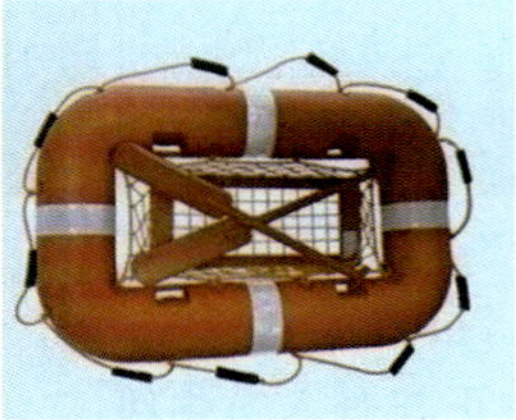

图3-2-47　多人用救生浮具

（四）船舶紧急撤离系统与救生用登乘梯

1. 紧急撤离系统

紧急撤离系统是能将人员从船舶登乘甲板迅速转移到漂浮的救生艇筏上的设备（如图3-2-48所示），是为了船上人员（包括各种年龄、身材和体质的人员），在船舶发生灾难事故时，能够迅速地从登乘地点到漂浮平台或救生艇筏上所提供的安全通道。紧急撤离系统可让船上人员直接滑下，加快了撤离难船的时间、保证人员的安全、避免人员入水的危险。使用紧急撤离系统的人员必须穿着救生衣，避免带尖锐锋利的物品。

2. 救生用登乘梯

在船舷每处或每两处相邻的救生艇筏登乘站均设置一个可从甲板延伸至最轻载航行水线的符合规则要求的登乘梯，供全体乘员或放艇员从船上攀爬到水面登乘救生艇筏。船员应熟练掌握登乘梯的安全攀爬技能（如图3-2-49所示）。

图3-2-48　船舶紧急撤离系统

图3-2-49　攀爬救生用登乘梯

第四章

船舶防火和灭火

第一节 火的基础知识

“火”就是燃烧。燃烧是一种以发热发光为特征的剧烈的化学（氧化）反应（如图4-1-1所示）。

图4-1-1 燃烧

一、燃烧

（一）燃烧的基本条件

任何物质发生燃烧，都有一个由未燃烧状态转向燃烧状态的过程。燃烧过程的发生和发展，必须同时具备三个基本条件（或叫三要素），缺一不可。可以简单地表述为：可燃物质、助燃物质（空气中的氧）、着火源（温度）。通常把这三个要素组成一个等边三角（燃烧三角）（如图4-1-2所示）。

图4-1-2　燃烧三角

1. 可燃物质

能在空气或其他氧化剂中发生燃烧反应的物质称为可燃物质（如图4-1-3所示）。

可燃物质按其所处的状态分为固体可燃物、液体可燃物和气体可燃物。在这三种状态的可燃物质中，气体可燃物最容易燃烧，液体可燃物燃烧后的产物是气体（蒸汽），液体可燃物释放出气体（蒸汽）的数量直接和温度有关系。固体可燃物，如木材、煤炭等是在其受热分解出水汽、气体和碳之后才燃烧；有些固体必须经过熔解气化才能燃烧；当固体可燃物被研磨成粉状后，易于燃烧。

图4-1-3　可燃物质

2. 助燃物质

能帮助和支持可燃物质燃烧的物质都叫助燃物质。氧气本身不会燃烧，所以不是可燃物质，但没有它就引不起剧烈的氧化反应，也就是没有燃烧，所以氧气是起到帮助燃烧作用的，人们把氧气称为助燃物质，此外氯气、氯酸钾、高锰酸钾等氧化剂也是助燃物质。

3. **着火源（温度）**

凡能引起可燃物质燃烧的热能源都叫着火源。最常见的有明火焰、赤热体、火星和电火花、化学能以及聚焦日光等。

在某些情况下，虽具备了燃烧的三个条件，但不一定能发生燃烧。要燃烧，第一，必须使可燃物质与氧气具有一定数量的比例。第二，着火源必须有一定温度和足够的热量，否则燃烧也不能发生。第三，必须使燃烧的三个条件相互结合作用在一起，燃烧才会发生。例如，在船员房间里有桌椅、门窗、纤维织物等可燃物，房间也充满空气，也有火源及电源，具备了燃烧的三个条件，可是并没有发生燃烧，这是因为这些条件没有结合在一起互相作用的缘故。

（二）燃烧类型

所谓燃烧类型，是指具有共同特征但表现形式不同的燃烧现象。燃烧按其形成的条件和瞬间发生的特点，一般分为闪燃、着火、自燃和爆炸四种。

1. **闪燃**

闪燃指一定温度下易燃或可燃液体（包括可溶化的少量固体，如石蜡、樟脑、萘等）蒸气与空气混合后，达到一定浓度时，遇明火源产生一闪即灭（5秒以内）的燃烧现象（如图4-1-4所示）。

2. **着火**

着火指可燃物在一定的温度条件下遇明火源能产生一种持续（5秒以上）燃烧的现象（如图4-1-5所示）。

图4-1-4　闪燃

图4-1-5　着火

3. **自燃**

自燃指可燃物质在空气中未接触明火源，在一定条件下自行燃烧的现象（如图4-1-6所示）。通常包含本身（自热）自燃和受热自燃两种情形。

4. **爆炸**

从消防角度来说，凡是发生瞬间的燃烧，同时生成大量的热和气体，并以很大的压力向周围扩散，或是气体、蒸汽在瞬间发生剧烈膨胀的现象，就叫爆炸。爆炸有核爆炸、化学爆炸、物理爆炸三种（如图4-1-7所示）。

图4-1-6　自燃

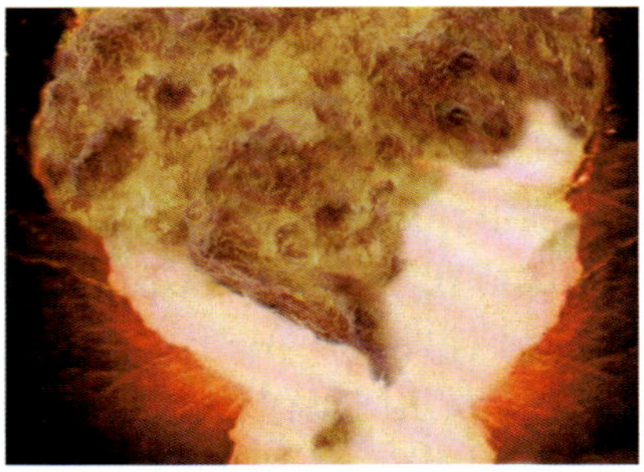

图4-1-7　爆炸

二、火的分类

不同的物质具有不同的物理特性和化学特性，所以经过燃烧后也具有各自的特点。我国根据可燃物质的类型和燃烧特性将火分为A、B、C、D、E、F六类。

1. A类火灾

普通可燃固体着火称为A类火。如木材、棉花、绳索、衣服和煤炭等的着火。这类火的特点是不仅在物体表面燃烧，而且能深入内部。灭火时，如果只将其表面火熄灭，而内部还有余燃，一旦条件具备，又会复燃。对于这类火，主要是用水来施救（如图4-1-8所示）。

(a)　　(b)

图4-1-8　A类火主要是用水来施救

2. B类火灾

可燃液体或可熔化的固体着火称为B类火。如石油、油漆、酒精和动植物油脂等着火。这类火只限于表面燃烧，燃烧速度很快，温度也高，易引起爆炸。扑救B类火灾，最合适的灭火剂是泡沫。油类密度比水小，会在水面漂浮而使火灾扩散，不可用直流水柱来扑救B类火（如图4-1-9所示）。

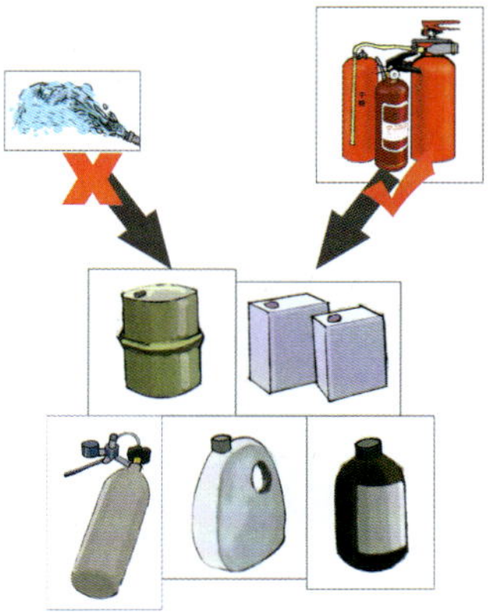

(a)

(b)

图4-1-9　扑救B类火灾最合适的灭火剂是泡沫

3. C类火灾

可燃气体着火称为C类火。如液化石油气、天然气及各种可燃性气体所引起的火灾。这类火燃烧速度更快，温度更高，爆炸危险更大。扑救C类火较适宜的灭火剂为干粉（如图4-1-10所示）。

4. D类火灾

可燃金属引起的火灾称为D类火（如图4-1-11所示）。如轻金属中的钾、钠、锂等所引起的火灾。这类火的特点是燃烧温度极高，不可用水扑救，可用特殊金属干粉或沙土扑救。

图4-1-10　干粉适用于扑救C类火

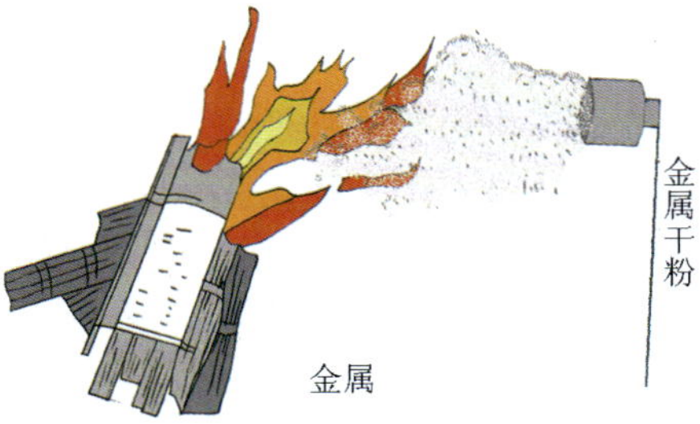

图4-1-11　扑救D类火

5. E类火灾

物体带电燃烧的火灾称为E类火灾，即电气火灾。其一般是由于电气线路、用电设备、器具以及供配电设备出现故障而释放出高温电弧、电火花或电热器具的炽热表面导致产生的火灾。在船上由于电线或电气设备老化、短路，船员违章使用大功率电器都可能导致E类火灾的发生。

由于其带电特性，在扑救时要首先切断电源，如果由于火势紧急一时无法断电，在进入火场前一定要注意与带电体保持适当的安全距离，采用不导电的干粉和二氧化碳等灭火剂进行扑救（如图4-1-12所示）。

图4-1-12　E类火灾扑救时要首先切断电源

6. F类火灾

烹饪器具内的动植物油脂燃烧所产生的火灾。由于动植物油脂在燃烧时会产生极高的温度，如使用水灭火反而会助长火势，起不到灭火效果。一般可以使用BC干粉灭火器进行扑灭，火势不大时也可以用二氧化碳灭火器进行扑灭。该类火灾主要常见于客船及水上营业餐饮趸船的厨房。由于其用油量大，可能会产生该类火灾，或由该类火灾引发其他火灾。

三、灭火的方法

燃烧必须具备三要素，并且使三要素相互结合、相互作用。而灭火方法就是使这三个要素不同时存在或不相互发生作用。

1. 隔离法

如果不存在可燃物质，火就肯定燃烧不起来。

隔离法就是将可燃物质从燃烧的地方移走，将火与可燃物质隔开；或迅速将燃烧物转移到安全地点或投入水中，或拆除火场附近的易燃物质；或关闭可燃气体或可燃液体的阀门等（如图4-1-13所示）。

(a)　(b)

图4-1-13　隔离法

2. 窒息法

使可燃物质与空气隔绝，火因缺氧而窒息，以达到灭火的目的，这种方法称为窒息法（如图4-1-14所示）。

比如用不燃的石棉毯、泡沫、干粉、沙子等覆盖在燃烧物表面，使空气中的氧气起不了助燃作用；或向燃烧的舱室、容器灌入二氧化碳等惰性气体，来降低空气中的含氧量；或关闭火场的门窗、通气筒、舱盖、人孔等，以停止或减小空气中氧气供应，使空气中的氧气迅速减少。

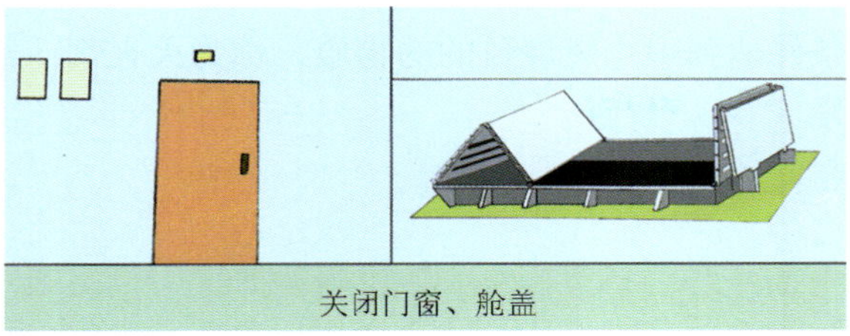

(a)

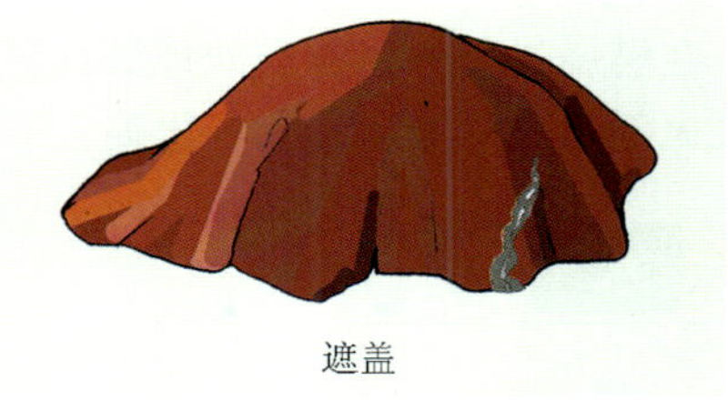

(b)

图4-1-14 窒息法

可燃物发生燃烧需要有一个最低氧气含量要求，低于这一浓度，燃烧就不会发生。可燃物质不同，燃烧所需的含氧气量也不同。当火灾区域中空气的氧气含量降到11%以下时，对大多数普通可燃物质来说，会因缺少氧气而使火熄灭。

3. 冷却法

降低燃烧物的温度，使燃烧温度低于燃烧物质的燃点温度时，火因失去热量而熄灭。

如用水冷却灭火，是扑救火灾的常用方法。用二氧化碳直接喷洒在燃烧物上灭火效果更好，二氧化碳在迅速汽化时吸收大量的热，能很快降低燃烧区的温度，使燃烧终止。也可用水对火源附近的可燃物进行喷射降低温度，以阻止火灾的蔓延（如图4-1-15所示）。

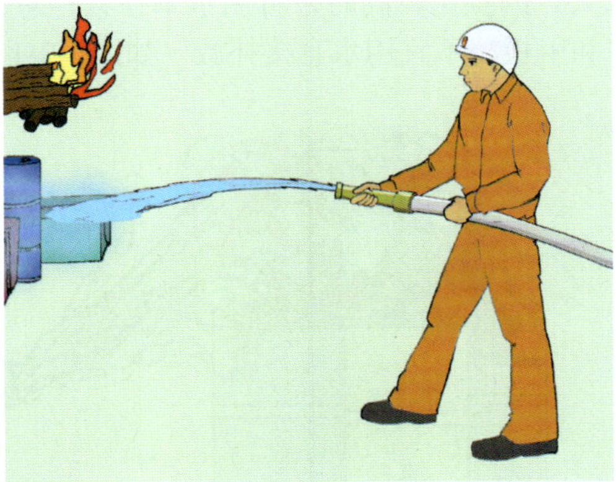

图4-1-15 冷却法

4. 抑制法

抑制法又称化学中断法或中止法，就是将灭火剂渗入到反应中去，使助燃的游离基消失，从而形成稳定的或活动性很低的游离基，使燃烧反应终止。如使用干粉灭火剂扑灭可燃气体火灾就属于此种灭火方法。

在实际的灭火中，应根据火灾的具体情况、可燃物质的性质和燃烧特点以及消防技术装备的性能等情况，选择不同的灭火方法。在同时使用几种灭火方法、采用多种灭火剂扑救火灾时，要做好协同配合，充分发挥各种灭火剂的应有效能，以达到扑灭火灾的目的。

第二节 灭火剂

在燃烧过程中，能有效地破坏燃烧条件达到中止燃烧目的的物质，称为灭火剂。常用的灭火剂有水、泡沫、二氧化碳、干粉等。

一、水

水是常用灭火剂，在船舶灭火中广泛应用。

1. 灭火原理

（1）冷却作用。

（2）隔绝空气起窒息作用。

（3）稀释水溶性可燃液体浓度的作用。

（4）水力的冲击作用。

（5）对不溶于水的可燃液体具有乳化作用。

2. 灭火对象

（1）对于一般固体物质火灾，可以直接扑救，如木材、纸张、粮草、棉麻等火灾。由于直流水能够冲击、渗透到可燃物质的内部，可用来控制物质的深位（阴燃）火灾。

（2）对于可燃液体火灾（B类火）。用水扑救时应注意：对非水溶性可燃液体火灾，当可燃液体的密度比水大，闪点比较高时，可用水来扑救；对于闪点较低的B类火灾，建议用水冷却周边的舱壁和甲板，不宜用水直接扑救（如图4-2-1所示）。

图4-2-1　对闪点低于60°的易燃液体，采用水雾灭火效果极差

（3）对于可燃气体火灾（C类火），不能用水直接扑救，只可用水从外围冷却周边的舱壁和甲板。

（4）对于金属火灾（D类火），不能用水直接扑救。

（5）没有良好接地设施或没有切断电源的带电设备火灾一般不能用直流水来扑救。

（6）水不能扑救烹饪火灾（F类火）。

3. 注意事项

（1）对于橡胶、褐煤等货物的火灾，不宜用直流水直接扑救。由于水不能浸透或者很难浸透燃烧介质，因而灭火效率很低。

（2）不能用直流水直接扑救可燃粉尘（面粉、铝粉、糖粉、煤粉、锌粉等）聚集处的火灾。因为沉积粉尘被水流冲击后，悬浮在空气中，容易与空气形成爆炸性混合物。

（3）存有大量浓硫酸、浓硝酸的场所发生火灾时，不能用直流水扑救。因为水与酸液接触会引起发热飞溅。

（4）轻于水且不溶于水的可燃液体火灾不能用直流水扑救。当用水扑救比水轻的可燃液体火灾时，由于它可漂浮在水面上随水流散，可能助长火势扩大，促使火灾蔓延，给灭火工作带来困难。如扑救方法得当，水仍能控制和扑灭此类火灾（例如使用喷雾水）。

（5）不能用水扑救碳化钙（电石）的火灾，因为碳化钙遇水会生成易燃气体乙炔并放热，易发生爆炸。绝对不允许用水对带电设备进行扑救。

（6）对于金属化合物火灾，扑救前，一定要确认可不可以用水进行扑救。

二、泡沫

泡沫灭火剂是指能够与水混溶，并可通过化学反应或机械方法产生灭火泡沫的灭火药剂。泡沫是一种体积较小、表面被液体所包围的气泡群。火场中所使用的灭火泡沫是由泡沫灭火剂的水溶液，通过物理、化学作用，填充大量气体（二氧化碳或者空气）后形成的。泡沫灭火器的外观如图4-2-2所示。

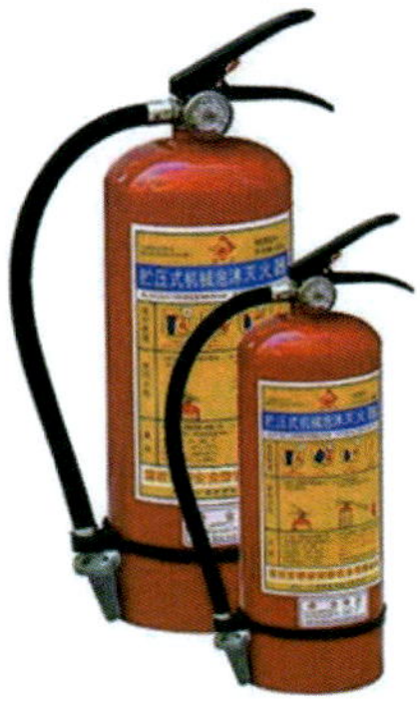

图4-2-2　泡沫灭火器

1. 灭火原理

（1）泡沫的覆盖隔离起到窒息作用。

（2）泡沫中含有一定量的水分在一定程度上能起到冷却作用。

（3）泡沫中的水分受热汽化产生的水蒸气有稀释燃烧区内氧气浓度的作用。

2. 灭火对象

（1）泡沫可以控制普通固体火灾（A类火），如木材、纸张、粮草、棉麻等火灾。

（2）泡沫适用于扑救可燃液体火灾（B类火）。对于非极性可燃液体火灾，普通泡沫可以扑救，而对于可溶性可燃液体火灾，只能用抗溶性泡沫扑救。

（3）泡沫不可用于扑救带压可燃气体火灾（C类火），但可以扑救非带压气体火灾。

(4) 泡沫不可用于扑救碱性金属火灾（D类火）。

(5) 泡沫不可用于扑救带电设备火灾（E类火）。

3. 注意事项

(1) 使用泡沫灭火剂时，不能同时使用水。

(2) 泡沫灭火剂不能扑救普通固体内部的火灾，彻底扑救固体火灾必须辅以喷水。

(3) 泡沫灭火剂施放于可燃物的表面应具有一定的厚度。

三、二氧化碳

二氧化碳是一种稳定的化合物，是一种无色无嗅的惰性气体，与空气的密度比约为1∶1.5，比空气重。其本身不燃、不助燃、易于液化、制造方便，且便于储存。二氧化碳灭火时，不腐蚀金属，不损伤机械和货物，对电气绝缘没有破坏作用。所以，目前二氧化碳在消防上仍是常用的有效灭火剂（如图4-2-3所示）。

图4-2-3　二氧化碳灭火器

1. 灭火原理

(1) 窒息作用。

(2) 冷却作用。

2. 灭火对象

(1) 扑救可燃液体火灾时，能起冷却和窒息作用。

(2) 扑救电气火灾效果较好。

(3) 对A类火能起控制作用，但是由于不能扑救固体内部存在的阴燃火灾，所以必须尽快喷水，才能见效。

3. 注意事项

(1) 扑救可燃气体时灭火效果较差，一般不使用。

(2) 能自行分解的化学物质火灾（如某些过氧化物等），不能用二氧化碳扑救。

(3) 纤维物内部的阴燃火灾，不能用二氧化碳扑救。

(4) 液态二氧化碳与人体接触时，由于迅速汽化吸热，有可能对皮肤造成冷灼伤。

(5) 二氧化碳能使人窒息，当吸入量为5%时会使人呼吸困难，吸入量超过10%时，人就会窒息死亡，使用二氧化碳灭火前，必须报警，通知人员撤离。

四、干粉

干粉灭火剂（又称粉末灭火剂），是一种干燥的、易于流动的微细固体粉末。其具有灭火效力大、速度快、无毒、不腐蚀、不导电、久储不变质等优点。

1. 灭火原理

（1）化学抑制或化学中断作用。

（2）覆盖燃烧物体的表面起到遮断热辐射作用。

（3）在火焰的高温作用下分解产生二氧化碳、水蒸气等对区域内的氧气具有稀释作用。

（4）干粉受到高温作用，产生烧爆现象，能爆裂成许多更小的微粒，与火焰的接触面积急剧增加，提高灭火效果。

2. 灭火对象

（1）扑救可燃液体火灾，效果较好。

（2）扑救可燃气体火灾，效果也较好。

（3）对一般电器火灾，可以使用，但对一些精密仪器火灾，谨慎使用（如图4-2-4所示）。

（4）对可燃固体，只能起控制火灾作用，必须辅以喷水，才能见效。

3. 注意事项

（1）对轻金属火，不能使用普通干粉扑灭，应采用金属型干粉扑救。

（2）喷射时，干粉飞扬，应防止损伤人员呼吸道（如图4-2-5所示）。

（3）不适于扑救燃烧时能够自身供氧或施放氧的化合物的火灾。如硝酸纤维、过氧化物等的火灾。

图4-2-4　扑救精密仪器火灾慎用干粉

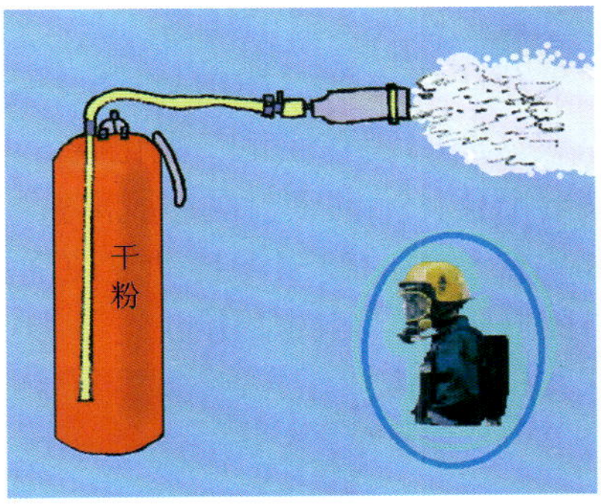

图4-2-5　防止损伤人员呼吸道

第三节　船用消防设备

船用消防设备主要包括灭火器、消防用品、固定灭火系统、火灾探测与报警系统等。船舶常用的灭火器有二氧化碳灭火器、泡沫灭火器、干粉灭火器等；常用的消防用品有消防员装备、消防斧、消防水桶、砂箱等；固定灭火系统有水灭火系统、二氧化碳灭火系统、干粉灭火系统等；火灾探测与报警系统主要有自动喷淋系统、固定式探火与失火报警系统和抽烟式探火与失火报警系统。所有船员要熟悉这些设备正确的使用方法，以免在应急时惊慌失措。

一、灭火器

灭火器分为手提式和移动式（推车式）灭火器。二者的主要区别是容量的不同，都适用于扑救初期的小型火灾。

（一）二氧化碳灭火器

1. 适用的火灾类型

二氧化碳灭火器用于扑救B、C类火，主要用于扑灭贵重设备、档案资料、仪器仪表、600 V以下的电器及油脂等火灾（如图4-3-1所示）。

(a)　(b)　(c)　(d)

图4-3-1　二氧化碳灭火器适用的火灾类型

2. 二氧化碳灭火器的结构

二氧化碳灭火器（如图4-3-2所示）多为手提式。其主要由瓶体、喷射装置和开关装置等组成。瓶内装有液化二氧化碳。开启机构是由压把和压杆组成的。开启时压下压把，压杆就会下移，推动密封阀芯脱离密封座，使二氧化碳释放出来。松开压把，阀芯则会在弹簧和内部压力的作用下自动复位而关闭。所以，这种开启机构是手动开启、自动关闭型，可随开随关，多次使用。

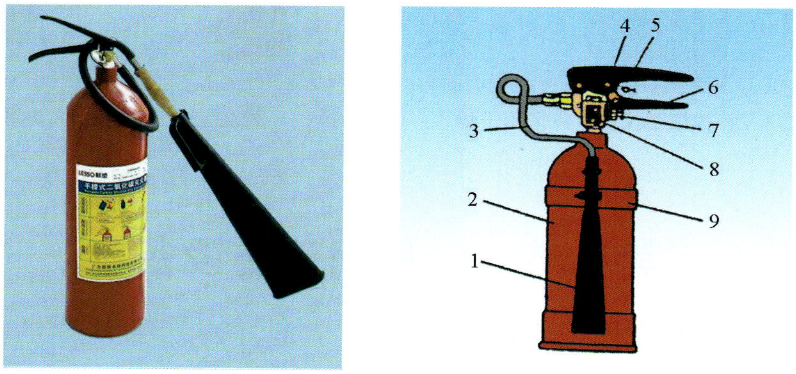

(a)　(b)

图4-3-2　二氧化碳灭火器结构

1–喷筒；2–钢瓶；3–喷管；4–插销；5–压把；6–提把；7–安全阀；8–启闭阀；9–卡带

3. 二氧化碳灭火器的使用方法

（1）在发生火警而使用二氧化碳灭火器时，应竖直提着手柄（如图4-3-3所示），先将灭火器提到距燃烧物5米左右的地方，然后放下灭火器。对没有喷射软管的二氧化碳灭火器应翘起喷筒，将喷管口对准燃烧物质。

（2）拆下铅封，拔下安全销。

（3）尽可能站在上风位置，喷筒对准火焰根部。

（4）一手握住喇叭筒根部的手柄，另一只手紧握启闭阀的压把，打开开关压下压把后，高压的二氧化碳气体即自行喷出。

（5）喷口距火焰应保持适宜距离，一般喷口距火焰为2～3米。

（6）手握喷管手柄即可调整喷射方向。

（7）如果燃烧面积较大，应当左右摆动喷筒，直至火被彻底扑灭。

（8）停用时，将手放松，即自行关闭。

（a）　（b）

图4-3-3　二氧化碳灭火器的使用方法

4. 灭火注意事项

（1）灭火器在喷射过程中应保持直立状态，切不可平放或颠倒使用。

（2）当不戴防护手套时，不要用裸手直接握喷筒或金属管，以防冻伤（如图4-3-4所示）。

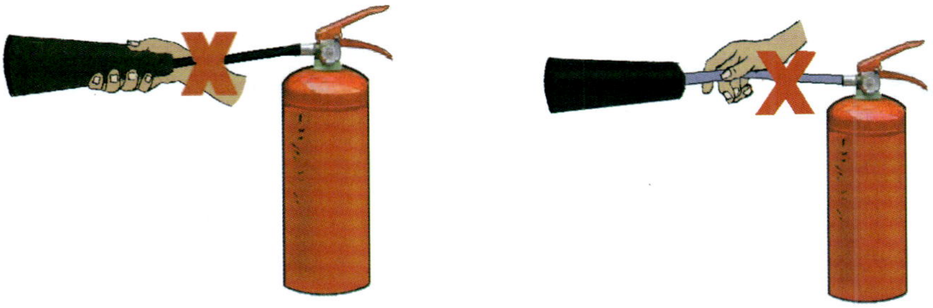

（a）　（b）

图4-3-4　防止冻伤

（3）室外使用时，应选择在上风方向喷射，否则会由于喷射出的CO_2被风吹散，灭火效果差。

（4）在狭小的室内空间使用时，灭火后操作者应迅速撤离，以防因CO_2浓度过高而窒息，发生意外。

（5）用CO_2扑灭室内火灾后，进入舱室前应先打开门窗通风，然后再进入。

（6）不能用来扑灭金属火。

5. 检查与保养

（1）每月对灭火器进行外观检查。

（2）每季度对灭火器进行重量检查，重量减少1/10以上时，必须及时补充。

（3）存放的环境温度不得超过42 ℃，以防温度过高造成内压加大，使安全膜破裂而失效。

（4）每隔5年应对钢瓶进行一次水压试验，以保证安全。

6. 主要安放位置

（1）厨房。

（2）无线电室。

（3）电气设备处所（如图4-3-5所示）。

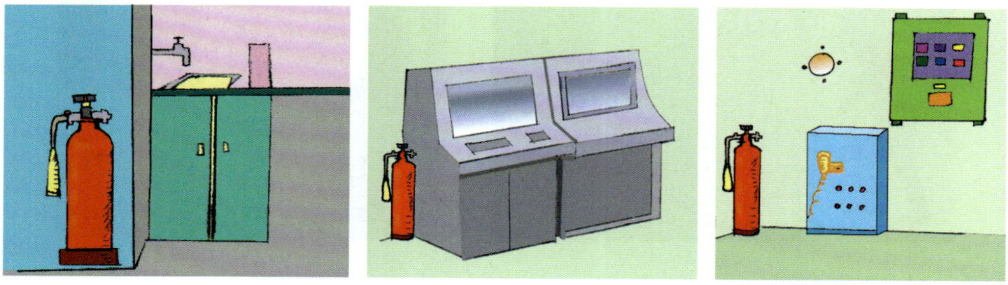

（a）　　（b）　　（c）

图4-3-5　二氧化碳灭火器主要安放位置

无线电室和配电板处所配置的二氧化碳气体灭火器至少为2千克容量。每只气体灭火器亦可用适当容量的干粉灭火器代替。

（二）泡沫灭火器

1. 适用的火灾类型

船用机械泡沫灭火器又称空气泡沫灭火器，依靠驱动气体（二氧化碳、氮气）驱动并搅动空气泡沫灭火剂喷射灭火，它主要用于扑救B类火灾，也可以用于扑救A类初期火灾。其中，抗溶空气泡沫灭火器能够扑救极性溶剂如甲醇、乙醚、丙酮等溶剂的火灾。空气泡沫灭火器不能扑救带电设备火灾和轻金属火灾。

2. 泡沫灭火器的构造

泡沫灭火器的结构（如图4-3-6所示）包括钢瓶、瓶盖、驱动气瓶、喷射系统和开启机构等。

3. 泡沫灭火器的使用方法

泡沫灭火器在使用时，应手提灭火器提把迅速赶到火场，在距离燃烧物6米左右处，先拔出保险销，一只手握住开启压把，另一只手握住喷管，压下压把，泡沫即从喷嘴喷出。在扑救固体物质火灾时，应对准燃烧最猛烈处喷射。

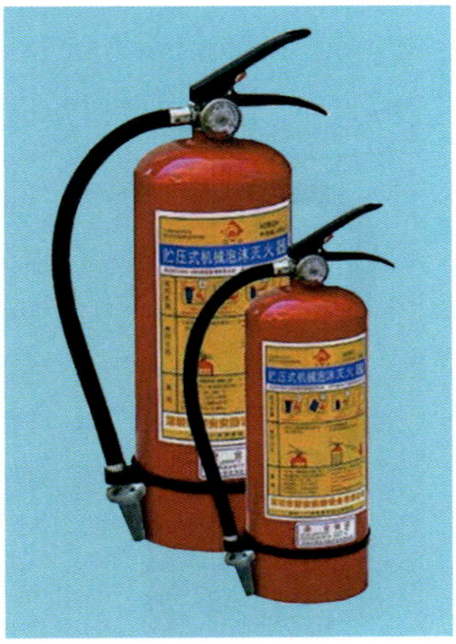

(a)

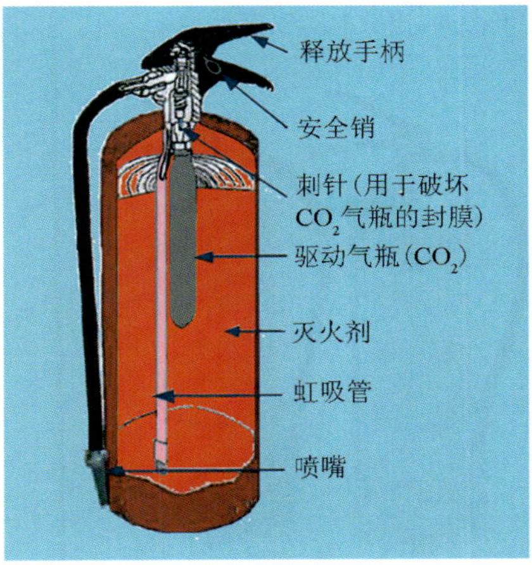

(b)

图4-3-6 泡沫灭火器的结构

4. 灭火注意事项

(1) 如果扑救的是可燃液体火灾，当可燃液体呈流淌状燃烧时，喷射的泡沫应由近而远地完全覆盖在燃烧液体上。

(2) 当可燃液体在容器中燃烧时，应将泡沫喷射在容器的内壁上，使泡沫沿着内壁淌入燃烧液体表面加以覆盖。应避免将泡沫直接喷射在可燃液体表面上，以防止射流的冲击力将可燃液体冲出容器而扩大燃烧范围，增加灭火难度。

(3) 灭火时，应随着喷射距离的减小，逐步向燃烧物靠近，并始终让泡沫喷射在燃烧物上，直至将火扑灭。

5. 检查与保养

(1) 灭火器安放位置应保持干燥、通风，应避免阳光曝晒及强辐射热，以免影响灭火器正常使用。

(2) 灭火器存放环境温度应保持在5～55 ℃。

(3) 灭火器应按制造厂规定的要求和检查周期进行定期检查，且检查应由经过训练的专业人员进行。

(4) 灭火器一经开启，即使喷出不多，也必须按规定要求进行再充装。

(5) 灭火器每次再充装前，其主要受压部件，如器头、筒体应按规定进行水压试验，合格后方可继续使用。水压试验不合格时，不准用焊接等方法修复使用。

6. 主要放置场所

(1) 厨房。

(2) 机器处所。

(3) 锅炉处所。

(三) 干粉灭火器

1. 适用的火灾类型

干粉灭火器主要用于易燃及可燃液体、气体、电气火灾的扑救。

2. 干粉灭火器的结构

干粉灭火器依靠驱动气体(常用的是二氧化碳或氮气)，驱动干粉喷射灭火。手提式干粉灭火器的结构如图4-3-7所示。

（a）

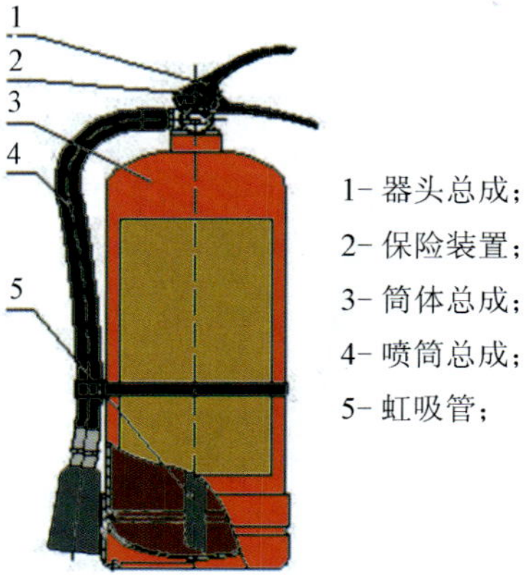

（b）

图4-3-7　手提式干粉灭火器的结构

3. 干粉灭火器的使用方法

（1）如图4-3-8所示，使用时应把干粉灭火器取下，检查压力表，确定压力正常，提到火场距离燃烧处5米左右，站在上风处。

（2）拔去瓶头阀处的保险销。

（3）一手握住喷嘴胶管，一手压下手柄，对准火焰根部扫射，直至火焰熄灭。

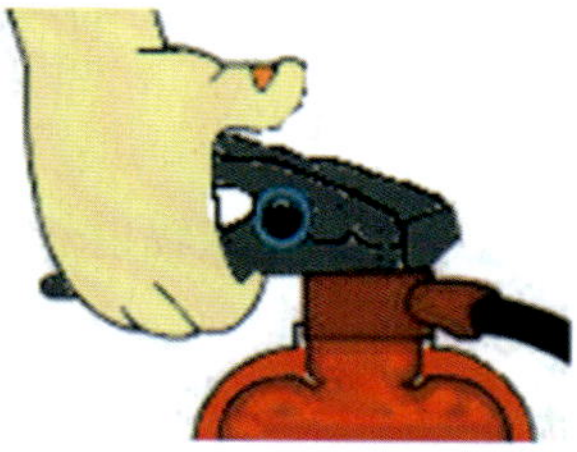

（a）提起灭火器

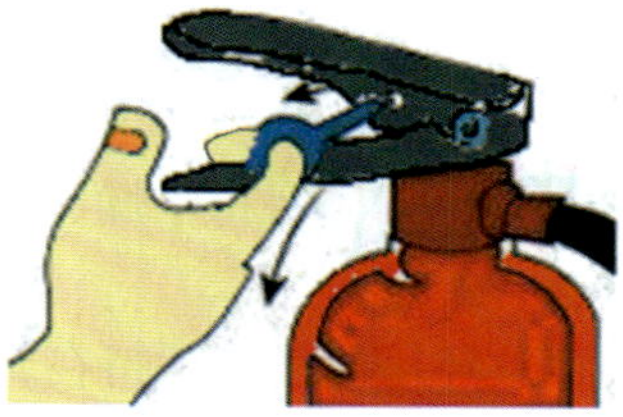

（b）拔下保险销

（c）用力压下手柄

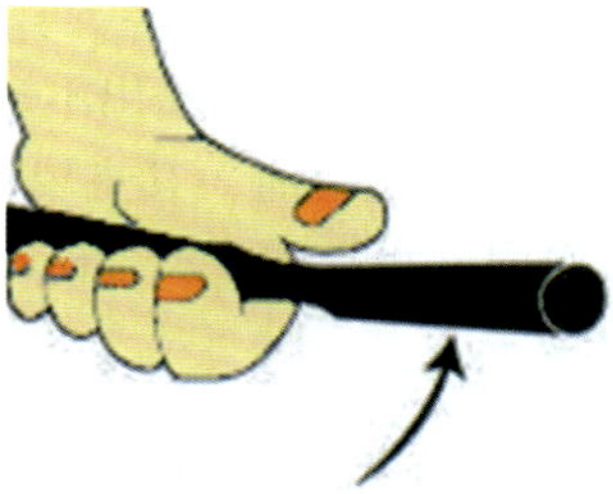

（d）对准火源根部扫射

图4-3-8　干粉灭火器的使用方法

4. 灭火注意事项

（1）灭火过程中，灭火器应始终保持直立状态，不能横卧或颠倒使用，否则不能喷粉。

（2）扑救流散液体火灾时，应从火焰侧面，对准火焰根部，水平喷射，并由近及远，左右扫射，快速推进，直至把火焰全部扑灭。

（3）在扑救容器内可燃液体火灾时，应从侧面对准火焰根部左右扫射，当火焰被赶出容器时，应快速向前，将余火全部扑灭。

（4）在扑救容器内火灾时，应注意不要把喷嘴直接对准液面喷射，以防止干粉气流的冲击力使油液飞溅，引起火势扩大，造成灭火困难。

（5）使用磷铵干粉扑救固体物质火灾时，应使喷嘴对准燃烧最猛烈处，左右扫射。应尽量使干粉灭火剂均匀地喷洒在燃烧物表面上，直至把火全部扑灭。

（6）扑救A类火时，灭火后应注意防止复燃。

5. 检查与保养

（1）干粉灭火器应放置在便于取用、通风、阴凉和干燥的地方，以防止桶体受潮腐蚀。

（2）避免日光暴晒和强辐射热，以防止驱动气体气瓶因气体受热膨胀，压力升高而漏气。

（3）各连接件要拧紧，不得松动；喷嘴胶塞要堵好，不得脱落，以保证良好的密封性。

（4）每年要对干粉灭火器进行检查，发现干粉受潮结块要更新；定期测量干粉灭火器重量，当重量减少10%时，应及时补充。

（5）干粉灭火器在保管、运输及使用中，严禁撞击和剧烈震动。

6. 主要安放位置

（1）起居处所。

（2）厨房。

（3）无线电室。

（4）机器处所。

（5）电气设备处所。

（四）清水灭火器

1. 适用的火灾类型

清水灭火器充装的是清洁的水并加入适量的添加剂。其适用于扑灭可燃固体物质火灾，即A类火灾。能喷雾的灭火器也可用于扑救可燃液体的初期火灾（如图4-3-9所示）。

图4-3-9 清水灭火器适用于A类火灾

2. 清水灭火器的结构

清水灭火器是由筒体、筒盖、二氧化碳储气瓶、喷射系统和开启机构等部件组成的（如图4-3-10所示）。

（a）

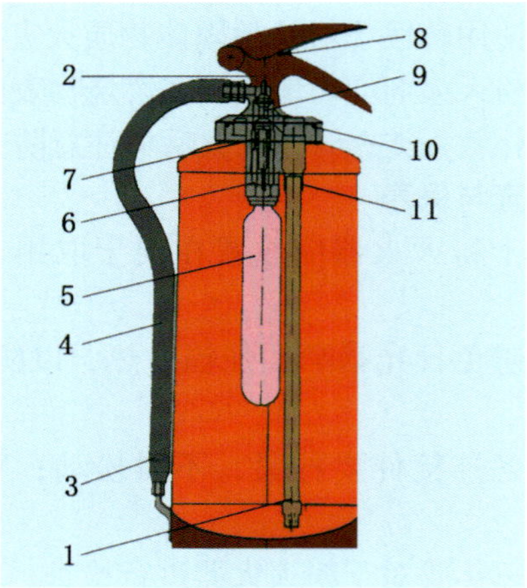

（b）

图4-3-10　清水灭火器的结构

1–虹吸管（带滤网）；2–瓶头总成；3–O形夹；4–喷射软管（带喷嘴）；5–储气瓶；6–控制杆压片；7–弹簧；8–安全销；9–控制杆；10–O形螺母；11–管架

3. 清水灭火器的使用方法

（1）提清水灭火器至火场，在距燃烧物大约10米处，将灭火器直立放稳，摘下保险帽或安全销，如图4-3-11（a）所示。

（2）打开开启机构，这时二氧化碳储气瓶的密封膜片被刺破，二氧化碳气体进入筒体内，迫使清水从喷嘴喷出。

（3）此时应立即用手提起灭火器，将喷射的水流对准燃烧最猛烈处喷射，如图4-3-11（b）所示。

（4）随着灭火器喷射距离的缩短，操作者应逐渐向燃烧物靠近，使水流始终喷射在燃烧处，直至将火扑灭。

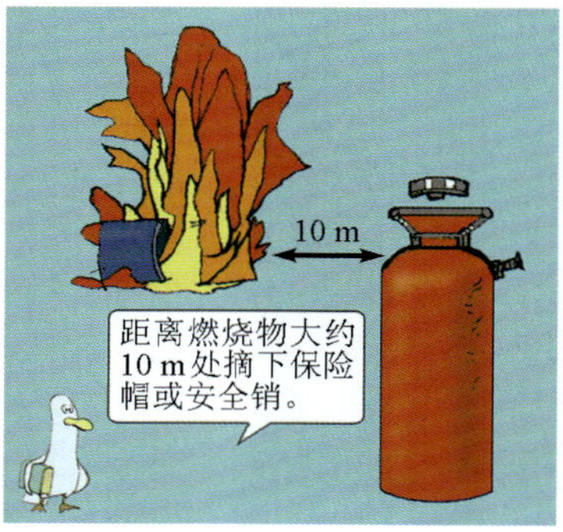

（a）

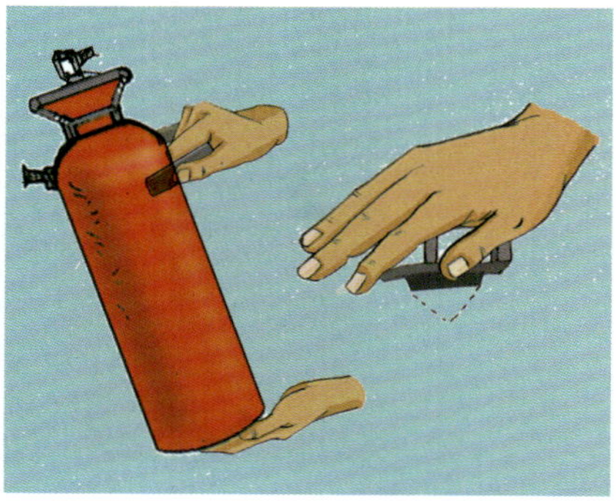

（b）

图4-3-11　清水灭火器的使用方法

4. 检查与保养

（1）应放置在便于取用、通风、阴凉和干燥的地方。

（2）每年检查一次，总重量不得减少5%。

5. 主要安放位置

起居处所。

（五）手提式泡沫枪

手提式泡沫枪（如图4-3-12所示）配备于重要机器处所，包括一具能以消防水带连接于消防总管的吸入式空气泡沫枪，附有吸入器或与单独的吸入器相接，连同一只至少能盛装20升泡沫液的可携式容器和一只备用容器。

图4-3-12　手提式泡沫枪

使用时，将消防水带接入固定水系统。当消防水进入空气泡沫枪后，在枪体和喷嘴构成的空间形成负压。这个空间通过吸液管接头与吸液管连接，吸液管一端插入空气泡沫液桶，吸入空气泡沫液，使空气泡沫液与水按比例混合，当混合液流通过喷嘴时，立即扩散雾化，再次形成负压而吸入大量空气，与混合液进行混合，形成空气泡沫，经过整个枪筒产生良好的泡沫射流喷射出去（如图4-3-13所示）。

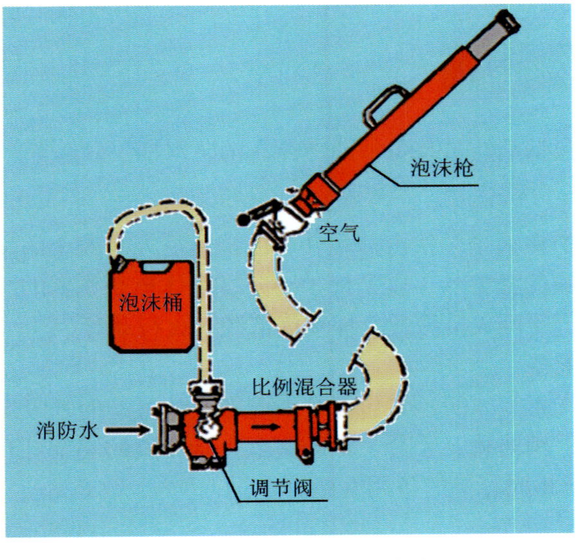

图4-3-13　手提式泡沫枪的使用

灭火人员手持泡沫喷枪，处于失火部位的上风位置，调整喷射距离，使泡沫平稳地覆盖在着火油面或物体上。发射泡沫应连续进行，直至把火扑灭。

使用手提式泡沫枪应注意：

（1）对油类火灾，不可直接将泡沫射向油面，否则会扩大火灾，应对着火后的壁、墙等喷射，使其流下覆盖液面。

（2）喷射时如有风，应使泡沫向顺风方向喷射，避免逆风喷射。

（六）大型泡沫灭火器

大型泡沫灭火器系指容量不小于45升的推车式泡沫灭火器。该型灭火器应设有绕于卷筒上的软管，此软管能通达被保护处所的任何部位，亦可采用其他等效的大型灭火器（如图4-3-14所示）。

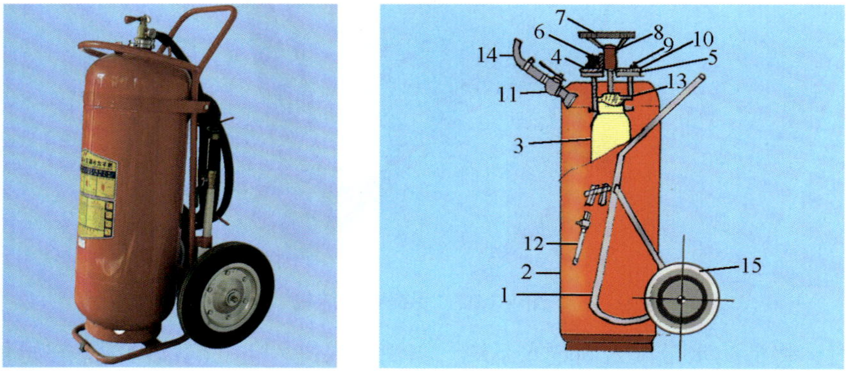

（a）　（b）

图4-3-14　推车式泡沫灭火器

1–车架；2–筒体；3–瓶胆；4–密封垫圈；5–筒盖；6–安全阀；7–手轮；8–螺杆；9–螺母；10–垫圈；11–阀门手柄；12–喷枪；13–密封盖；14–喷射软管；15–车轮

二、船舶常用消防用品

常用的消防用品包括消防员装备、消防斧、消防水桶、砂箱等。

（一）消防员装备

消防员装备是保护在火场中执行搜救任务的消防员人身安全的重要装备品。它不仅是火灾救助现场不可或缺的必备品，也是保护消防员身体免受伤害的防火用具。确保消防人员安全地进入火场进行受困人员搜救、探察火情和灭火行动等。

1. 消防员装备的配备

消防员装备（如图4-3-15所示）包括个人配备、认可型的呼吸器及耐火救生绳。其中个人配备包括防护服、消防靴、手套、消防头盔、认可型的安全灯和消防员手斧等。每副呼吸器应至少配备1个相同容量的备用气瓶。

图4-3-15 消防员装备

（1）防护服：用于保护消防员皮肤不受火焰和燃烧的热辐射，并不受蒸汽的烫伤。衣服的外表应能防火和防水（如图4-3-16所示）。防护服由头罩、上衣、手套、裤子和鞋罩组成。

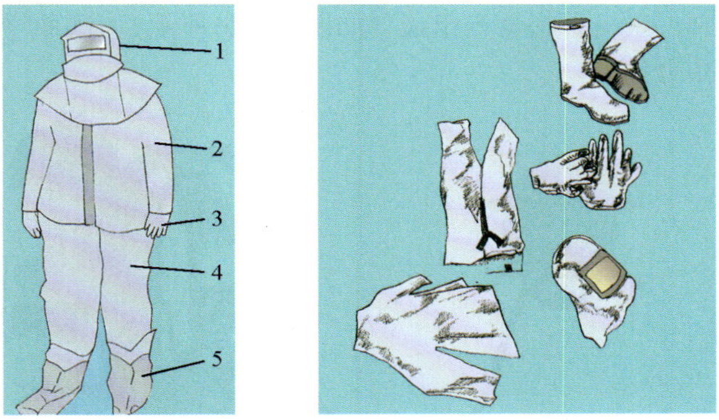

（a） （b）

图4-3-16 防护服

1–头罩；2–上衣；3–手套；4–裤子；5–鞋罩

（2）消防靴和手套：由橡胶或其他绝缘材料制成。

（3）消防头盔（如图4-3-17所示）：坚固结实，能对撞击提供有效保护。

（4）安全灯（如图4-3-18所示）：照明时间应不少于3小时。

图4-3-17 消防头盔

图4-3-18 安全灯

（5）消防斧（如图4-3-19所示）：也称太平斧，手柄能提供高压绝缘保护，有长柄和短柄两种。其斧头刃口用来割断电缆，尖端用来撬开门上的锁头，甚至可以撬开船上的舱壁门，以打通救援通道。除部分客船配备的消防员装备中有消防斧外，所有类型船舶上也都配有消防斧。

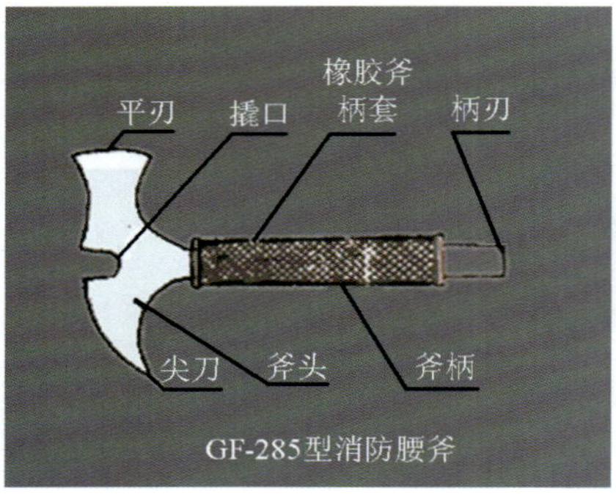

（a）

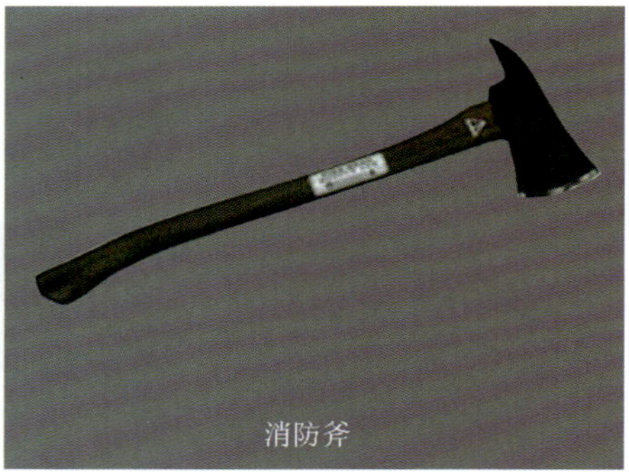

（b）

图4-3-19　消防斧

（6）正压式空气呼吸器：正压式空气呼吸器的作用是供给新鲜空气，它由高压空气瓶、面罩及调节阀、余压警报器等组成（如图4-3-20所示）。这种呼吸器一般在火场持续供气时间不少于30分钟。

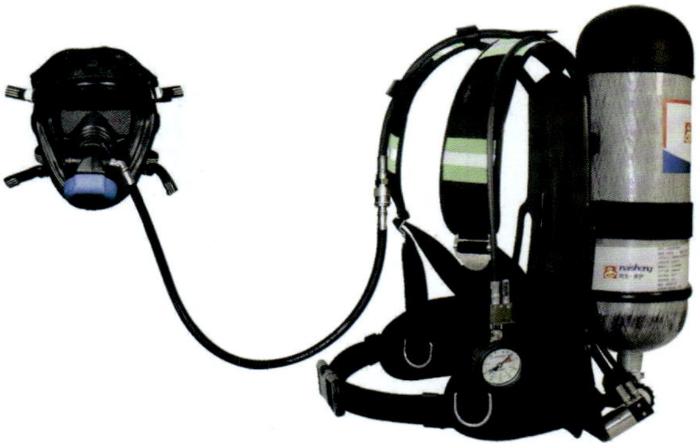

图4-3-20　正压式空气呼吸器

（7）耐火救生绳：消防人员应戴好呼吸器，系妥耐火救生绳（如图4-3-21所示），然后才能进入火区。使用前应该确定好联系信号。比如：探火员与协助者的联系信号为：拉动绳子一下为放绳前进；拉动绳子两下为探火员到位；拉动绳子三下为拉紧绳索正撤离现场，拉动四下以上需要援助。

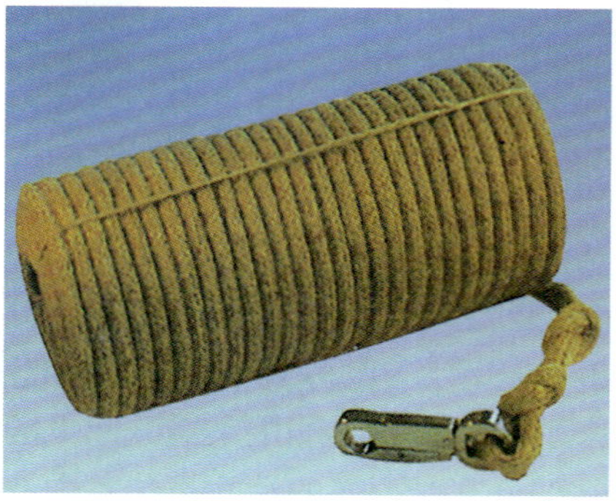

图4-3-21　耐火救生绳

2. **消防员装备的使用**

因消防员装备较其他衣服稍重，穿时可以两人协作，也可以单人完成。下面是单人使用消防员装备及气瓶的背负程序（如图4-3-22所示为消防员装备的穿戴及气瓶背负示意图）。

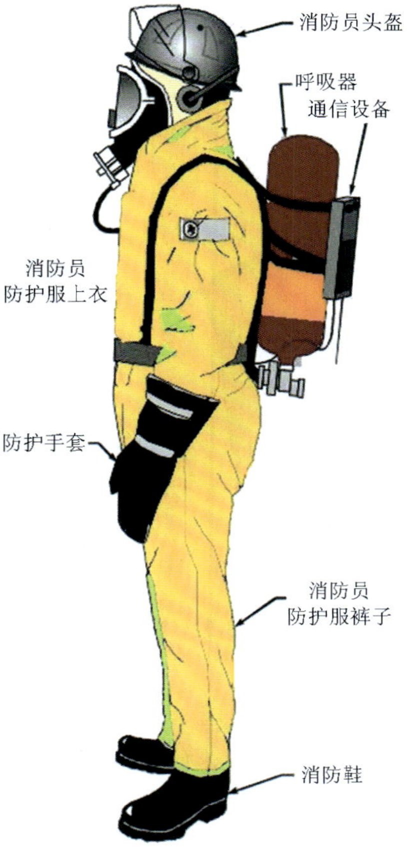

图4-3-22 消防员装备的穿戴及气瓶背负示意图

（1）使用前的检查

如果时间允许，最好在使用前对正压式呼吸器进行检查。使用前的检查包括：检查面罩的气密性、中压软管的气密性、余压报警装置的性能。完成上述三项检查后，就可以使用消防员装备了。

（2）消防员装备的佩戴与使用

①先穿消防员个人装备中的裤子。穿好裤子后调整肩带，然后穿上隔热靴并拉上裤子拉链。裤管套在鞋筒上，扎紧裤口。之后，穿上消防员个人装备中的上衣，并拉上拉链。

②背负气瓶。呼吸器使用具体操作方法见本书第34–37页，图2-1-17呼吸器的使用前检查和图2-1-18呼吸器佩戴与使用。

③打开瓶头阀两圈以上。

④将面罩戴在头上。

⑤戴上手套后扎紧袖口。

⑥打开供气阀，深呼吸几次，并感觉呼吸是否顺畅。

（3）卸下装备

先脱去手套；然后关闭供气阀；之后，右手扣住面罩下端的扣环，左手托住面罩向前一推，松开颈带，然后再松开头带，将面罩从脸部由下向上脱下。

解开腰带，放松肩带，将仪器从背上卸下，关闭气瓶阀。脱去上衣，脱去消防靴，最后脱去裤子。

（二）消防水桶

消防水桶应以铁质或木质制成，并应配有一条长度适当的系索，它的作用是浇灭初期火（如图4-3-23所示）。

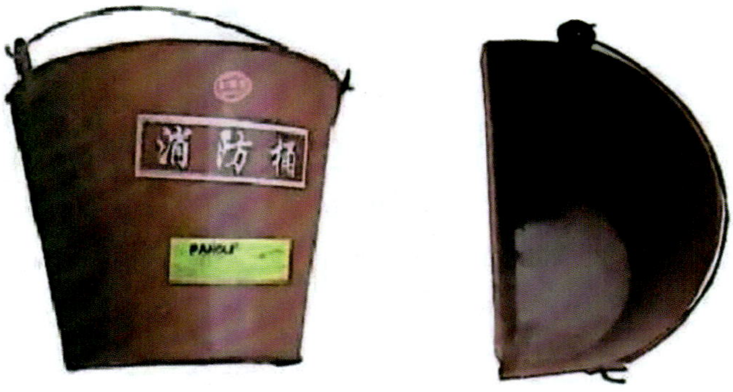

（a）　　　　（b）

图4-3-23　消防水桶

（三）砂箱

砂箱是储存消防砂（黄砂）的木箱或金属箱。砂箱的外壳漆红色并写明“消防砂箱”字样，黄砂必须干燥，应三个月检查一次。使用时将其覆盖燃烧物体表面，隔绝氧气并吸收一部分热量，使火熄灭（如图4-3-24所示）。

图4-3-24　砂箱

（四）铁扦和铁钩

消防铁扦和铁钩（如图4-3-25所示）主要用于破拆，也可用来翻动着火物品，查看是否还有未熄灭的火源。

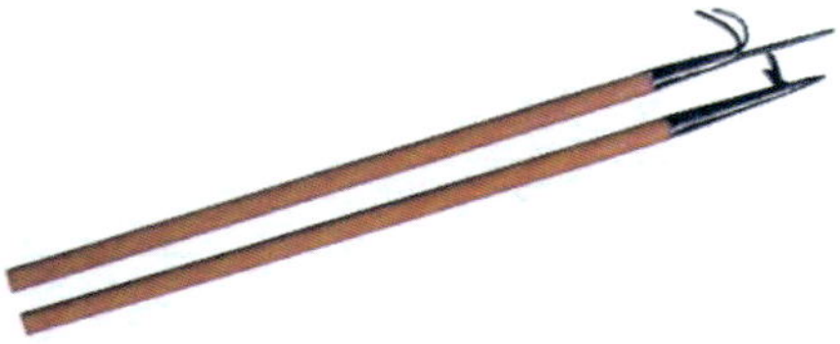

图4-3-25　消防铁钩

(五) 防火毯

防火毯（如图4-3-26所示）是用耐火材料制成或经防燃浸渍处理的专用毯。平时放在包装袋内，使用时，只要将其展开覆盖于小型燃烧物上，就能达到窒息灭火的目的。用帆布或毛毯制成的毯子，也可临时用作消防毯，但使用时须先用水浸湿。

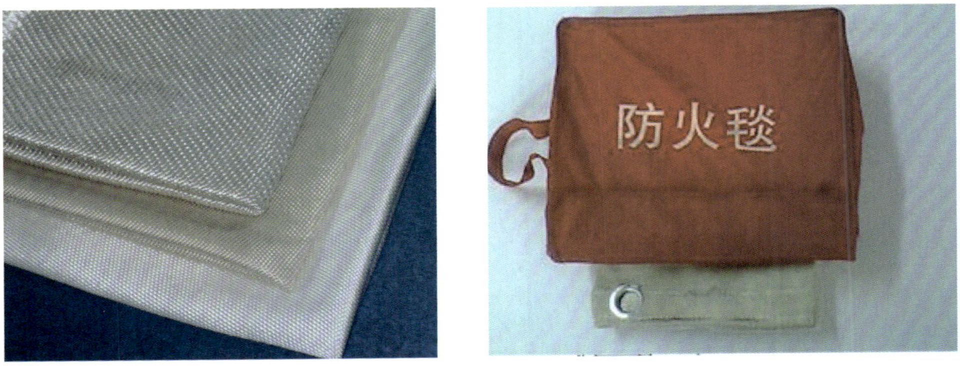

(a)　　(b)

图4-3-26　防火毯

三、船舶固定灭火系统

(一) 水灭火系统

1. 水灭火系统的组成

水灭火系统是船舶各种消防系统的主体。其由消防泵、消防管系（如图4-3-27所示）、消火栓、消防水带、水枪、国际通岸接头所组成。

图4-3-27　消防泵和消防总管

（1）消防泵：主消防泵由船电供给动力，应急消防泵由独立的发电机或由应急发电机直接供电提供动力。

（2）消防管系：消防管系包括船舶的消防总管和消防水管。消防总管和消防水管的直径应足够有效地从两个同时工作的消防泵传输所需的最大出水量。

当装载货物或车辆时，应注意不要损坏消防管系。为防止消防水管可能的冻结，在其管路最低处设置了泄放阀。

（3）消火栓（如图4-3-28所示）：消火栓的数目和位置，可以保证至少能有两股不是由同一消火栓发出的水柱到达保护处所的任何部位，而其中一股应仅用一根消防水带。被保护处所的出入口处设有消火栓。每一消火栓由一只适用连接消防水带的内扣式接头、一只截止阀和一只保护盖组成。内扣式接头及截止阀是以有色金属或其他耐燃、耐蚀的材料制成。

图4-3-28　消火栓

图4-3-29　消防水带

（4）消防水带和水枪：消防水带（如图4-3-29所示）长度一般不大于20米，直径有50毫米和65毫米两种，各消防水带接头与各水枪能互换使用，否则船上每一消火栓会备有一根消防水带和一支水枪；每根消防水带配有一支水枪和必需的接头，并存放于供水消火栓附近的明显部位，以备随时取用。水枪（如图4-3-30所示）的标准口径有13毫米、16毫米及19毫米等；水枪类型常见有喷水雾、喷水柱和喷水雾/水柱两用型。

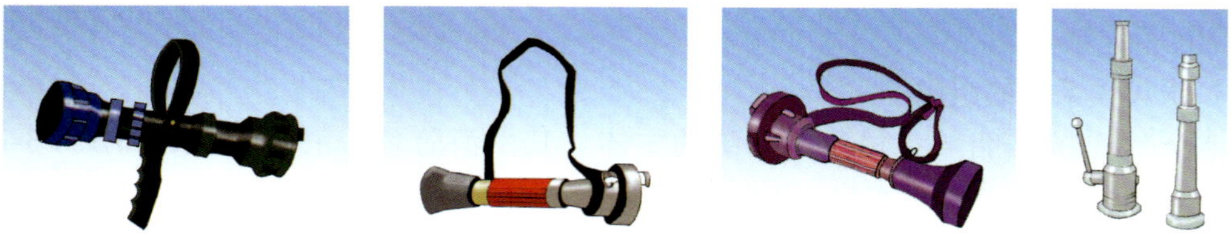

(a)　(b)　(c)　(d)

图4-3-30　水枪

2. 正确使用消防水带

（1）消防水带的铺设

现在船舶消防水带有两种存放方式：转盘式和卷盘式。在用水灭火时，应在消火栓打开之前，把水带铺好，把水枪接好。

①转盘式水带：首先打开水带箱门，将水枪与水带连接好，并引导水带向前铺设，直至水带全部拉出；之后将水带连接到消火栓上，供水。

②卷盘式水带：开启水带箱门，背起水枪，并拿好水带，一手卡住水带的两个接口，将水带抛开，然后将水枪连接好。如果用两条水带供水，用同样的方式将另一条水带铺设好，并和第一条水带连接，再将水枪连接好。

（2）消防队员必须熟悉船舶结构，能准确判断火势，随时观察火场情况的变化，及时调整并控制水枪的喷射角度和水流形式，保证将水流喷到燃烧物体上。

3. 射水技术

（1）射水的基本姿势

射水基本姿势有立射、卧射、跪射和肩射四种（如图4-3-31所示）。

(a)　(b)　(c)　(d)

图4-3-31　射水基本姿势

（2）射水的形式

射水的形式很多，消防员在灭火行动中，根据火场情况和不同物质的燃烧形势，采取适合的射水姿势和水流，以达到最佳的灭火效果。射水的形式主要有以下几种：

①进攻射水。

②防护射水：包括自身防护射水和进入掩护射水。

③冷却射水：包括对一般场所的冷却射水、用水幕隔断热源、对金属结构冷却射水及对高温高压容器和设备冷却射水。

④射水排热排烟：包括船舶上层建筑开口处的排热排烟、走廊的排热排烟（如图4-3-32所示）和室内多只雾状水流立体组合排烟（如图4-3-33所示）。排热排烟中不能中断供水，防止烟和热气流反扑。

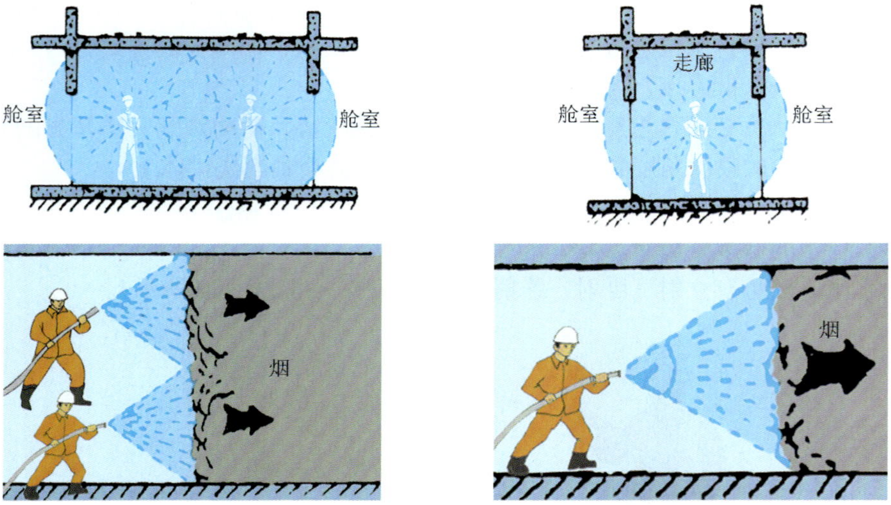

(a) (b)

图 4-3-32 走廊的排热排烟射水

图 4-3-33 多只雾状水流立体组合排烟

⑤射水侦查：包括排除进攻道路上的障碍、试探燃烧区上部建筑物结构的强度、寻找火点及判断燃烧油罐液位的高度等。

⑥破坏性射水：包括射水打开吊顶、射水打开门窗和用高压水流进行破坏性射水。

（二）压力水雾灭火系统

固定压力水雾灭火系统由独立的水泵、管路、阀门、火灾报警控制器、探测器、细水雾喷嘴等组成，通常设于机舱的机器处所。其水泵及控制设备装在被保护处所之外，不致因水雾系统所保护的处所失火而使该系统失去作用。水泵可由独立的柴油机驱动，亦可由应急发电机供电的驱动电动机驱动。在污水沟、舱柜顶部、燃油流散处、机器处所以及其他具有较大失火危险处的上方，水雾喷嘴应有效而均匀地分布，并保证每分钟每平方米至少有5升的水量。系统的管路应以1.5倍的设计压力做液压试验，装船后应进行水雾喷射试验。压力水雾阀门上会清楚标出其服务的处所；灭火系统的工作方式分为手动和自动两种（如图4-3-34所示）。

安装水雾灭火系统的机舱要求具有较好的密闭性，否则水雾变成蒸汽之后容易溢出舱外，不能起到窒息作用。

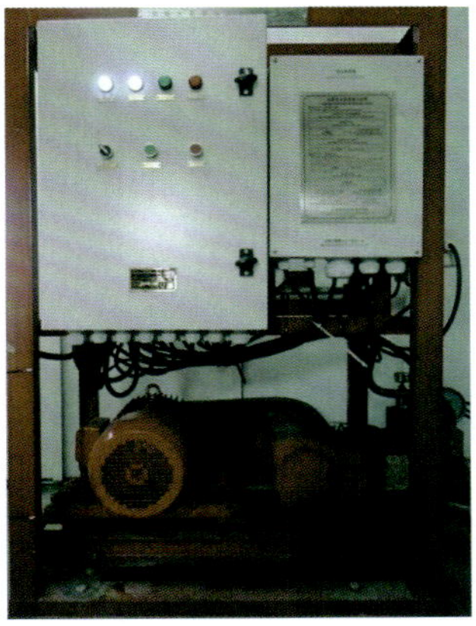

（a）细水雾泵组控制柜

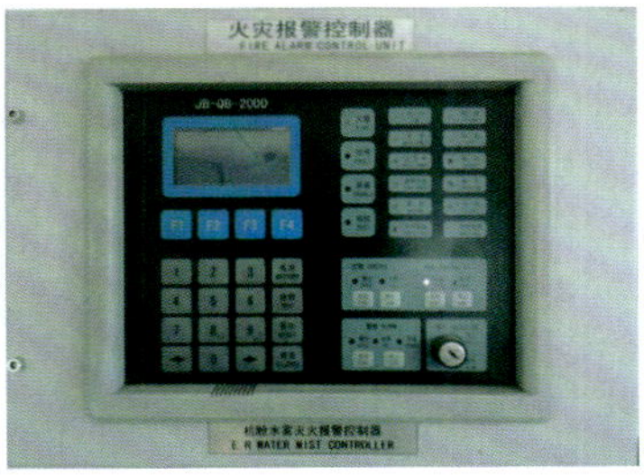

（b）火灾报警控制器

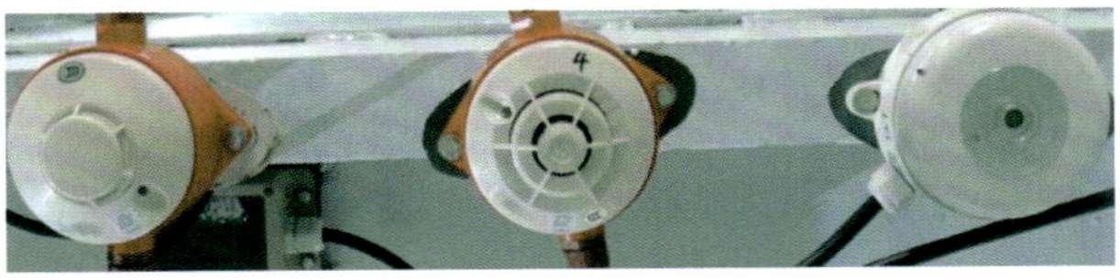

（c）感温、感烟和感光探测器

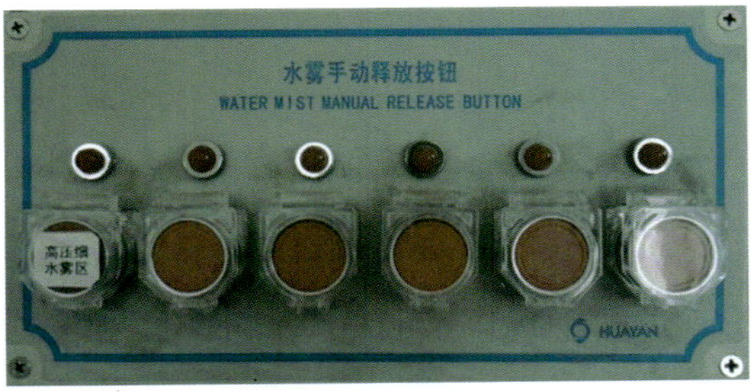

（d）水雾手动释放按钮

（e）细水雾喷嘴

图4-3-34　固定压力水雾灭火系统

（三）二氧化碳灭火系统

由于二氧化碳出色的灭火效果得到广泛认知，很多船舶都配备了二氧化碳灭火系统。二氧化碳灭火系统可用于任何类型的船舶机舱及其他密闭空间。但在舱室灭火所需浓度下，二氧化碳是致命的。因此在释放二氧化碳气体时，必须完全确认该处所没有人员停留。

船舶机器处所、货油泵舱及闭式滚装处所等经常有人在内工作或出入的处所采用二氧化碳灭火剂灭火时，设有听觉和视觉自动报警装置。听觉报警器在被保护处所内任何地点都能听到，一般也与其他听觉报警区别开来。施放预报警能自动开启，一般通过打开灭火剂储存处所的门来启动。预报警时间不少于20秒，以供船员撤离该处所。

1. 二氧化碳灭火系统的组成

二氧化碳灭火系统由气瓶组、启动装置和通往各舱室的分配阀与导管等组成（如图4-3-35所示）。

图4-3-35 二氧化碳灭火系统

2. 二氧化碳灭火系统的使用方法

各船二氧化碳灭火系统分布不尽相同，在使用时要仔细阅读二氧化碳间墙壁上张贴的使用施放说明。一般二氧化碳系统施放程序如下：

（1）打开总控制箱门，机舱发出施放二氧化碳的报警警铃，警铃响后一分钟待机舱人员撤离。

（2）操作人员确认舱内人员已全部撤离并已封闭，将导向阀推向机舱方向。

（3）拉动总控制阀，使启动瓶打开，从而启动二氧化碳瓶组。

（4）总管上的二氧化碳通过管路通往机器处所。

如果是货舱灭火，通过总控制箱进行操作，将导向阀推向失火舱室，拉动二氧化碳瓶组。

* 在用二氧化碳灭火，特别是使用二氧化碳扑灭机舱、货舱等封闭舱室的火灾时，在施救前应发出声光警报，在确认人员已全部撤离后才可施救（如图4-3-36所示）。

* 在使用二氧化碳灭火时，不能同时用水灭火，因水能与二氧化碳化合成为碳酸，从而降低其灭火性能（如图4-3-37所示）。

图4-3-36 确认人员全部撤离

图4-3-37 使用二氧化碳灭火时不能同时用水灭火

（四）固定式甲板泡沫灭火系统

甲板泡沫灭火系统是利用泡沫原液和水通过比例混合器按一定比例进行初步混合，再通过管路充分混合，混合液由供水泵驱动从泡沫炮（枪）喷口高速喷射并吸入空气，从而形成泡沫气泡，气泡堆积而成的泡沫层覆盖在燃烧液面上，隔绝空气，降低温度而达到灭火目的。泡沫原液是以动物性蛋白质加水分解物为主要成分，并添加了稳定剂和防腐剂，呈黑褐色，气味浓。泡沫灭火系统主要由消防水泵、消防水源、泡沫灭火剂存储装置、泡沫比例混合器装置、泡沫产生装置、管道、泡沫炮（枪）等组成（如图4-3-38所示）。甲板泡沫灭火系统一般选用低倍泡沫原液。

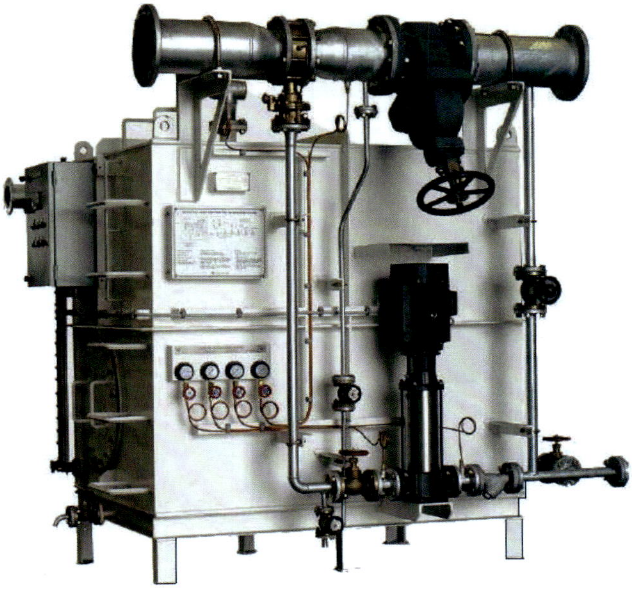

图4-3-38　固定式甲板泡沫灭火系统

船舶甲板泡沫系统适用于扑救船舶甲板的油类火灾，一般甲板泡沫通过泡沫炮和泡沫枪布设。

（五）干粉灭火系统

干粉灭火系统是以氮气为动力，向干粉罐内提供压力，推动干粉罐内的干粉灭火剂，通过管路输送到干粉炮、干粉枪喷出，以达到扑救可燃气体和电气设备火灾的目的。船用干粉灭火系统的组成包括氮气瓶组、减压阀、干粉罐、启动装置（船舶上一般为气动启动）、干粉炮/干粉枪、阀门和管系等（如图4-3-39所示）。

氮气瓶组是整个干粉灭火系统的动力源。减压阀能够将高压驱动气体减压并稳定输出到干粉罐；干粉罐是中压容器，由罐体、安全阀、入孔（装粉口）、进气口及出粉口等组成。干粉炮由耐压铜材和不锈钢材料制成，根据要求电动干粉炮可在设计角度内进行仰俯和旋转操作。干粉炮用于扑救大型火灾。干粉枪与卷盘连在一起，卷盘中的软管长度可达33米，干粉枪用于扑救残火和小型火灾。

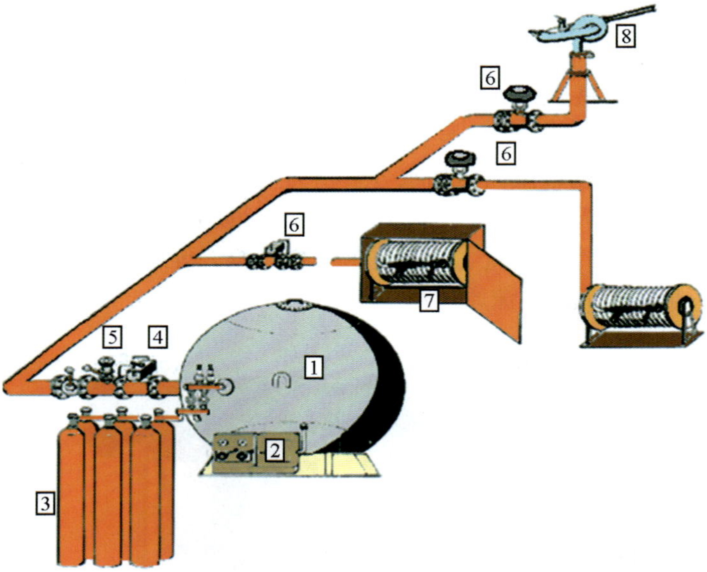

图4-3-39　干粉灭火系统结构图

1–干粉罐；2–控制箱；3–高压氮气瓶；4–干粉释放阀；5–测试接口；6–隔离阀；7–干粉枪（包括胶管）；8–干粉炮

船舶干粉炮（如图4-3-40所示）和干粉枪的使用：

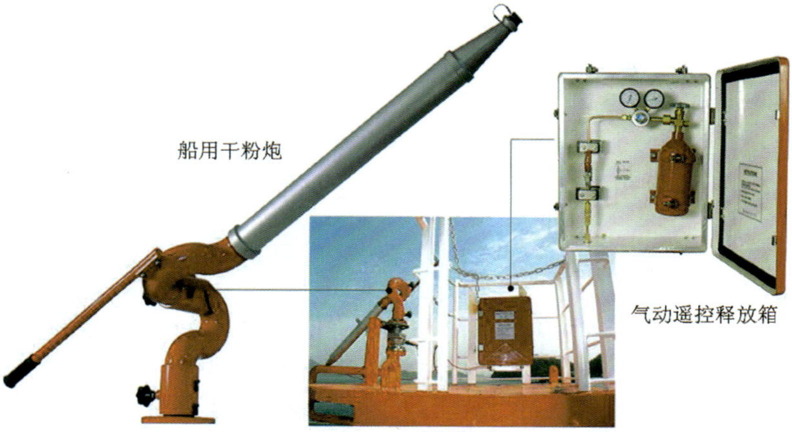

图4-3-40　干粉灭火系统的终端

1. 干粉炮的使用

（1）打开干粉炮的闷盖，并检查各个控制手柄是否处于关闭状态。

（2）调整炮身操作手柄，将炮口对准火源。

（3）观察压力表读数，在压力达到规定值时，打开手动出粉球阀，干粉便高速喷出。

（4）喷完粉后应立即关闭出粉球阀和干粉罐进气球阀（如图4-3-41所示）。

图4-3-41　船舶干粉炮的喷射

2. 干粉枪的使用

（1）需要使用干粉枪时，取出干粉枪，快速拉出胶管，对准火源。

（2）当罐内压力达到规定值时，打开干粉枪的出粉球阀，扣动扳机，便可以喷出干粉进行灭火。

（3）灭火后关闭出粉球阀和进气球阀。

3. 使用后清理工作

（1）喷粉结束后，分别吹扫炮、枪和胶管内的余粉。

（2）然后关闭吹扫球阀，将炮、枪和胶管复位。

（3）所有的释放球阀处在关闭状态。

（4）打开干粉罐余气排放球阀，将罐内余气排出，放完后仍将余气排放球阀关闭。

（5）最后打开减压阀的放气阀和集散管的瓶头阀，排完气后关闭。

四、火灾探测与报警系统

为了及早发现并将火灾消灭在萌芽状态，船上安装有船舶火灾探测及报警系统，通过报警呼唤人员及时进行扑救，以最大限度地减少火灾损失。该系统还有其他辅助功能，例如，自动喷水、自动切断通风等。船上主要的火灾探测与报警系统包括自动喷水器、探火与失火报警系统、固定式自动探火与失火报警系统、抽烟式探火系统，这些知识在第二章个人安全与社会责任中已有介绍。

五、紧急逃生呼吸装置

紧急逃生呼吸装置（EEBD）是提供空气或氧气的装置，仅用于从有危险气体的舱室逃生，紧急逃生呼吸装置不可以用于救火、进入缺氧空舱或液货舱，也不可以供消防员穿着使用。在这些场合，应使用自给式呼吸器。紧急逃生呼吸装置配备于旅游船、客滚船和设有卧席客舱的普通客船的起居处所，存放于易于看到的地方，随时可用。

1. 紧急逃生呼吸装置的组成

紧急逃生呼吸装置由储气瓶、瓶头阀、头罩（或面罩）和挎带组成（如图4-3-42所示）。

①储气瓶的储气量能至少提供10分钟的持续使用时间。

②头罩或面罩用于在逃生期间为眼睛、鼻子和嘴提供保护。头罩和面罩用防火材料制成，并包括一扇清洁明亮的观察窗。

③挎带可以使逃生者暂时不使用紧急逃生呼吸装置时，能将其佩戴在身上而使双手保持自由。

图4-3-42　紧急逃生呼吸装置

2. 紧急逃生呼吸装置使用

（1）首先将挎包套挂在脖子上或斜挎在肩上，适度调整背带。

（2）打开背包的盖口，取出头罩。按逆时针方向旋开气瓶阀直至完全打开，此时应有气流声。

（3）将透明视窗向前把头罩套在头上，颈口处自动紧缩在脖子上。

（4）开始自主呼吸，整理好头罩位置，使双眼能够最佳观察周围环境。

（5）尽快选择合适的路线逃离到安全地带，除非是唯一途径，否则应尽量避免通过危险区域。

（6）使用结束后，双手抓住头罩下端的松紧带并向外撑开，向上脱出头、颈部，按顺时针方向旋转出气阀，关闭气瓶阀。

3. 紧急逃生呼吸装置检查保养

（1）每月检查紧急逃生呼吸装置瓶头阀上的压力值，若气瓶内压力低于额定工作压力的95%，应进行充气。

（2）气瓶应每三年检验一次，检验合格后方可继续使用。

第五章

船上救护

第一节 急救常识

由于船舶是在水上航行，与陆地相比船上医疗设施和条件明显不足，当船员生病或发生意外事故时，如果得不到及时的救护和治疗往往会引起病情恶化，危及生命。如果船员掌握了一定的急救知识和技能，就能在最短的时间内开展自救或互救，从而迅速、有效地挽救船员的生命。因此所有船员都应接受急救培训。

一、现场急救的目的和意义

1. 现场急救的目的

（1）挽救和延续伤病员的生命。

（2）改善病情，减少伤病员的痛苦。

（3）防止病情恶化，预防并发症和后遗症的发生。

2. 现场急救的重要意义

时间就是生命，及时抢救至关重要。对于心脏骤停的患者，4分钟内进行心肺复苏存活率约为50%，每延迟1分钟，生存率下降7%～10%。

正确的急救技术是救护成功的关键，掌握常见的急救知识与技术，包括现场心肺复苏、止血、包扎、固定和搬运等自救互救的方法，在日后的工作生活中一旦出现紧急情况可以有效地抢救伤病员的生命，从而发挥重要作用。

二、现场急救前的判断和思考

急救前要对病人的病情做出准确的判断和思考，以便采取正确的急救方法。当发现急需救治者时，首先必须考虑以下问题：

（1）自身的安全性，不要使自己成为新的受害者。

（2）如果独自一人，要及时大声呼救，寻求救援。

（3）根据现场情况，将伤病员移出危险区（如火灾现场、空气中含有潜在危险气体等），或消除引起危害的因素。

（4）对众多不同表现的伤病员，要评估伤病情，重点评估有无威胁生命的伤势或病情，对伤病员进行分级处理；对于昏迷或出血者，应优先救治。

（5）当伤者处于封闭处所时，应立即呼救，并迅速报告有关人员。进入封闭处所救人，必须有安全防范措施，而且只有训练有素和装备完善的人员才可以在封闭处所内从事救援工作，要尽快将伤者转移至安全地带进行救治。

三、现场急救的原则

现场急救时要掌握好急救原则，明确急救的基本要求，以提高救治效果，应严格遵循以下五项基本原则。

（1）先复后固：伤病员心跳、呼吸骤停同时又伴有骨折时，先施行心肺复苏术，直至心跳、呼吸恢复后，再固定骨折。

（2）先止后包：在出血又有伤口的情况下，先止血，后包扎。

（3）先重后轻：有大量伤员时，先抢救危重者，后处理轻伤者。

（4）先救后送：对危重伤病员要先在现场抢救，待病情稳定后再送到医院进一步救治。切忌未经任何处理，抬起伤病员就跑。

（5）边救边呼：在遇有大量伤病员的现场，在对心脏骤停和大出血等伤员进行救护的同时，要及时呼救周围的人来协助，并拨打电话求助。

四、现场急救的基本要求

1. 急救人员

急救人员应做到当发生意外伤害时，第一时间到达现场，在争分夺秒地展开抢救工作的同时，及时进行无线电咨询，向急救指挥中心求助。

2. 急救操作

在现场缺乏急救器材的情况下，要采用徒手操作的方式并就地取材，如将衣服撕成布条作包扎用，用木板、木棍作固定用，用门板、木梯作担架等进行救护处理。

3. 急救知识

现场急救人员应掌握的主要知识有：生命体征（体温、脉搏、呼吸、血压、瞳孔、意识水平）的监测，伤情的判断，心肺复苏技术，伤口的止血、包扎技术，骨折的固定技术和伤员的搬运技术等。

第二节 病情判定

判断病情的轻重对抢救工作的开展和医疗方案的制订都是非常重要的。我们只有知道正常情况下人体的生理指标，才能判断出病人在异常情况时病情的轻重，并且以此作为制订治疗方案和抢救措施的依据。

一、生命体征

生命体征表明身体主要机能的运转情况，它也是及时了解伤员病情变化的重要指标，其主要包括：体温、脉搏、呼吸、血压、瞳孔、意识水平。

（一）体温

1. 目前常见的测温工具

（1）水银温度计

水银温度计是最传统的测量工具，目前被内河船舶船员常备和使用。其适用于测量腋窝、舌下、直肠，因容易断裂而发生水银泄漏中毒，故使用时要格外小心（如图5-2-1所示）。

（2）电子测温计

电子测温计适用于测量腋窝、舌下、直肠，安全、经济、温度波动小、性价比非常高，是替代水银体温计的首选，推荐使用（如图5-2-2所示）。

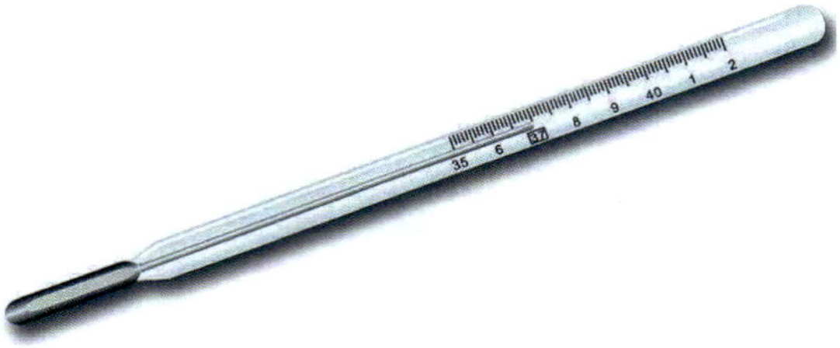

图5-2-1 水银温度计

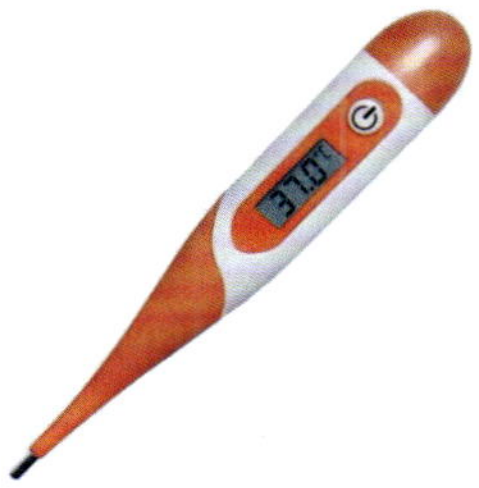

图5-2-2 电子测温计

（3）红外测温仪（额温枪、耳温枪）

额温枪（如图5-2-3所示）适用于测量前额，测量方便、快捷，无身体接触，推荐使用。缺点是存在测量误差，可以取多次测量的平均值来提高准确性。

耳温枪（如图5-2-4所示）适用于测量鼓膜（耳膜），测量方便、快捷，推荐使用。其缺点是测量受方向、手法和耳内盯聍影响，存在测量误差，多次测量后，取平均值可以提高准确性。

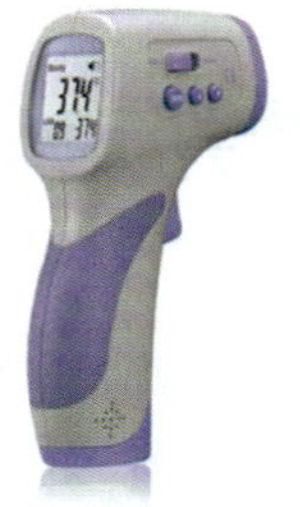

图 5-2-3　红外测温仪（额温枪）

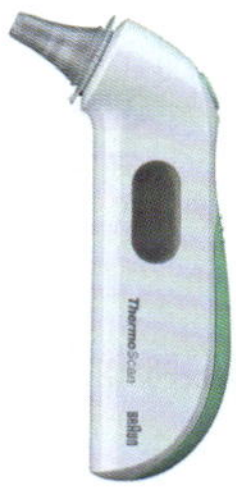

图 5-2-4　红外测温仪（耳温枪）

2. 水银体温计测量体温方法

（1）口测法

口腔测温时，将消毒后的体温计放于伤员舌下，叮嘱伤员紧闭口唇，3 分钟后取出读数。进食后应隔 30 分钟后方可测量。正常值为 36.3 ~ 37.2 ℃。使用该法时应叮嘱伤员不能用口腔呼吸。口测法测量结果较准确，但神志不清者慎用。

（2）肛测法

肛门测温时应在体温计头部涂些润滑剂，测温时要让伤员侧卧，将温度计徐徐插入肛门内达体温计长度的一半，3 分钟后取出，正常值为 36.5 ~ 37.7 ℃。肛测法较口腔测量法读数高 0.3 ~ 0.5 ℃。该法测值稳定，多用于神志不清及某些特殊情况下测温。

（3）腋测法

用纱布擦干腋下汗液，将体温计放于伤病者腋窝深处，叮嘱伤病者用上臂将体温计夹紧，测量 10 分钟后取出。读取体温数并准确记录。正常值为 36 ~ 37 ℃。腋测法安全、方便，不易发生交叉感染，为最常用的体温测定方法。

3. 注意事项

（1）如使用水银温度计或电子测温计，应消毒体温计。

（2）注意检查体温计是否完好，如使用水银温度计，测量前应将水银柱甩至 35 ℃以下，否则测量结果高于实际体温（如图 5-2-5 所示）。

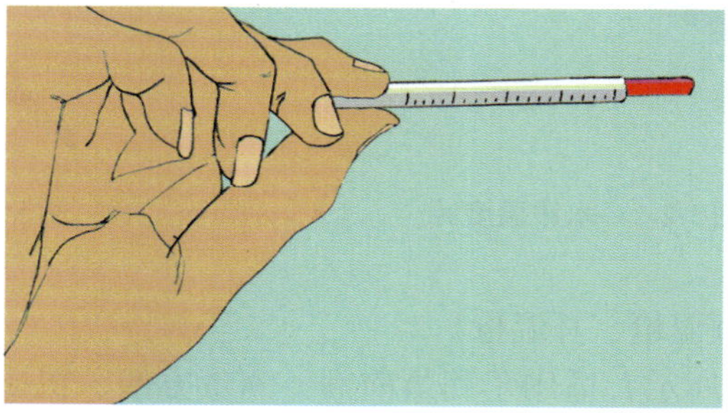

图 5-2-5　测体温

（3）使用体温图或其他方式记录测量结果，标注测量时间。

（4）每日两次尽量在同一时间测量。如果病情严重，需增加测量体温的次数。

（5）清晨体温稍低，傍晚稍高。有些严重传染病的体温常表现正常。剧烈运动、洗浴后应隔 30 分钟再测体温，以免测量结果不准确。

（6）体温升高表示发热。发热经常由传染导致，许多其他疾病也会导致发热。

（7）临床习惯参考腋温，按腋下的测量温度，把发热程度分为低度热（37. 3～38 ℃）；中度热（38.1～39 ℃）；高热（39.1～41 ℃）；超高热（41 ℃以上）。

（二）脉搏

1. 脉搏

脉搏（每分钟的心跳次数）通常以触摸桡动脉搏动来测定（如图5-2-6所示），应注意其频率、节律、强弱以及呼吸对它的影响等。脉搏可因年龄、性别、活动、情绪状态等不同而有所波动，还常常随体温升高而增加——体温超过38 ℃后每增加0.5 ℃，脉搏每分钟增加10次。

正常成人在安静状态下脉搏为60～100次/分钟，平均为72次/分钟。

紧急情况时，判断病人是否心跳停止的方法是触摸颈动脉有无搏动（如图5-2-7所示）。

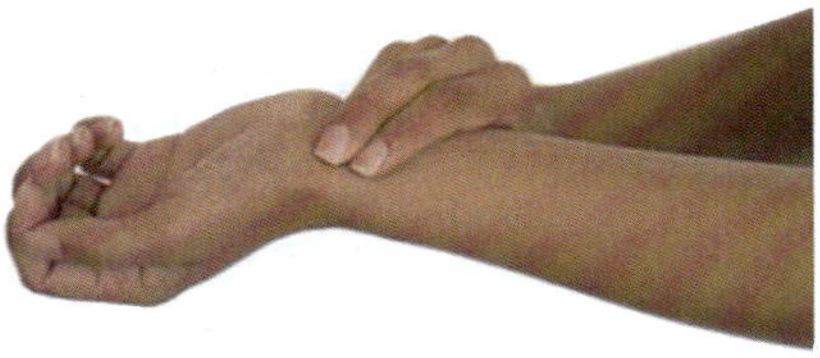

图5-2-6　测脉搏

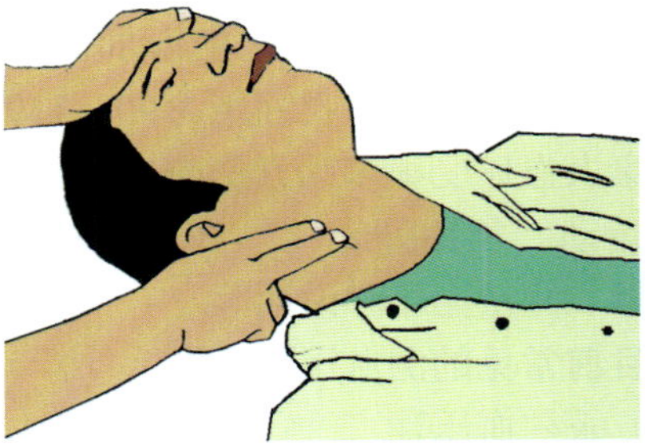

图5-2-7　触摸颈动脉

2. 脉搏测量方法

将手指放在病人手腕拇指侧的桡动脉上，以能清楚地触摸到搏动为宜。一般情况下测30秒，将所测脉搏数值乘以2，即为每分钟的脉搏次数。心脏病或异常脉搏者应测1分钟。计数1分钟的脉搏数，记录结果。

注意并记录脉搏跳动是否正常，如果脉搏跳动不规律，计数腕部的脉搏跳动次数，并倾听1分钟的心跳（因为手腕和心脏的脉搏率可能不一致）。

（三）呼吸

1. 呼吸率

呼吸率即每分钟呼吸的次数，根据年龄、性别、身体状况和机体活动而异。正常成人在安静状态下呼吸频率为12～20次/分钟。呼吸与脉搏比例一般为1∶4。

2. 测量方法

观察病人，并且暗自计数1分钟（在测量脉搏时），如果病人意识到在计数，呼吸可能不规律。呼吸微弱不易观察时，用少许棉丝置于患者鼻孔前，观察棉丝被吹动次数，计数1分钟（如图5-2-8所示）。

呼吸率是许多胸部疾病和机体损伤严重程度的指标，通常成人呼吸率大于40次/分钟表明呼吸系统遭受严重损伤。

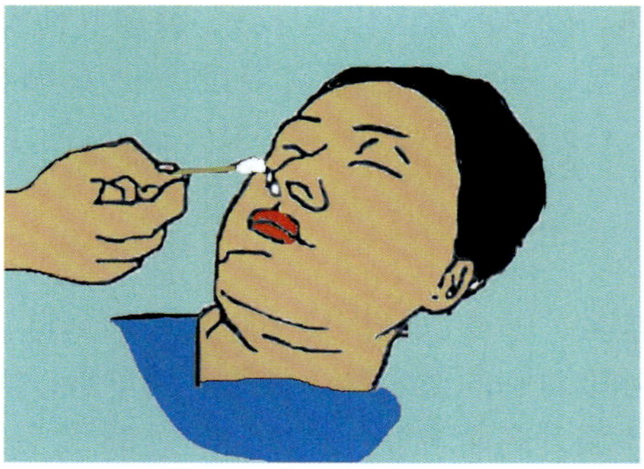

图 5-2-8　危重病人呼吸观察

（四）血压

1. 血压

血压是血液在动脉血管内流动时对血管壁的侧压力，是重要的生命体征。正常成人在安静状态下血压范围：收缩压为 90 ~ 139 毫米汞柱，舒张压为 60 ~ 89 毫米汞柱。

健康人血压受很多因素影响，包括：情绪、身体活动、饮酒、吸烟等。血压下降多见于剧烈运动、长期卧床（2 ~ 3 天）、失血（受伤或内出血）、休克等。血压升高多见于饮酒、吸烟、测量血压时说话等。

2. 目前常见的测血压的工具

（1）汞柱血压计

汞柱血压计是传统的血压测量工具，用这种血压计需要使用听诊器确定柯氏音的第一（即开始音，收缩压）和第五音（即消失音，舒张压）。需要专门训练才能分辨清楚，不建议使用汞柱血压计（如图 5-2-9 所示）。自 2013 年中国签署《关于汞的水俣公约》后，中国在 2020 年已停止生产汞柱血压计，主要是因为水银有毒，会造成环境污染。

（2）电子血压计

①上臂式全自动血压计

这种血压计是血压测量的优先选择，准确性和重复性较好，简单易学（如图 5-2-10 所示）。

②腕式血压计

这种血压计使用时不需要暴露上臂，对于寒冷地区或脱衣服不方便的人（残疾人）来说较为方便。腕式血压计使用方法比较复杂，不同血压计之间差别较大，使用前需要进行更多培训。一般情况下不推荐（如图 5-2-11 所示）。

图 5-2-9　汞柱血压计

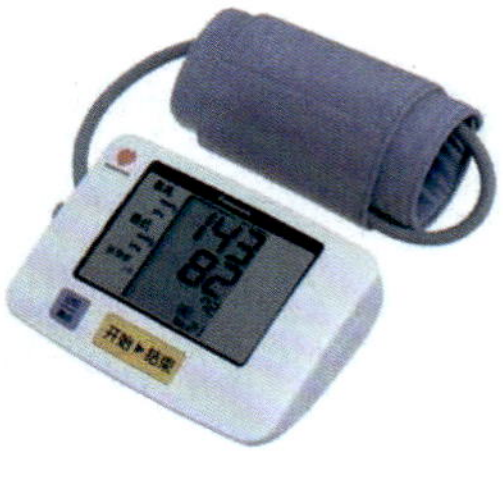

图 5-2-10　上臂式全自动血压计

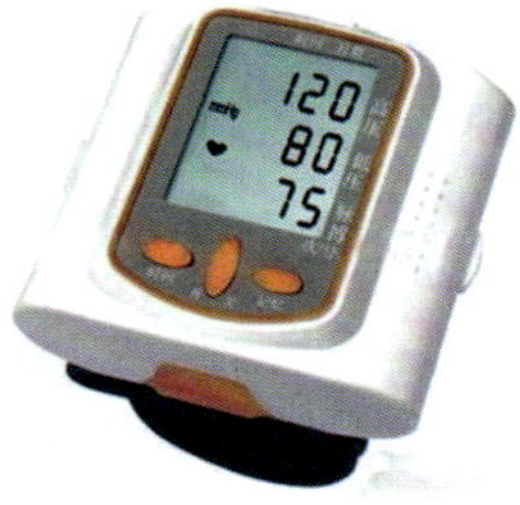

图 5-2-11　腕式血压计

3. 汞柱血压计测量血压的具体方法

（1）病人躺下或坐立，在安静环境下休息至少5 min，若有运动、抽烟、情绪激动等应休息30 min后再测量。

（2）暴露被测量的手臂，伸直并外展，使病人肘部与心脏同一水平。

（3）检查者将血压计汞柱开关打开，汞柱凸面水平应在零位。

（4）将血压计袖带缚于上臂，袖带里的气囊中央须位于肱动脉上方，袖带松紧以恰能放进一个手指为宜，袖带下缘在肘窝上2～3厘米处（如图5-2-12所示）。

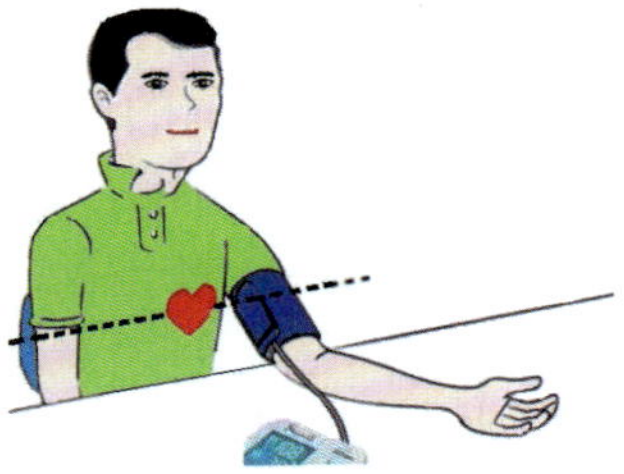

（a）

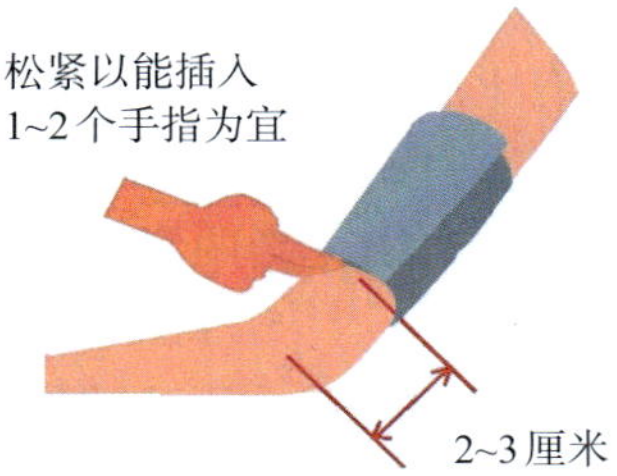

（b）

图5-2-12 测血压注意事项

（5）检查者触及肱动脉搏动后（如图5-2-13所示），戴上听诊器（听筒轻微前倾），把听诊器体件放置于肱动脉搏动处上，轻轻加压，用手固定，听诊器体件不应塞于袖带与上臂之间（如图5-2-14所示）。

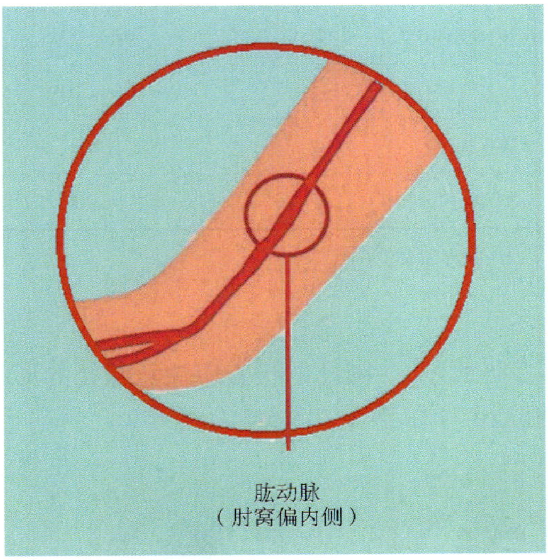

图5-2-13 肱动脉

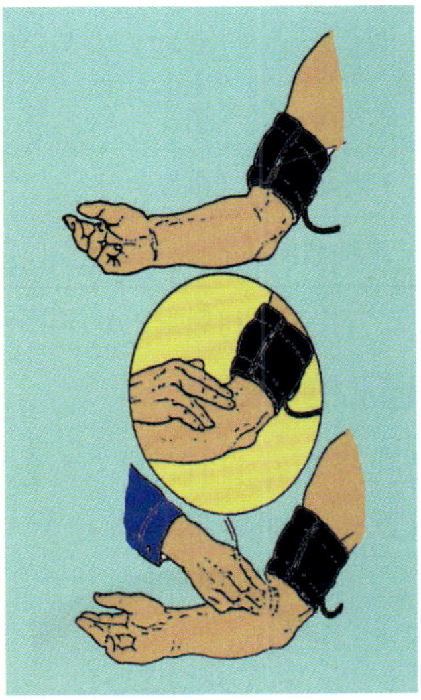

图5-2-14 听诊器的位置

（6）关上气球小开关，向袖带内充气，边充气边听诊，待肱动脉搏动音消失后使水银柱再升高30毫米汞柱。

（7）缓慢放气，让压力缓慢下降（不快于2～6毫米汞柱/秒），在放气过程中仔细倾听柯氏音，观察第一音和消失音水银柱凸面的垂直高度。根据听诊结果读出血压值。收缩压读数取第一音，舒张压读数取消失音。血压至少应测两次，间隔1～2分钟，取两次读数的平均值记录。如收缩压或舒张压两次读数相差5毫米汞柱以上，应再次测量，取后两次读数的平均值作为测量结果并记录。收缩压与舒张压之差值为脉压差。

（8）血压检测完毕，将气囊排气，把水银降至“0”点处，卷好气袖并平整地放入血压计中，然后使玻璃管中汞柱完全进入水银槽后，关闭汞柱开关和血压计。

4. 注意事项

（1）定期检查测量血压的仪器，要通过专业标准认证或符合计量标准。电子血压计首选上臂式，能保证量血压的胳膊与心脏平行。

（2）血压计的袖带大小应适合病人的上臂臂围，至少应包裹80%上臂。

（3）血压可随季节、昼夜、环境、情绪等影响而有较大波动，有时相差甚大，因此连续观察血压升高幅度、波动范围、变化趋势才有较大意义。

（4）健康人右上肢血压较左上肢高，可能存在5～10毫米汞柱的差异。权威的《诊断学》标准推荐测右手手臂血压，2018年欧洲心脏学会高血压指南推荐，第一次测量血压时，应测量双上肢的血压，当两侧数值不一样时，选择血压较高的一侧上肢，作为日后测量的固定手臂。

2018年修订的《中国高血压防治指南》对于血压水平的分类标准如表5-2-1所示。

表5-2-1　血压水平的分类标准

类别	收缩压（毫米汞柱）	舒张压（毫米汞柱）
正常血压	< 120和	< 80
正常高值	120～139和/或	80～89
高血压	≥140和/或	≥90
1级高血压（轻度）	140～159和/或	90～99
2级高血压（中度）	160～179和/或	100～109
3级高血压（重度）	≥180和/或	110
单纯收缩期高血压	≥140和	< 90

注：当收缩压和舒张压分属于不同级别时，以较高的分级为准。

（五）瞳孔的观察

瞳孔的正常直径是3～4毫米（如图5-2-15所示）。瞳孔的检查应注意瞳孔的形状、大小、位置；双侧是否等圆、等大；对光反射是否存在等（如图5-2-16所示）。

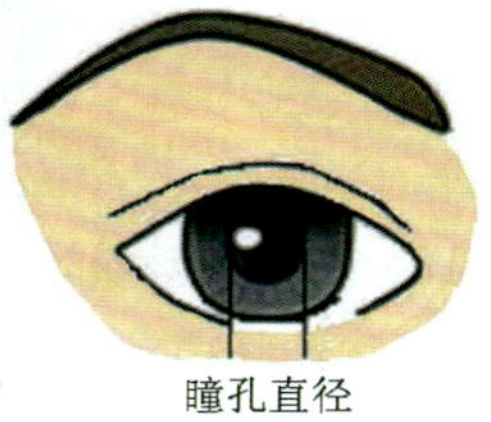

图5-2-15　瞳孔的测量

（a）亮光　（b）暗光

图5-2-16　瞳孔对光反射

双侧瞳孔不等大时，在脑中风、颅脑损伤时出现，表明发生了脑水肿、脑疝，病情危重，需要立即抢救。双侧瞳孔缩小呈针尖大小时，可见于中毒（如有机磷农药中毒）；双侧瞳孔散大，直径为4～5毫米，则表明病人濒临死亡或已经死亡（如图5-2-17所示）。

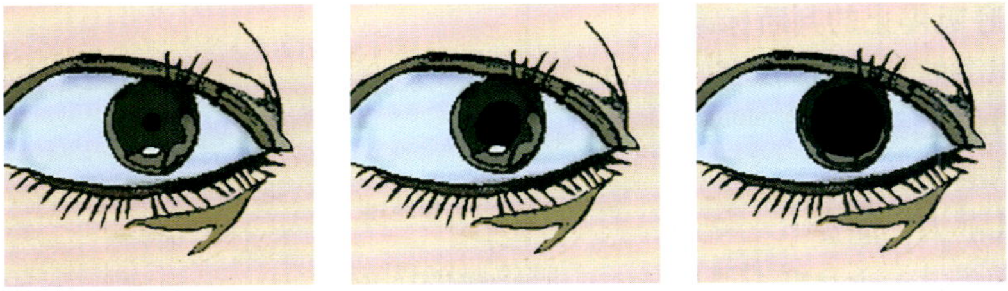

（a）缩小的瞳孔　（b）正常的瞳孔　（c）散大的瞳孔

图 5-2-17　**瞳孔的变化**

（六）意识水平评估

1. 意识

意识是指人对周围环境和自身的识别能力及清晰程度，是大脑功能活动的综合表现。正常人的意识清晰，对答正确，能够正确地识别时间、地点、人物，能对环境的刺激做出相应的反应。

意识的判断方法：轻拍病人的肩部或面部，并大声叫喊："喂，你怎么了？"也可大声呼唤其名字，同时拍打或用力摇晃其肩部，如病人毫无反应，说明病人意识丧失（如图 5-2-18 所示）。

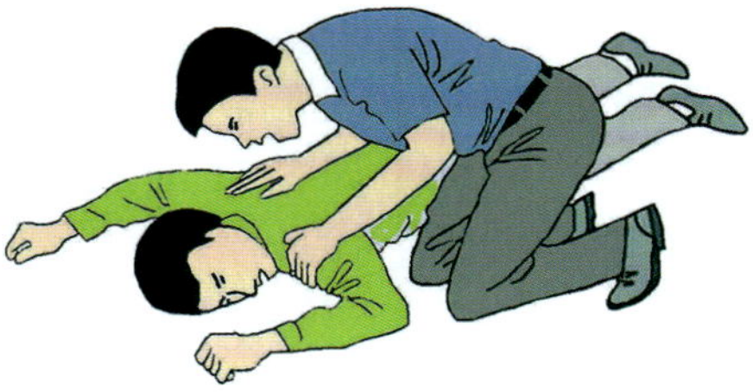

图 5-2-18　**判断意识**

2. 意识障碍

意识障碍是指人对周围环境及自身状态的识别和觉察能力出现障碍。其多由于高级神经中枢功能活动（意识、感觉和运动）受损所引起，根据严重程度可分为以下几种：嗜睡、意识模糊、昏睡、昏迷。

通过观察病人的意识状态，可以判断病情的严重程度，以便采取合适的方法处理。

三、病情的判定

1. 病情判定的步骤

当病人突然发病时，最先观察的是意识，其次依次为呼吸、脉搏（心跳）、瞳孔。具体步骤如下：

（1）轻轻拍打病者的双肩或呼唤患者，判断其有无反应、是否清醒。

（2）对不省人事的患者，可用仰头抬颏的方法使呼吸道畅通。

（3）靠近患者口鼻，判断其是否有呼吸。

（4）触摸颈部，判断其是否有颈动脉搏动。

2. 心跳、呼吸停止的判断标准

（1）意识突然丧失。

（2）呼吸停止或抽搐样呼吸。

（3）大动脉搏动消失。

（4）瞳孔散大、固定。

（5）心电图呈一条直线或其他表示心脏停跳的图形。

第三节 急救技术

现场急救对挽救生命至关重要，而正确的急救技术是救护成功的关键。掌握正确的急救技术（包括心肺复苏、止血、包扎、骨折固定等）对工作中处理意外事故、抢救伤病员生命、争取有效的急救时间、预防后遗症和并发症意义重大。

一、心肺复苏术

心肺复苏术（CPR）是针对心跳呼吸骤停者所采取的生命抢救技术，方法包括胸外心脏按压、畅通气道、人工呼吸等，目的是促进血液循环，使血液可以携带氧到人体重要脏器（尤其是脑），保障重要脏器的基本功能，以维持生命，为进一步复苏创造条件。

心肺复苏术的主要步骤是C、A、B，即C（Circulation）胸外心脏按压；A（Airway）畅通气道；B（Breathing）人工呼吸。

（一）心肺复苏术的步骤

1. 评估环境安全

评估环境是否安全，确保现场对施救者和伤员均是安全的，方可现场进行心肺复苏术。如对于触电患者需先迅速使其脱离电源（如图5-3-1所示），对于一氧化碳中毒者需先通风或将其搬离中毒现场等（如图5-3-2所示）。

图5-3-1　触电需先脱离电源

图5-3-2　一氧化碳中毒需先通风

2. 判断伤员意识并呼救

施救者双手同时拍打伤病者的双肩（禁止摇动患者头部，防止损伤颈椎），在被救者两耳旁分别高声呼唤（如“你怎么了!”）。

如果没有反应，为意识丧失，立即高声呼救："快来人哪！"请求拨打求救电话和协助进行心肺复苏术。

将伤员放置心肺复苏体位：仰卧于坚实平面如木板上或地面上，双手放于躯干两侧，解开衣物、领带等（如图5-3-3所示）。

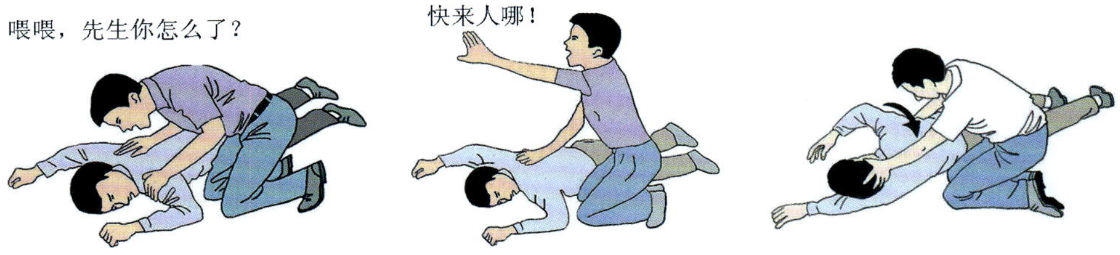

（a）　（b）　（c）

图5-3-3　判断意识并呼救

3. 判断呼吸和心跳

（1）检查呼吸

观察伤员胸腹部起伏5～10秒，看是否无呼吸或喘息（呼吸不正常）（如图5-3-4所示）。

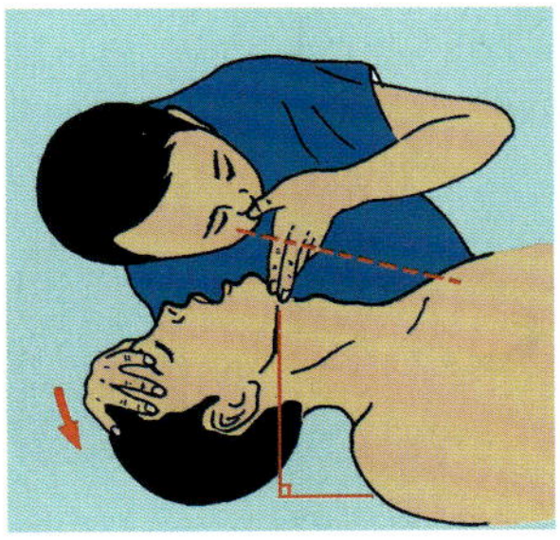

图5-3-4　呼吸评估

（2）判断心跳（触摸颈动脉）

通过触摸颈动脉有无搏动的方法判断是否心脏骤停，具体操作方法如下：食指与中指先触及气管正中部位（男性在喉结），再旁开下移2～3厘米的软组织深处（在气管与颈部肌肉之间的凹陷里），触摸颈动脉有无搏动（如图5-3-5所示）。

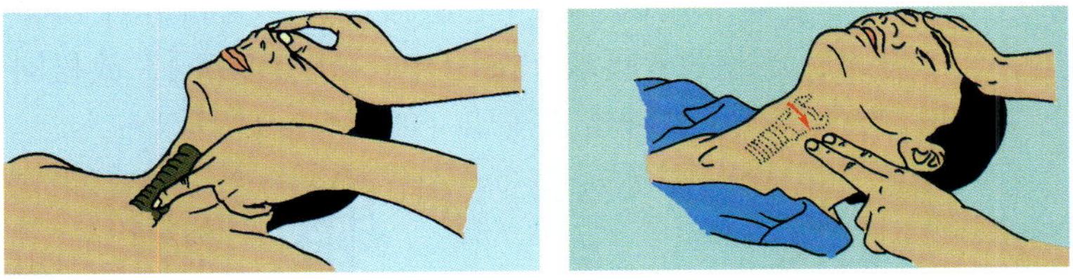

（a）　（b）

图5-3-5　触摸颈动脉

判断心跳、呼吸可同时进行，在5～10秒内完成。

通过以上方法判断伤者无意识，10秒内没有明确触摸到脉搏，无呼吸，则应立即开始心肺复苏，先按压30次，再开放气道和人工呼吸。

注意：触摸颈动脉的时候一定不要太过用力，而且不能同时触摸两侧的颈部动脉，不然会影响到患者的血液循环，也不能够压迫到患者的气管，否则会造成呼吸道的阻塞。检查时间也不能太长，最好不要超过10秒。

4. 胸外心脏按压

（1）胸外心脏按压部位

确定胸外心脏按压部位常用下面两个方法：

①胸骨下半部，胸部正中央，两乳头连线中点（如图5-3-6所示）。

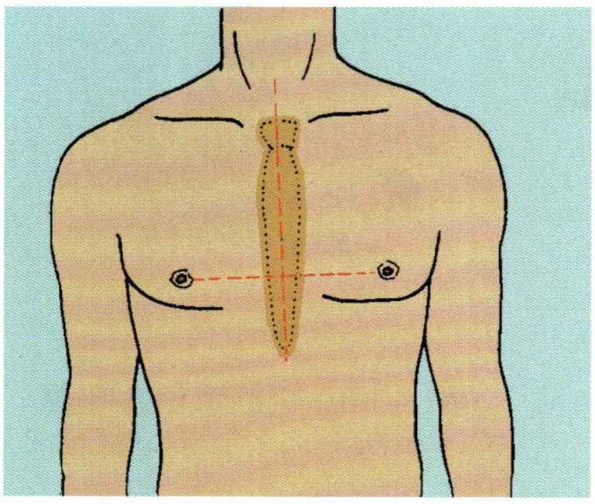

图5-3-6 胸外心脏按压部位定位方法（1）

②剑突上缘两横指：沿肋弓下缘向上滑找到剑突，在剑突尖上两横指处，以另一手的掌根放在两横指上方（如图5-3-7所示）。

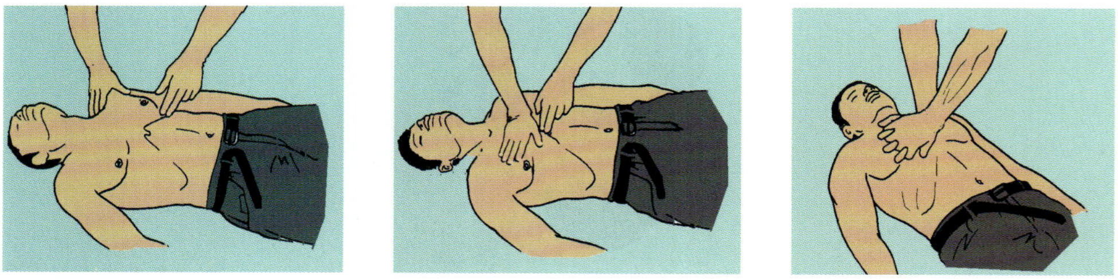

（a）（b）（c）

图5-3-7 胸外心脏按压点定位方法（2）

（2）胸外心脏按压方法

急救者站立或跪在伤员一侧，双手掌根着力，平行重叠，双手指交叉紧扣，并翘起，以保证压力不施加在胸壁上（如图5-3-8所示）。急救者身体前倾，两臂伸直，与病员身体平面垂直。利用上身重力垂直向下按压，胸外心脏按压速率为每分钟100～120次，胸外心脏按压幅度至少是5厘米，不超过6厘米。按压与放松时间相同，放松时手掌不离开胸壁。应“用力”“快速”按压，但不得冲击式按压（如图5-3-9所示）。

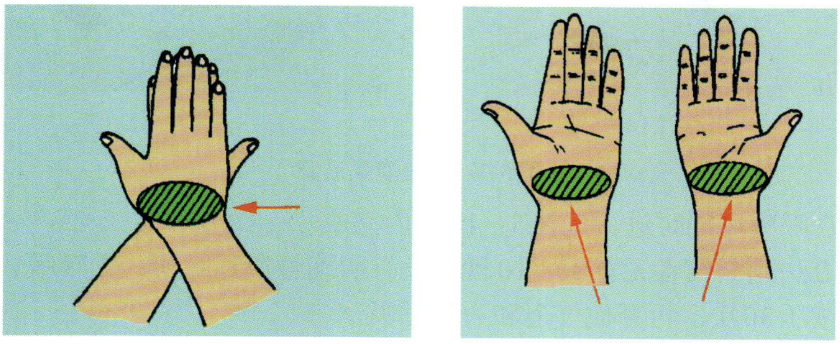

（a）（b）

图5-3-8 胸外心脏按压掌位

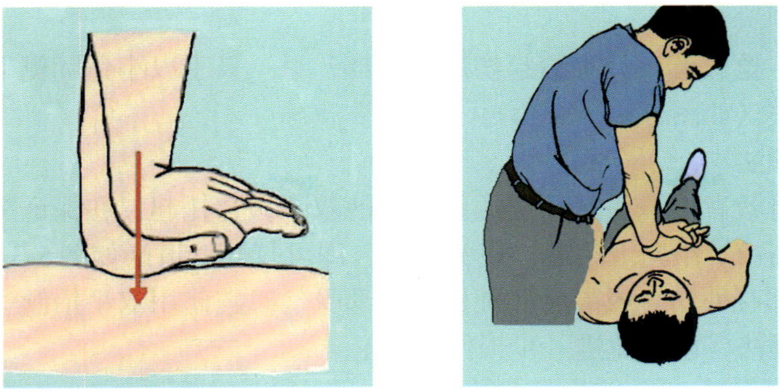

(a)　　(b)

图 5-3-9　胸外心脏按压法手法

5. 开放气道

检查伤员呼吸道是否通畅，如呼吸道阻塞应立即清理。因为伤员昏迷后会舌后坠，或伤员的口腔被血块、泥土或呕吐物等堵塞均可造成窒息，严重者在几分钟内就会危及生命（如图 5-3-10、图 5-3-11 所示）。

心肺复苏时必须设法开放气道，要在 3 ~ 5 秒内完成，而且在心肺复苏全过程中，自始至终要保持气道通畅。

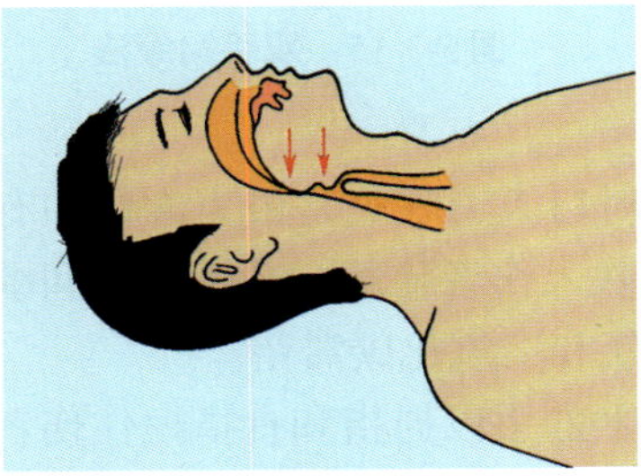

图 5-3-10　舌根后坠阻塞呼吸道

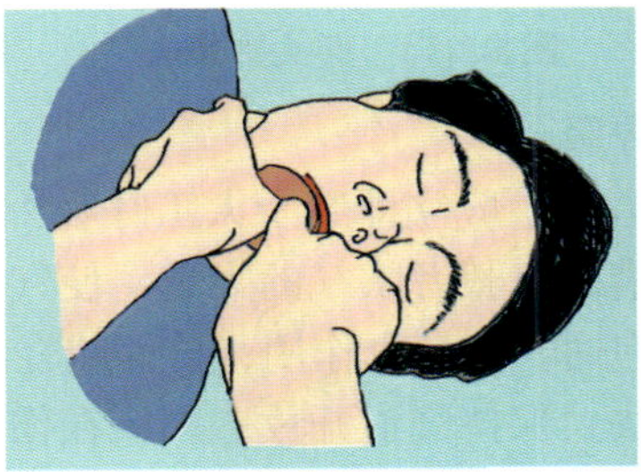

图 5-3-11　清理口腔

开放气道有以下几种方法：

（1）仰头抬颏法

如果伤员无明显头、颈部受伤，可使用此方法，此法最为常用。

救护者将一只手掌小鱼际（小拇指侧）放在患者前额，下压使其头部后仰，另一只手的食指和中指放在颏部的下颌骨下方，向上抬起下颌，让下颌角与耳垂连线和地面呈垂直状态，使患者口张开，舌根离开咽后壁，避免舌根后坠，畅通气道（如图 5-3-12 所示）。

注意：不宜用力压迫下颌部软组织，否则有可能造成气道梗阻（如图 5-3-13 所示）；不宜过度上举下颌，以免口腔闭合。

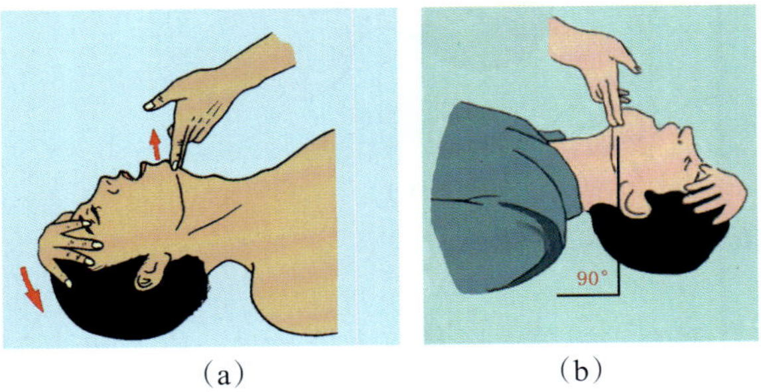

(a)　　(b)

图 5-3-12　仰头抬颏法开放气道（正确）

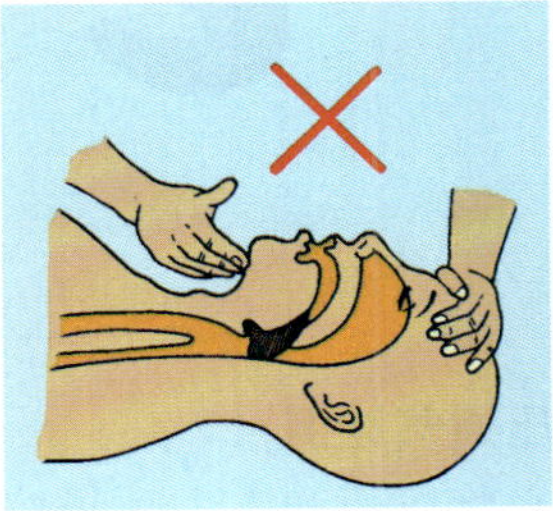

图 5-3-13　仰头抬颏法开放气道（错误）

（2）仰头抬颈法

伤病员仰卧，抢救者一只手抬起伤病员颈部，另一只手以小鱼际侧下压其前额，使其头后仰，气道开放（如图5-3-14所示）。

（3）双手抬颌法

伤员平卧，抢救者用双手从两侧抓紧伤员的双下颌并托起，在保证头部和颈部固定的前提下，用力将伤员下颌向上抬起，使头后仰，即可打开气道（如图5-3-15所示）。

注意：当颈部有外伤者或高度怀疑伤者颈部受伤时宜使用双手抬颌法，不宜采用仰头抬颏法和仰头抬颈法，以避免进一步损伤脊髓。

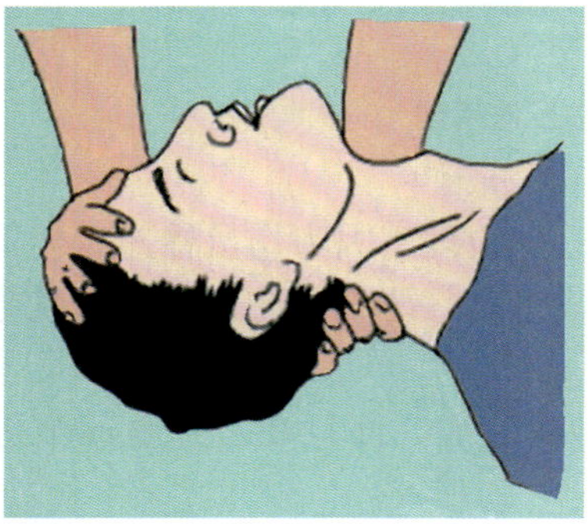

图5-3-14　仰头抬颈法

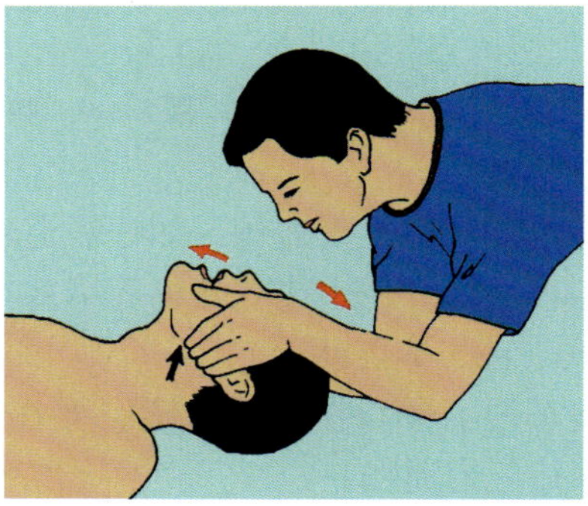

图5-3-15　双手抬颌法

6. 人工呼吸

开放气道后，应立即给予人工呼吸2次。口对口人工呼吸是最为方便和有效的人工呼吸方法，是借助急救者吹气的力量，使气体被动吹入伤者肺部，通过肺的间歇性膨胀，以达到维持肺泡通气和氧合作用，从而减轻组织缺氧和二氧化碳滞留。

操作方法：保持气道开放，用压在伤者额头上的手以拇指和食指捏住伤者的鼻孔，急救者用嘴唇包住伤者的口，平稳地向伤者口中吹气，超过1秒，以胸廓膨起为有效，吹完后立即松开捏鼻孔的手，让伤者的胸廓及肺依靠其弹性自主回缩呼气，气体呼出时看到胸廓回落，如此反复进行（如图5-3-16所示）。

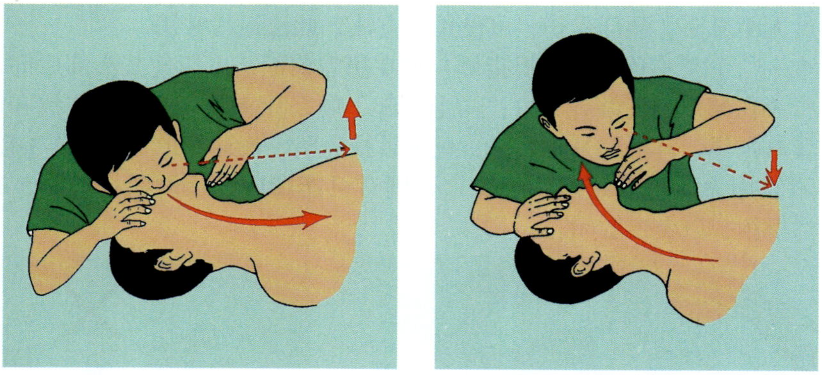

（a）　　（b）

图5-3-16　口对口人工呼吸法

7. 按压通气比例

胸外心脏按压和人工呼吸按顺序进行，不论实施单人还是双人抢救时，成人胸外心脏按压和人工呼吸比例为30：2。即胸外心脏按压30次后给予2次人工呼吸，此为一个循环。一个周期至少进行5个循环（约2分钟）。然后进行复苏效果评估，要求迅速，时间为5～10秒（如图5-3-17、图5-3-18所示）。

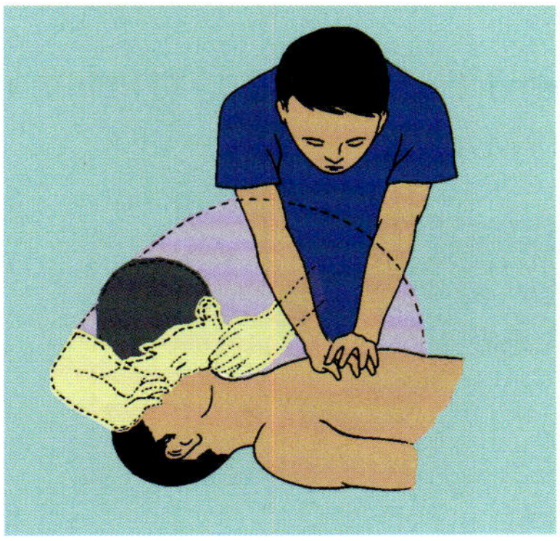

图5-3-17　单人实施胸外心脏按压与人工呼吸

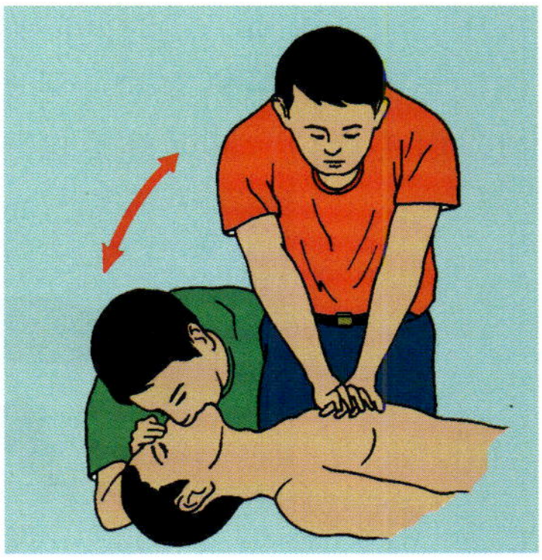

图5-3-18　双人实施胸外心脏按压与人工呼吸

（二）心肺复苏术的效果评估

1. 心肺复苏术效果评估

（1）昏迷程度变浅，出现各种反射。

（2）肢体出现无意识动作、发出呻吟声等。

（3）自主呼吸逐渐恢复。

（4）触摸到规律的颈动脉搏动。

（5）面色、口唇、指甲等色泽转红润。

（6）双侧散大的瞳孔缩小，对光反射恢复。

（7）心电图证实恢复窦性心律。

2. 终止心肺复苏术的情形

（1）自主呼吸和心跳已有效恢复或有其他专业人员接替抢救。

（2）开始进行心肺复苏前，能确定心跳停止达15分钟以上者。

（3）持续进行心肺复苏30分钟以上仍无心跳和自主呼吸，现场无进一步救治和送治条件。但要注意一些特殊情况，如溺水、触电等，轻易不要放弃，需要延长心肺复苏时间。

（4）发现有不同意进行心肺复苏术的有效遗嘱。

（5）救护者因疲惫、周围环境危险、持续复苏可造成自身或其他人员危险而不得不终止。

（三）心肺复苏术的注意事项

（1）每次按压后应保证胸廓充分回弹，因此施救者必须避免在按压间隙倚靠在伤者胸部。

（2）尽量减少胸外心脏按压中的停顿。

（3）胸外心脏按压的位置必须准确，不准确容易损伤其他脏器。

（4）要有足够的速率和按压幅度，按压过度会出现胸骨和肋骨骨折，同时施救者也会消耗大量体力，无法保证接下去的按压质量。

（5）给予伤者足够的通气，吹气量为500～600毫升，避免给予过量通气。

（6）2010年美国心脏协会（AHA）《心肺复苏指南》提出，对于那些不愿意实施人工呼吸的施救者或不能实施传统的心肺复苏的普通施救者在目击心脏骤停事件时，可采用单纯胸外按压，也称“Hands-only CPR”。在心源性猝死的早期血液中氧含量还比较高，即使只进行按压，也能维持一定时间的血氧供应。

（7）伤病员经抢救后恢复自主呼吸及心跳但仍处于昏迷状态时，应将伤病员放置于侧卧的体位或平卧头侧位，同时注意保暖（如图5-3-19所示）。

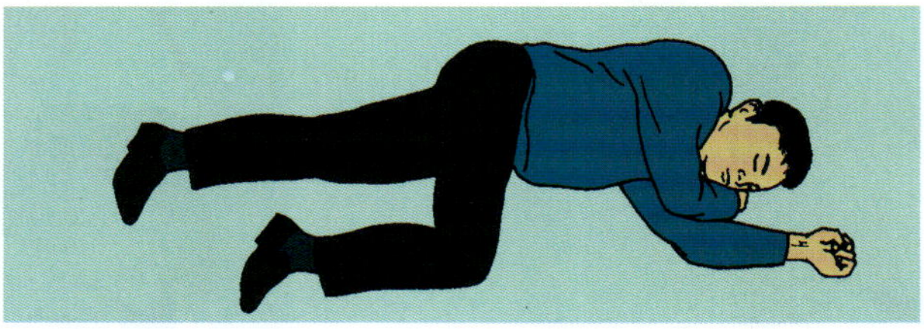

图5-3-19　恢复体位

二、伤性出血与止血技术

血液是在血管中流动的液体，成年人的总血量占体重的7%～8%，为4 000～5 000毫升。急性出血时，当失血量为总血量的10%～15%（400～500毫升）时，人体通过自身调节功能可以代偿；当失血量达总血量的20%（800～1 000毫升）时，会出现头晕、脉搏增快、血压下降、出冷汗、肤色苍白、尿少等症状；当出血量达总血量的30%（1 500毫升）以上，就会有生命危险，因此对于出血的病人，必须立即采取有效的止血措施。

（一）外伤性出血的类型

1. 根据出血部位的不同分类

（1）内出血：深部组织和内脏损伤，血液由破裂的血管流入组织内或进入体腔（腹腔、胸腔），称为内出血，可发生于体内任何部位，从体表看不见出血。

（2）外出血：外伤后血液经皮肤创口向体外流出，称为外出血，能够看见出血情况。

2. 根据受损伤的血管性质分类

（1）动脉出血：血液为鲜红色，可见随心跳节律呈搏动性喷射而出，出血速度快，出血量大。如果是中等动脉或较大动脉出血，没有及时止血，伤员数分钟即可出现失血性休克或死亡。

（2）静脉出血：血液为暗红色，呈持续性涌出，出血速度及出血量不及动脉。如果出血的是大静脉，出血量达到一定时，不及时处理也可能危及生命。

（3）毛细血管出血：血色鲜红，血液从整个创面外渗，创面上出现许多细小血滴，不易找到出血点，常能自行凝固，危险性较小（如图5-3-20所示）。

（a）动脉出血　（b）静脉出血　（c）毛细血管出血

图5-3-20　不同血管出血特点

止血的目的是控制出血，保存有效的血容量，防止休克，挽救生命。为更加及时、有效地抢救外伤出血伤员，介绍以下几种简便可行、有效的止血方法。

（二）常用的止血方法

1. 指压止血法

指压止血法适用于头部和四肢动脉的出血情况（如图5-3-21所示）。用手指或手掌紧压伤口近心端的血管（靠近心脏一端的血管），使血管压扁、血流中断而达到止血的目的，通常是将体表的中等动脉或较大动脉压迫闭合在骨面上。此法是现场急救最简捷的临时止血措施。但因操作时较费力，难以持久，一般用于现场应急止血，继而改用其他止血法。

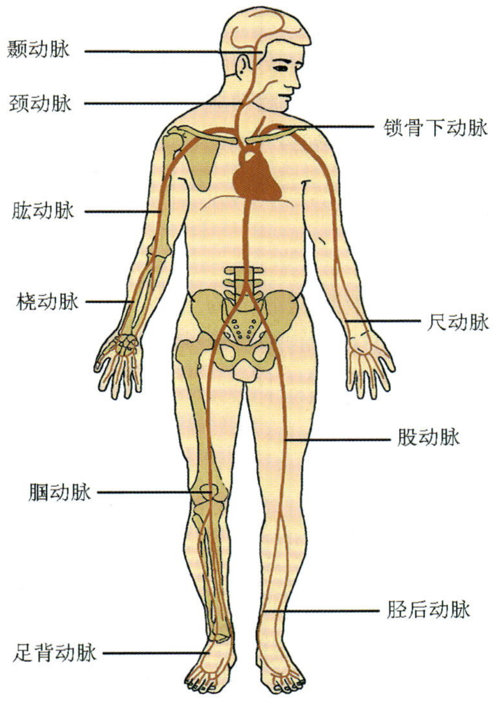

图5-3-21 人体主要动脉

（1）颞浅动脉压迫法

颞浅动脉压迫法适用于同侧头顶部出血。

操作方法：先在同侧外耳门的前上方、颧弓根部摸到颞浅动脉搏动点，然后用拇指或食指将其压向下颌关节面（如图5-3-22所示）。

（2）面动脉压迫法

面动脉压迫法适用于同侧颜面部出血。

操作方法：先在同侧咬肌（当咬紧牙齿时，在面颊后部可触到一条呈带状绷紧了的肌肉）前缘绕下颌骨下缘处摸到面动脉的搏动，然后用拇指或食指将其压向下颌骨面（如图5-3-23所示）。

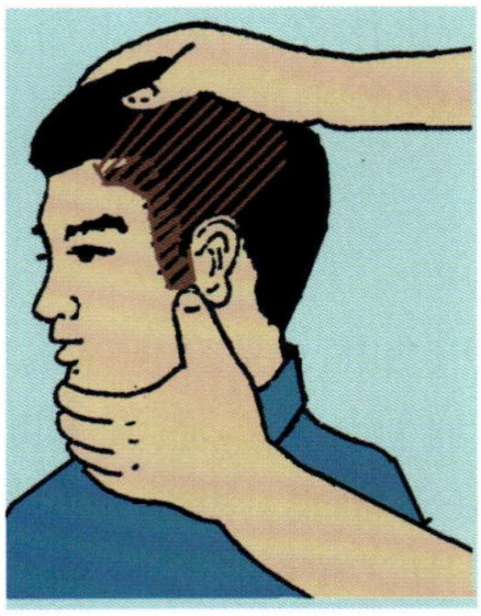

图 5-3-22　颞浅动脉压迫法

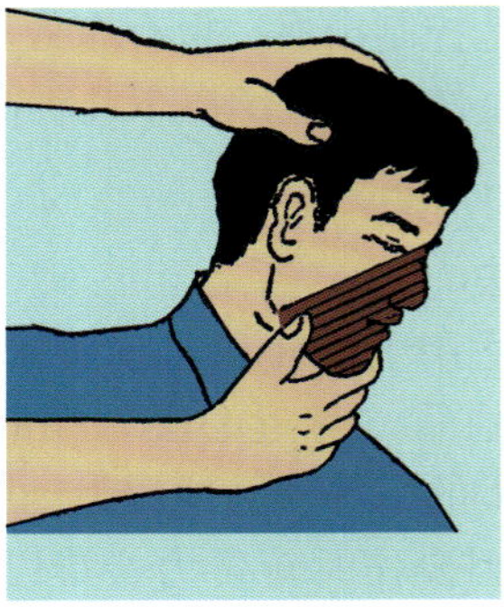

图 5-3-23　面动脉压迫法

（3）颈总动脉压迫法

颈总动脉压迫法适用于同侧头面部的较多出血。

操作方法：先在颈根部，同侧气管与胸锁乳头肌之间摸到颈总动脉的搏动，然后用拇指或其他四指将其压向颈椎（如图 5-3-24 所示）。压迫颈总动脉时，容易引起伤员昏厥，一般不宜使用。切忌同时压迫两侧颈总动脉，以免造成脑部的血液供应中断，而损伤脑组织。

（4）锁骨下动脉压迫法

锁骨下动脉压迫法适用于肩、腋部及上肢的出血。

操作方法：先在同侧锁骨中点上方的锁骨上窝处摸到该动脉的搏动，然后用拇指压向后下方的第一肋骨面（如图 5-3-25 所示）。

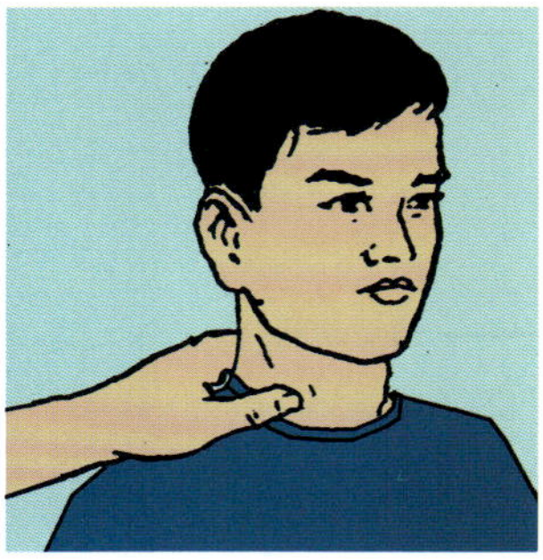

图 5-3-24　颈总动脉压迫法

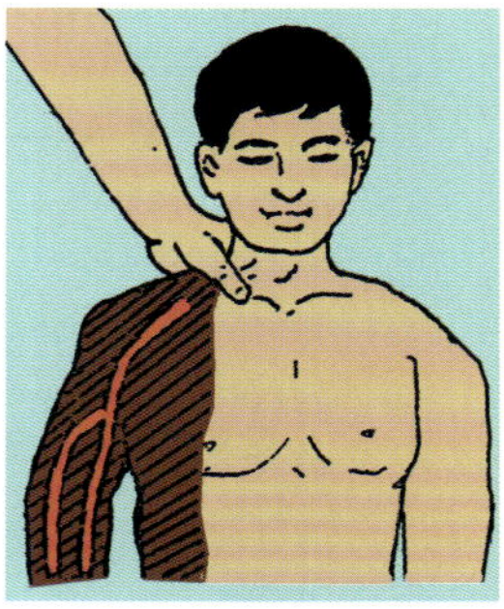

图 5-3-25　锁骨下动脉压迫法

（5）肱动脉压迫法

肱动脉压迫法适用于上臂、前臂的出血。

操作方法：先在上臂内侧中部的肱二头肌内侧沟处摸到肱动脉的搏动，然后用拇指或其他四指将其压向肱骨干（如图 5-3-26 所示）。

（6）尺、桡动脉压迫法

尺、桡动脉压迫法适用于手部的出血。

操作方法：先在手腕横纹稍上处的内、外两侧摸到尺、桡动脉的搏动，然后用两手拇指分别将其压向尺、桡骨面（如图 5-3-27 所示）。

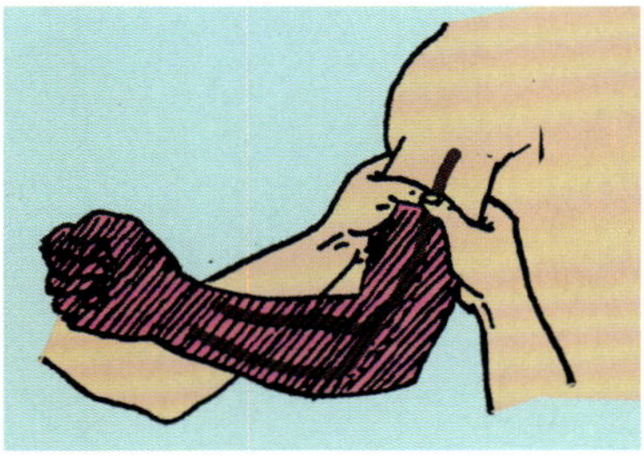

图5-3-26 肱动脉压迫法

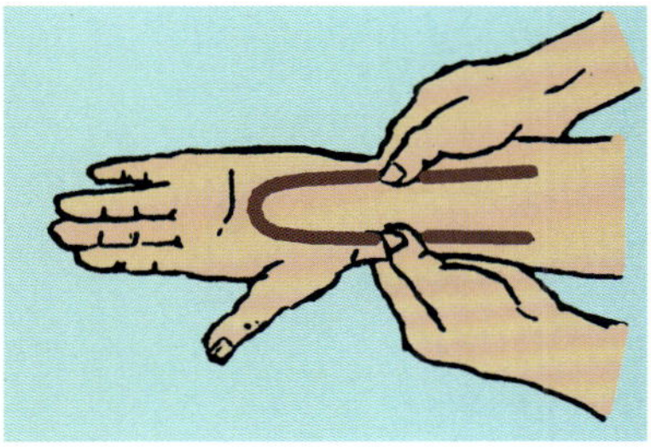

图5-3-27 尺、桡动脉压迫法

（7）股动脉压迫法

股动脉压迫法适用于大腿以下的出血。

操作方法：在腹股沟韧带稍下方处摸到股动脉的搏动，然后用双手拇指重叠用力将其压向耻骨下支（如图5-3-28所示）。

（8）足背、胫后动脉压迫法

足背、胫后动脉压迫法适用于足部的出血。

操作方法：先摸到足背皮肤横纹中点的足背动脉和跟骨与内踝之间的胫后动脉，然后分别将其压向趾骨和跟骨（如图5-3-29所示）。

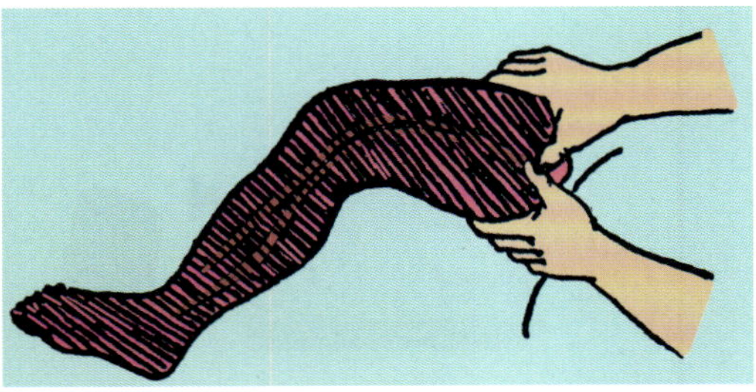

图5-3-28 股动脉压迫法

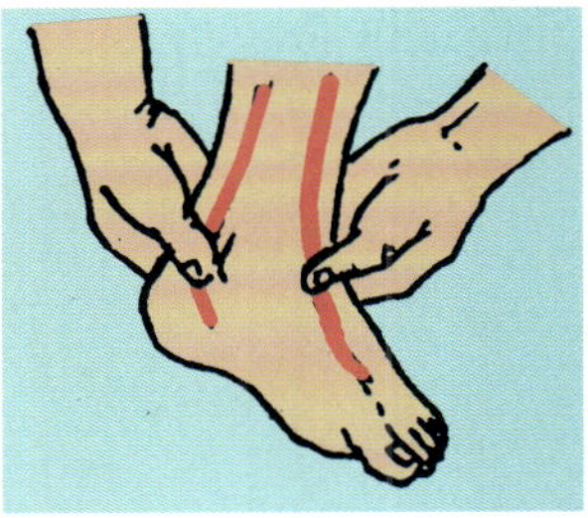

图5-3-29 足背、胫后动脉压迫法

2. 加压包扎止血法

加压包扎止血法是最常用的止血方法，适用于体表的小动、静脉和毛细血管出血。用无菌敷料覆盖伤口，然后用纱布、棉垫或绷带、布类做成垫子放在无菌敷料上，再用绷带或三角巾加压包扎。加压力量以既能止血而肢体远端仍有血液循环为度（如图5-3-30所示）。

该方法对伤处有骨折或异物存在时则不适用，对于较深伤口，无法判断伤口深部情况的出血，可先将无菌敷料填塞入伤口，再用绷带加压包扎。包扎时严禁将止血中草药、泥土或其他粉末撒在伤口上，以免加重伤口污染，为以后的清创处理造成困难。

3. 屈肢加垫止血法

屈肢加垫止血法适用于前臂和小腿的出血，对已有或疑有伤肢骨、关节损伤者禁用。因对伤员造成的痛苦较大，不宜作为首选。

将一个厚棉垫或绷带卷塞在膝窝或肘窝部，屈腿或臂，再用三角巾或绷带紧紧缚住（如图5-3-31所示）。

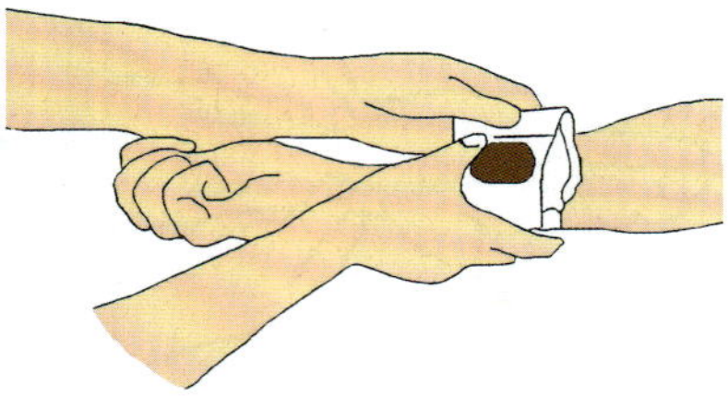

图 5-3-30　加压包扎止血

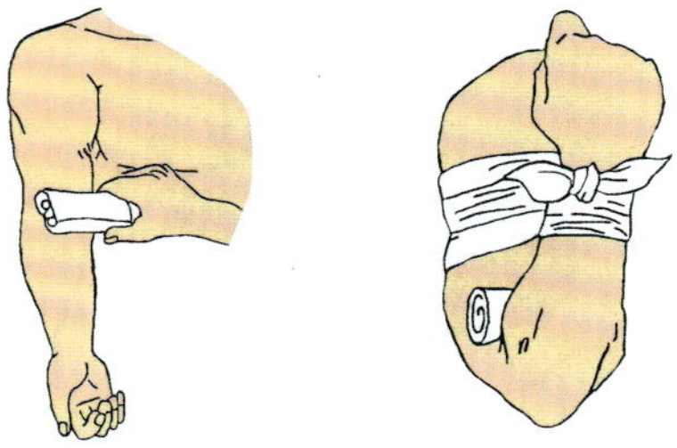

(a)　　(b)

图 5-3-31　屈肢加垫止血

4. 止血带止血法

止血带止血法主要用于用其他止血方法暂不能控制的四肢动脉出血。该方法使用恰当可挽救一些大出血伤员的生命，使用不当则可带来严重并发症，以至引起肢体坏死、急性肾功能衰竭等并发症。

（1）常用止血带种类

止血带有传统的橡胶管止血带、局部气压式止血带（如图 5-3-32、图 5-3-33 所示），还有方便的卡扣式止血带和较先进的旋压式止血带（如图 5-3-34、图 5-3-35 所示）。紧急情况下也可使用三角巾、绷带、手帕等物品代替，严禁使用铁丝、电线、绳索等细小且无弹性的物品充作止血带。

图 5-3-32　橡胶管止血带

图 5-3-33　气压式止血带

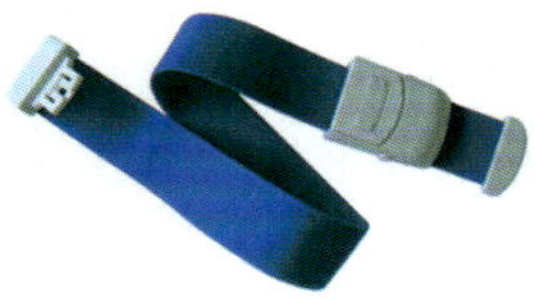

图 5-3-34　卡扣式止血带

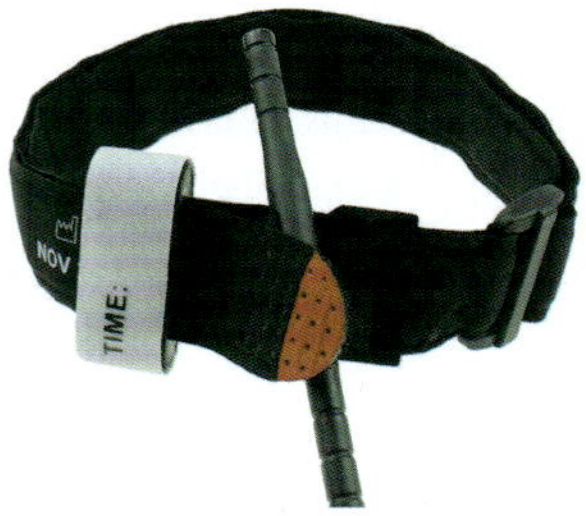

图 5-3-35　旋压式止血带

（2）使用止血带的部位

扎止血带的绑扎部位应尽可能接近伤口，上肢大出血时应扎在上臂的上 1/3 处（如图 5-3-36 所示）；下肢出血时应扎在大腿的中下 1/3 处（如图 5-3-37 所示）。

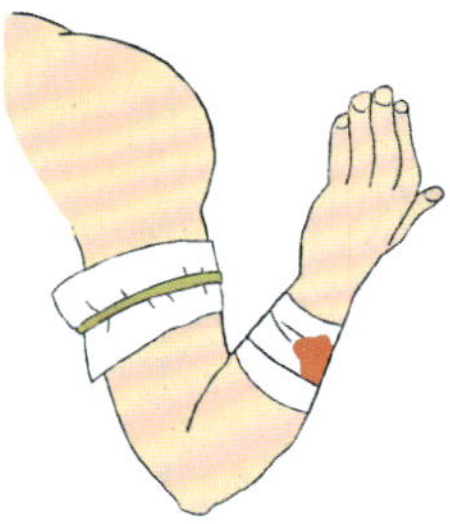

图 5-3-36　上肢止血带止血

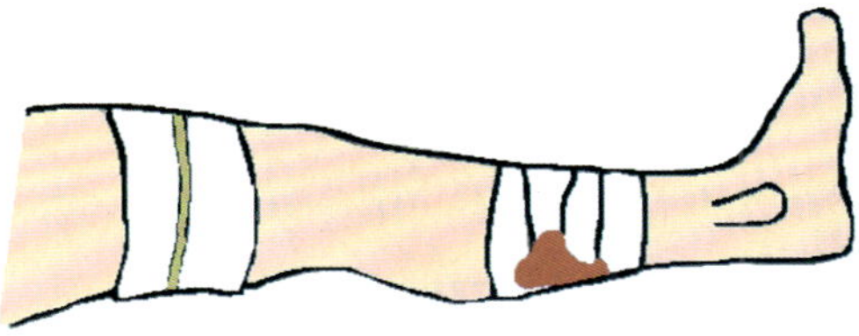

图 5-3-37　下肢止血带止血

（3）橡皮管止血带止血方法

①扎止血带前要用衣服、纱布、棉布或毛巾等物作为衬垫，以免勒伤皮肤。

②用一只手的拇指、食指、中指持止血带的头端，将长的尾端绕肢体一圈后压住头端，再绕肢体一圈，然后用食指、中指夹住尾端后，将其尾端从止血带下拉过，由另一侧边缘牵出，系成一个活结（如图 5-3-38 所示）。

③扎止血带松紧要适度，以出血停止、远端摸不到脉搏搏动为准。止血带过松会达不到止血的效果，过紧容易造成肢体的坏死（如图 5-3-39 所示）。

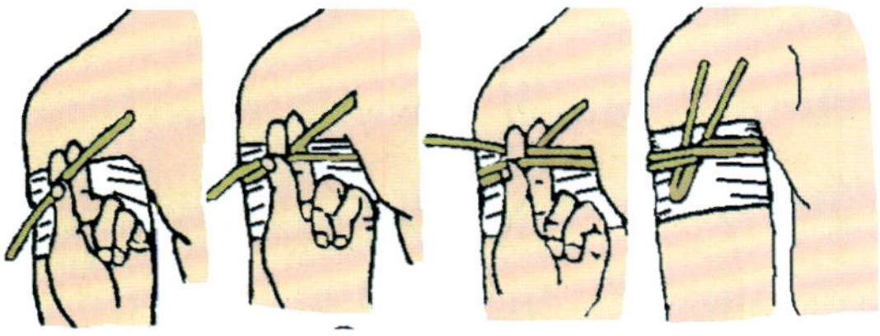

(a)　(b)　(c)　(d)

图 5-3-38　止血带绑扎方法

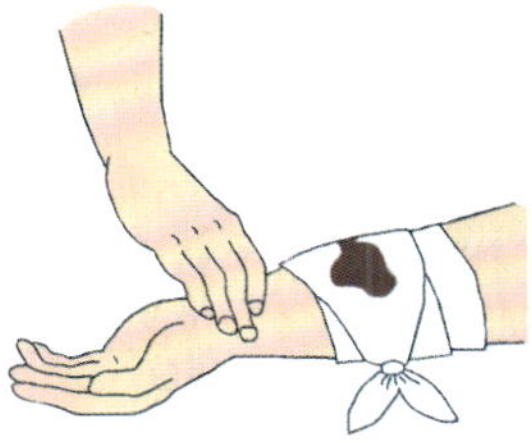

图 5-3-39　判断止血带松紧是否适度

（4）绞紧止血法

如无橡皮管止血带，可根据当时情况，就地取材，如三角巾、绷带、领带、布条等均可，折叠成条带状，即可当作止血带使用。上止血带的部位加好衬垫后，用止血带缠绕，然后打一个活结，再用一根短棒、筷子、铅笔等的一端插入活结一侧的止血带下，并旋转绞紧至停止出血，再将短棒、筷子或铅笔的另一端插入活结套内，将活结拉紧即可（如图 5-3-40 所示）。

（5）注意事项

①使用止血带时，应先用三角巾、毛巾等做成平整的衬垫缠绕在要绑扎止血带的部位，然后再上止血带，避免直接勒扎皮肤。

②扎止血带之前将患肢抬高 2 ~ 3 分钟，以促进血液回流。

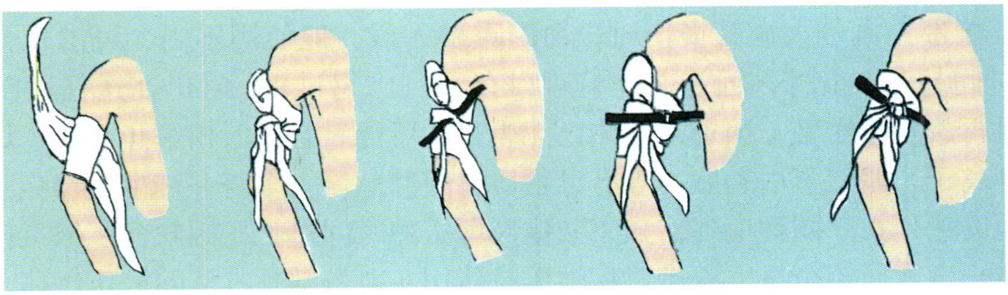

(a)　(b)　(c)　(d)　(e)

图 5-3-40　绞紧止血法

③止血带应扎在出血伤口的近心端；前臂和小腿不宜扎止血带，因为有两根骨头，骨间有动脉穿过，扎止血带效果不好（如图5-3-41、图5-3-42所示）。

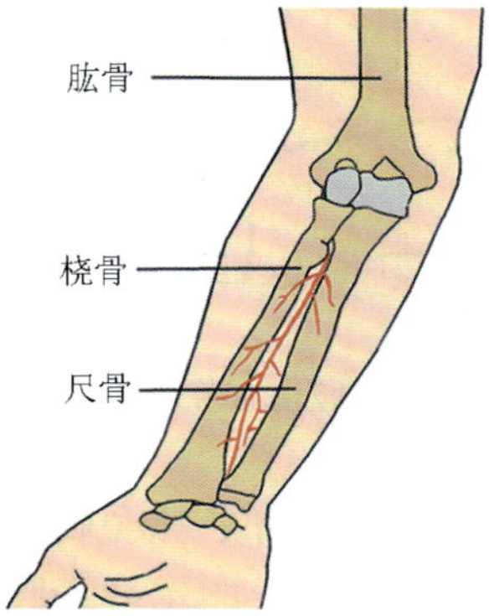

图5-3-41　前臂骨骼

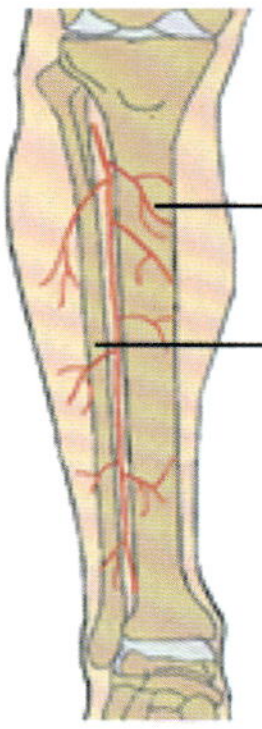

图5-3-42　小腿骨骼

④上肢出血，止血带切忌扎在上臂的中部，此处有桡神经紧贴骨面，以免损伤桡神经（如图5-3-43、图5-3-44所示）。

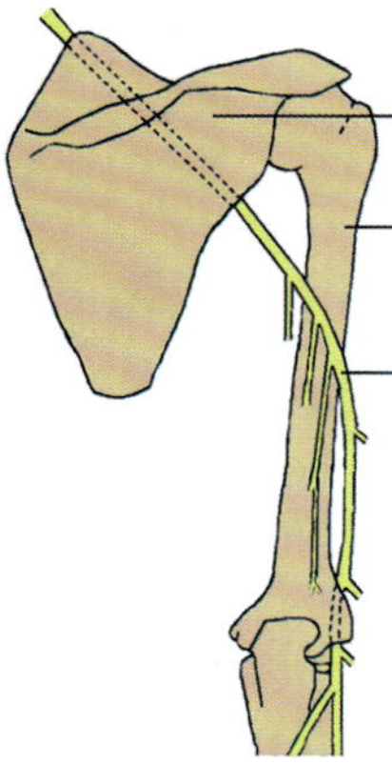

图5-3-43　桡神经的位置

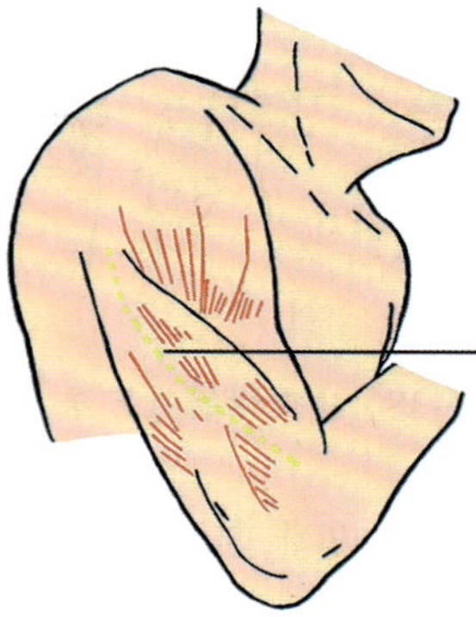

图5-3-44　桡神经的走行

⑤绑扎好止血带后，在明显部位加上标记，注明绑扎止血带的时间和放松时间。

⑥为防止远端肢体缺血坏死，原则上应尽量缩短使用止血带的时间，止血带连续阻断血流的时间一般不得超过4小时，且应在1小时后放松1～2分钟；继续延长时则每隔0.5小时放松一次。如条件允许，伤员要尽快转送到能彻底止血的医院进行治疗。

⑦需要断肢再植者不宜扎止血带，动脉粥样硬化、糖尿病及慢性肾病者慎用止血带。

采用止血带止血是大血管损伤时救命的重要手段，但使用不当，可出现严重的并发症。如总时间超过5小时，远端肢体将难以存活。已超过9小时仍在送往医院途中的伤员，则不可再放松止血带，因远端肢体已无生存的可能。若此时松解止血带，坏死细胞释放出来的钾离子、肌红蛋白和肽类等有毒物质将随静脉流入全身并产生中毒症状，可导致心跳骤停而突然死亡。同样道理，如果肢体被埋压的时间过长，因缺血、缺氧已发生组织坏死，为防止毒素回流全身，应迅速将被压肢体用止血带结扎，清除被压物体，然后送医院做进一步处理。

止血带的使用方法比较简单，但使用原则较复杂。我们要正确使用止血带止血，不要让救治造成新的伤害。

三、包扎

（一）包扎的目的

（1）保护伤口免受再次污染。

（2）固定骨折、关节、伤口的敷料和夹板的位置。

（3）包扎时施加压力，以起到止血作用，为伤口愈合创造良好条件。

（4）扶拖受伤的肢体，使其稳定，减轻疼痛等（如图5-3-45所示）。

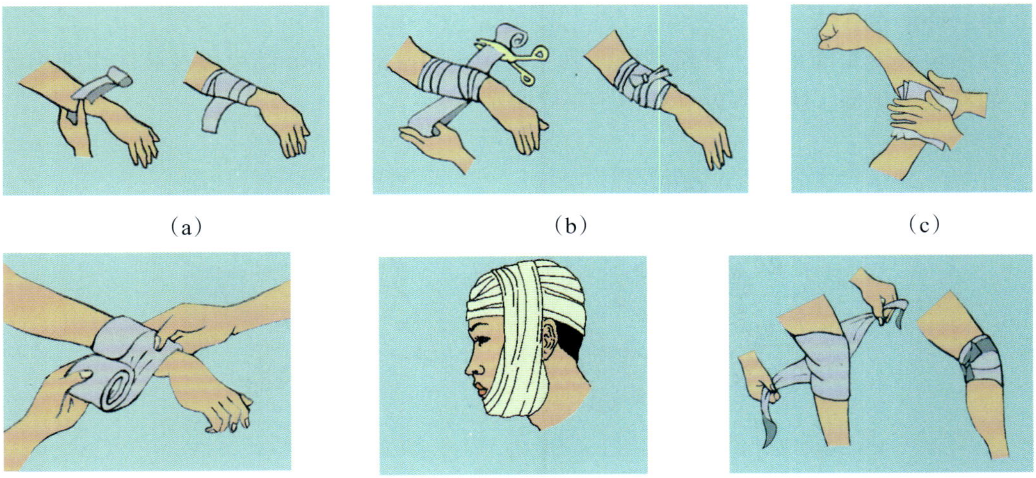

（a） （b） （c）

（d） （e） （f）

图5-3-45 包扎

（二）包扎的要求

（1）包扎前要妥善处理伤口，尽可能先用无菌敷料覆盖伤口，包扎敷料应超过伤口边缘5～10厘米。

（2）包扎伤口时，动作要迅速、敏捷、谨慎，不要碰撞和污染伤口，以免引起疼痛、出血或污染。

（3）包扎时要注意松紧适度，既要防止过松滑脱，也要防止过紧压迫神经血管，影响远端血液循环。

（4）绷带包扎四肢时，一般从远心端向近心端包扎，即从细端向粗端包扎，以促进静脉血回流。要暴露指（趾）末端，以便随时观察血液循环。

（5）包扎打结或用别针固定的位置，应在肢体的外侧或前面，避免在伤口处或坐卧受压的地方。

（三）包扎的方法

最常用的包扎材料有绷带、三角巾，具有较强弹性的网状弹力绷带也被广泛应用。急救时也可就地取材，如衣裤、毛巾等。无论是采用哪种包扎方法，都要求牢固、舒适、整齐（如图5-3-46所示）。以下主要介绍三角巾和绷带这两种材料的基本用法。

（a）绷带　　（b）三角巾　　（c）网状弹力绷带

图5-3-46　包扎材料

1. 绷带包扎法

绷带包扎法是一种用途最广、最方便的包扎方法。

（1）环形包扎法

环形包扎法每圈重叠，环绕数圈。其主要用于包扎的开始和结束以及肢体粗细相等部位，如额头、颈部、腕部等处（如图5-3-47所示）。

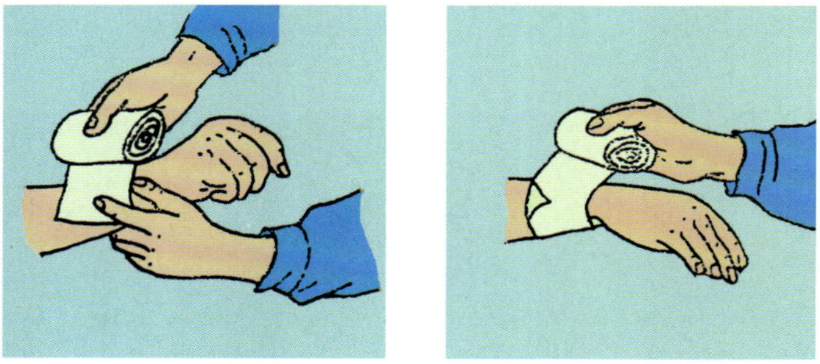

（a）　　（b）

图5-3-47　环形包扎法

（2）蛇形包扎法

蛇形包扎法斜形延伸，各周互不遮盖。其主要用于需由一处迅速伸至另一处时，或做简单的固定（如图5-3-48所示）。

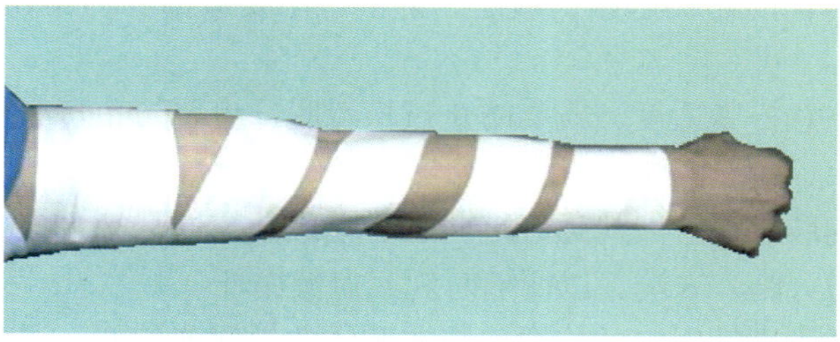

图5-3-48　蛇形包扎法

（3）螺旋形包扎法

螺旋形包扎法先用环形包扎固定开始端，再斜向上绕，后圈盖前圈的一半或大半。其主要用于包扎身体直径基本相同的部位，如上臂、手指、躯干、大腿等（如图5-3-49所示）。

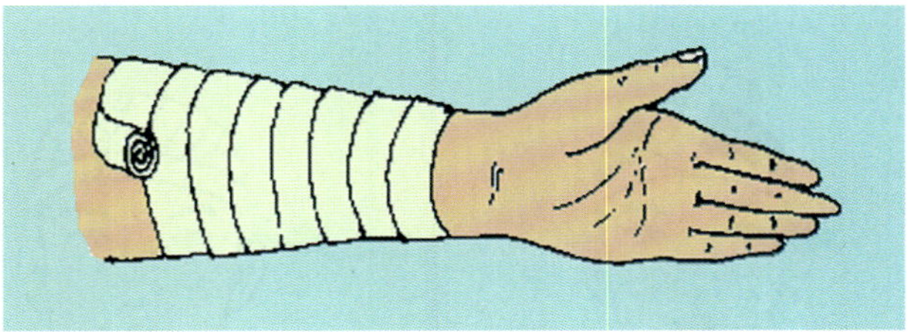

图5-3-49 螺旋形包扎法

(4) 螺旋形反折包扎法

螺旋形反折包扎法先用环行包扎法固定开始端，再用螺旋上升缠绕，每圈反折一次，但注意不可在伤口或骨骼隆突处回折，而且回折应成一直线。其主要用于肢体粗细不等的部位，如小腿、前臂的包扎（如图5-3-50所示）。

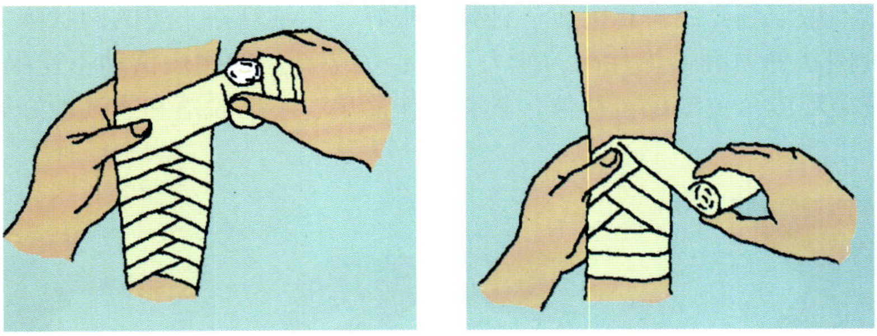

(a) (b)

图5-3-50 螺旋形反折包扎法

(5) “8”字形包扎法

“8”字形包扎法是一圈向上、一圈向下包扎，每圈在中间和前圈先相交，并根据需要把前圈重叠或压盖一半，多用于包扎屈曲的关节，如肩、肘、腕、膝等关节部位（如图5-3-51所示）。

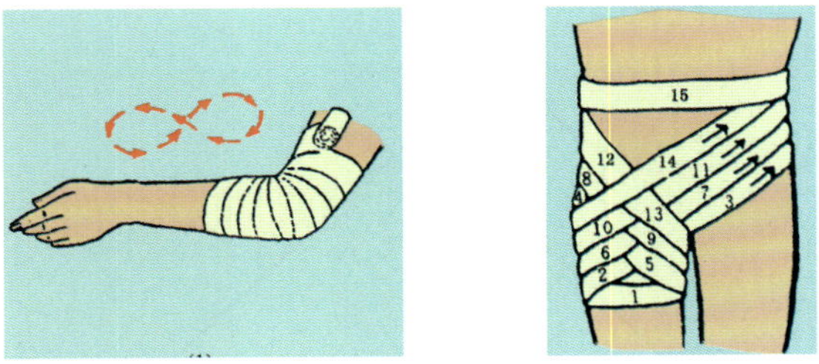

(a) (b)

图5-3-51 “8”字形包扎法

(6) 回返包扎法

此法为一系列的反折，第一周常在中央，以后各周分向左右，直到伤口全部包盖后，再做环形包扎固定。其常用于头部和断肢包扎（如图5-3-52所示）。

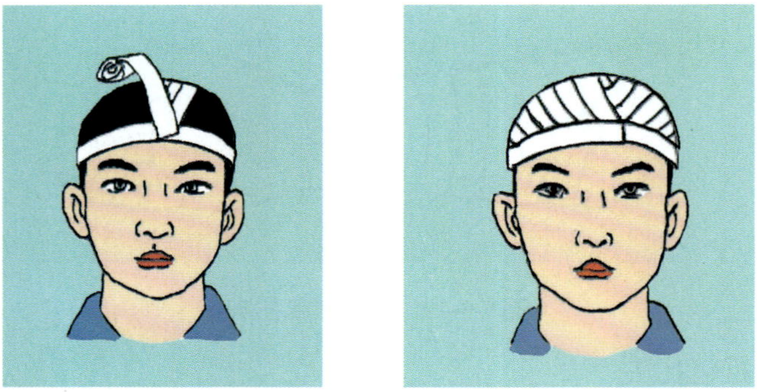

（a）　　（b）

图 5-3-52　头部回返包扎法

急救时身体某些部位的具体绷带包扎法应用起来比较复杂，非专业医务人员不容易熟练掌握，这里不做详细介绍。目前有一种弹性很好、粗细规格不等的网状弹力绷带得到广泛应用，这种网状弹力绷带弹性高，压力适宜，关节部位使用后活动不受限制、不缩水、不会妨碍血液循环或令关节部位移位，具有操作简单、不易脱落和透气性好等优点（如图 5-3-53 所示）。

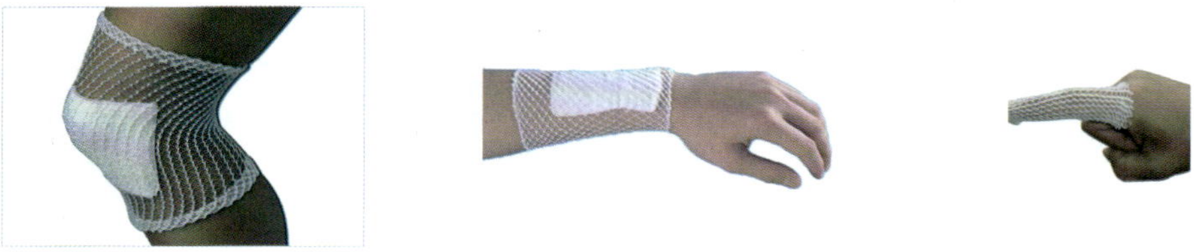

（a）　　（b）　　（c）

图 5-3-53　网状弹力绷带的使用

2. 三角巾包扎法

三角巾包扎法适用于身体各个部位的包扎，操作简便，包扎面积大，还可作为固定夹板、敷料和代替止血带使用（如图 5-3-54 所示）。使用时要求边缘固定、角拉紧、中心伸展、敷料贴实。

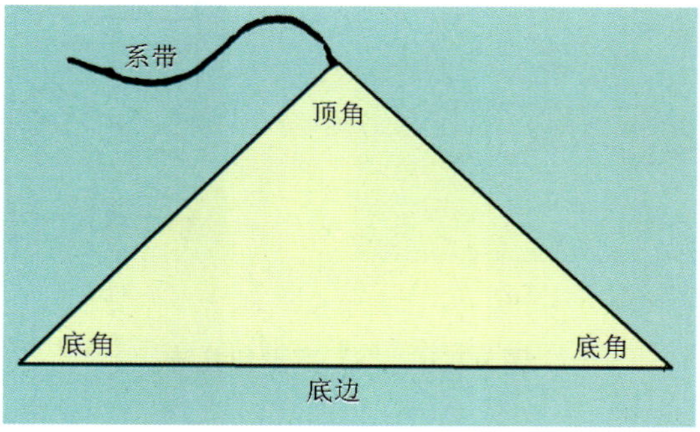

图 5-3-54　三角巾(各部名称)

（1）头部包扎法

头部包扎法为将三角巾底边的正中点放在前额眉弓上部，顶角经头顶拉到枕后，然后将底边经耳上向后扎紧压住顶角，在枕后交叉，再经耳上到额部拉紧打结，将顶角向上反折嵌入底边或用胶布、别针固定（如图5-3-55所示）。

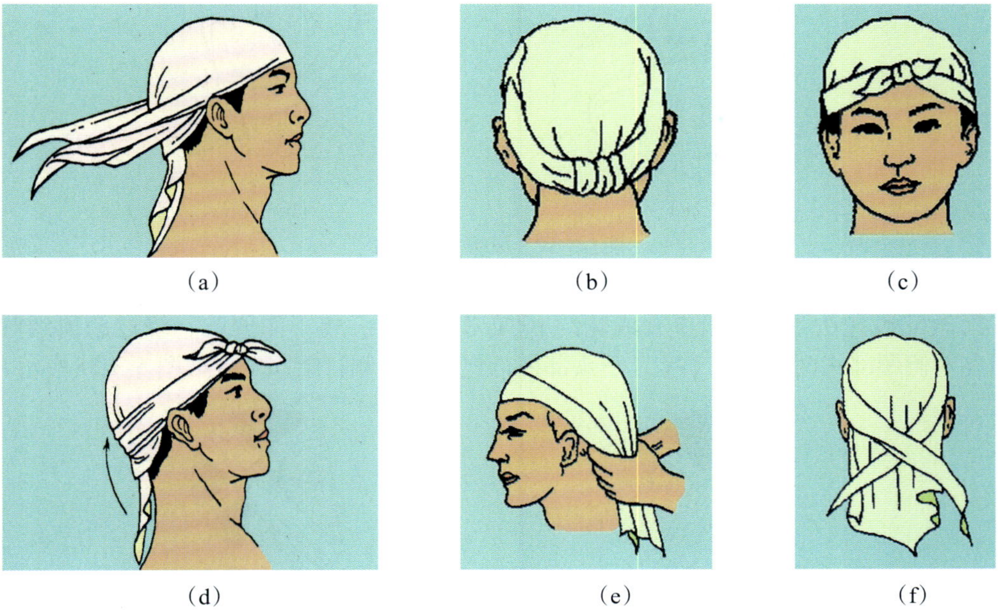

图5-3-55　头部包扎法

（2）面部包扎法

面部包扎法为将三角巾的顶部打结后套在下颏部，罩住面部及头部拉到枕后，将底边两端交叉拉紧后到额部打结，然后在口、鼻、眼部剪孔开窗。面部包扎法用于广泛的面部损伤或烧伤（如图5-3-56所示）。

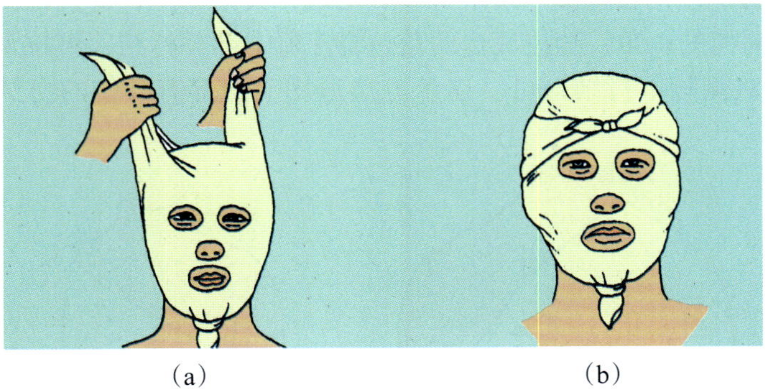

图5-3-56　面部包扎法

（3）风帽式包扎法

风帽式包扎法为将三角巾顶角和底边中央各打一个结，将顶角结放在额前，底边结放在枕骨结节下方，包住头部，然后将底边两端拉紧向外反折再绕向下颌包住，最后绕到枕后打结（如图5-3-57所示）。

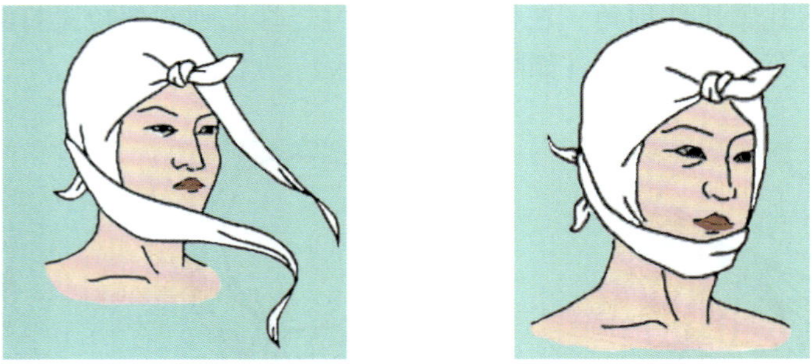

（a）（b）

图 5-3-57　风帽式包扎法

（4）面颌部包扎法

面颌部包扎法为将三角巾叠成宽约10厘米的长带，将下颌兜起，绕过头顶到对侧，然后在对侧颞部将两头绞成十字，于头部横行包扎至对侧打结固定（如图 5-3-58 所示）。

（a）（b）

图 5-3-58　面颌部包扎法

（5）肩部包扎法

①单肩燕尾三角巾包扎法

单肩燕尾三角巾包扎法先将三角巾折成燕尾式，夹角朝上，放在伤侧肩上，向后的一角压住并稍大于向前的一角，燕尾底边两角包绕上臂上部并打结，再拉紧两个燕尾角，分别经胸、背拉到对侧腋下打结即可。这个方法适用于肩部有外伤的伤员（如图 5-3-59 所示）。

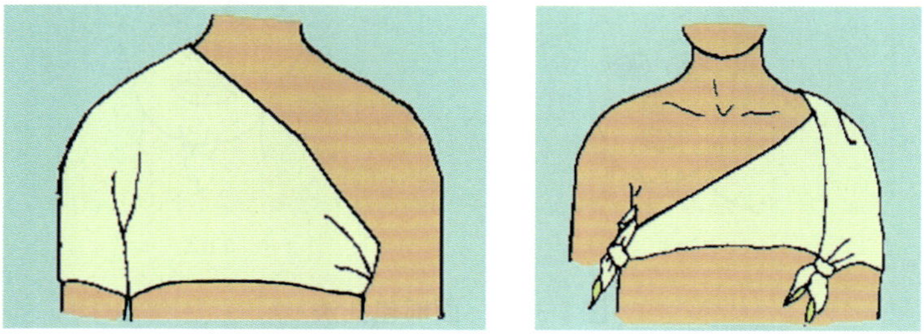

（a）（b）

图 5-3-59　单肩包扎法

②双肩包扎法

双肩包扎法将三角巾折成燕尾式，夹角约120°，夹角放在颈后部，两个燕尾角分别置于肩背部，两个燕尾角分别包绕肩部，于腋前转入腋窝，再与底边打结固定（如图 5-3-60 所示）。

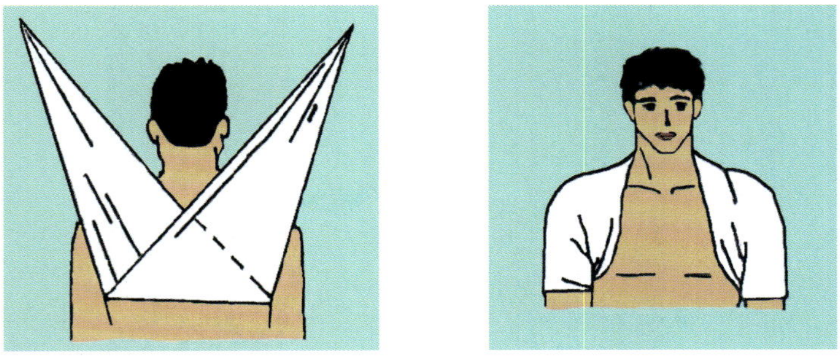

(a)　　(b)

图 5-3-60　双肩包扎法

（6）胸部包扎法

①胸部燕尾式（全胸部）包扎法

将三角巾顶角折叠成燕尾式巾，其夹角根据需要而定，包扎胸部时，燕尾角对准胸骨上窝置于胸前，然后将燕尾底边围胸于背后打结，将打结头向上与两个燕尾角在肩上打结即可（如图 5-3-61 所示）。此方法适用于前胸有外伤的伤员。

图 5-3-61　全胸部包扎法

②一侧胸部包扎法

将三角巾反折约 10 厘米，将三角巾盖在伤侧，两底角由胸前拉到背后打结，顶角过伤侧肩部到背部与底角余头打结。包背部时，三角巾放于背部，到胸前打结（如图 5-3-62 所示）。

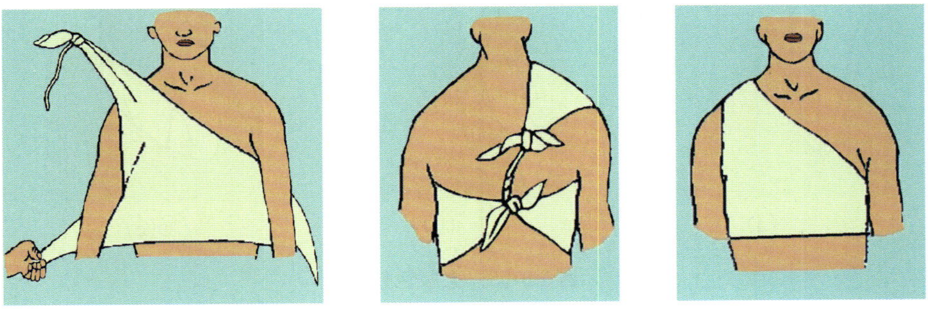

(a)　　(b)　　(c)

图 5-3-62　一侧胸部包扎法

（7）下腹部包扎法

三角巾顶角向下，底边横放腹部，两底角在腰后打结，顶角经两腿间至臀后再与底角打结（如图 5-3-63 所示）。

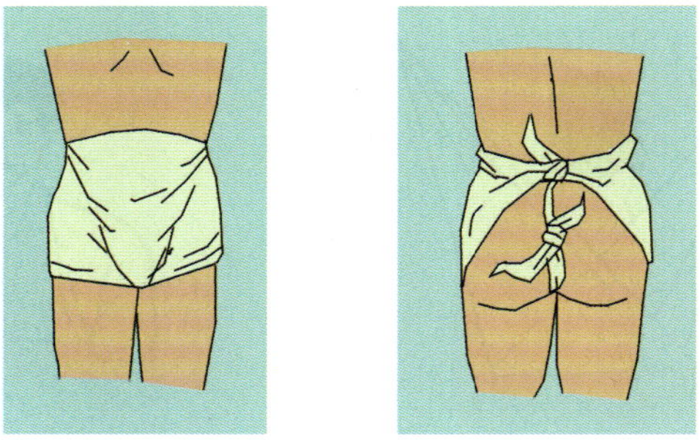

（a）　　（b）

图5-3-63　下腹部包扎法

（8）手、足部包扎法

将伤手（足）平放在三角巾中央，手指（脚趾）指向顶角，底边横于腕（踝）部，再把顶角折回拉到手（足）背上面，然后把左右两底角在手（足）背交叉地向上拉到手腕（脚踝）的左右两侧缠绕打结（如图5-3-64所示）。

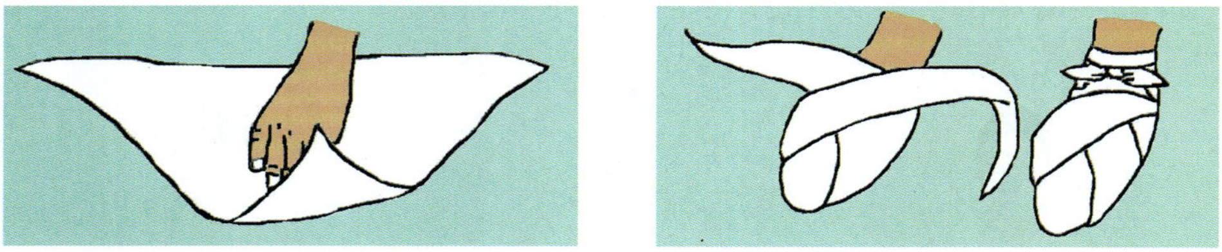

（a）　　（b）

图5-3-64　手、足部包扎法

（9）上肢包扎法

三角巾一底角打结后套伤手上、另一底角经后背拉到对侧肩上顶角包绕上肢，前臂屈至胸前，两底角相遇打结（如图5-3-65所示）。

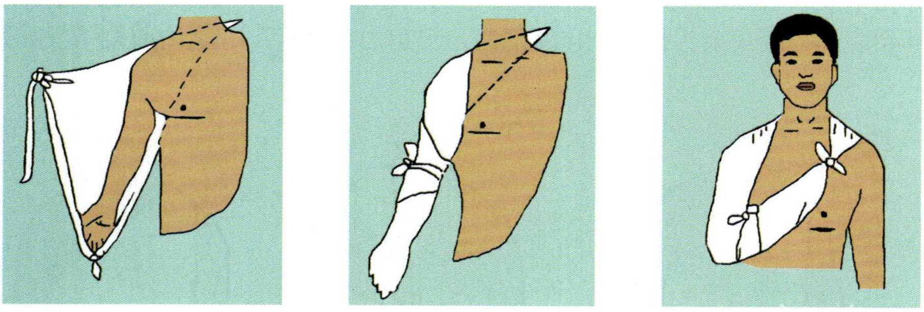

（a）　　（b）　　（c）

图5-3-65　上肢包扎法

四、骨折固定术

骨的完整性遭到破坏或连续性中断时称为骨折（如图5-3-66所示）。骨折由创伤和骨骼疾病（如骨髓炎、骨肿瘤）所致。船上以创伤性骨折多见。

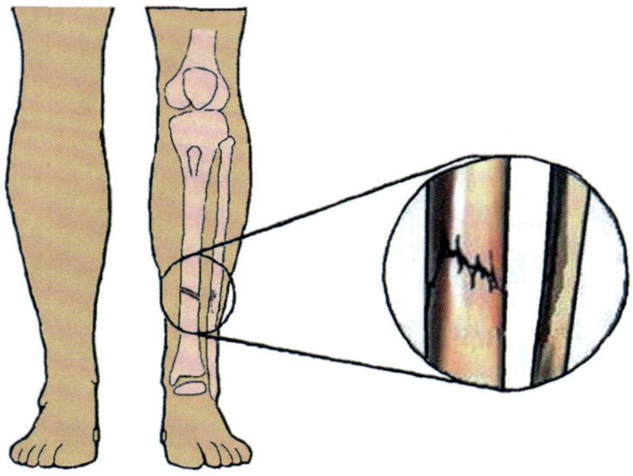

图 5-3-66　骨折

（一）骨折的类型（如图 5-3-67 所示）

根据骨折处皮肤、黏膜的完整性分为闭合性骨折（骨折端不与外界相通）、开放性骨折（骨折端穿破皮肤，直接与外界相通）。

根据骨折的程度和形态（骨折线的方向和形态）分为横形骨折、斜形骨折、螺旋形骨折、粉碎性骨折和压缩性骨折等。

根据骨折端稳定程度分为稳定性骨折和不稳定性骨折。

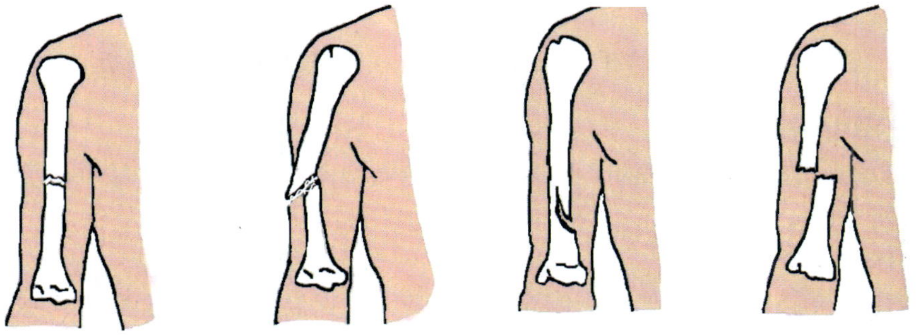

（a）闭合性骨折　（b）开放性骨折　（c）不完全骨折　（d）完全骨折

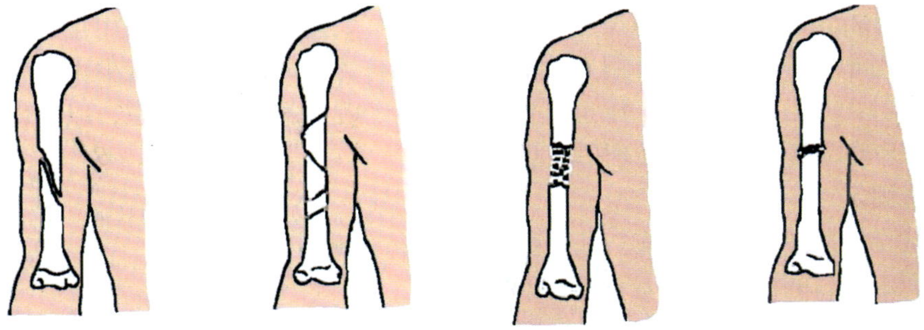

（e）不稳定性骨折——斜形骨折　（f）不稳定性骨折——螺旋形骨折　（g）不稳定性骨折——粉碎性骨折　（h）稳定性骨折——嵌插骨折

图 5-3-67　骨折的类型

（二）骨折的临床表现

大多数骨折一般只引起局部症状，严重骨折和多发性骨折可导致全身性反应。

1. 骨折的局部表现

（1）骨折的一般表现为局部疼痛、肿胀和功能障碍。

（2）骨折的特有体征为畸形、异常活动和骨擦音或骨擦感。具有以上三个骨折特有体征之一者，即可诊断为骨折。有些骨折（如裂缝骨折、脊柱骨折等）没有上述三个典型的骨折特有体征，须做进一步检查。

2. 骨折的全身表现

（1）骨折后一般体温正常，出血量较大的骨折（如股骨骨折、骨盆骨折等）血肿吸收时可能出现低热；开放性骨折合并感染时可能出现高热。

（2）骨盆骨折、多发性骨折、严重的开放性骨折等或并发重要内脏器官损伤时可导致休克甚至死亡（如图5-3-68、图5-3-69所示）。

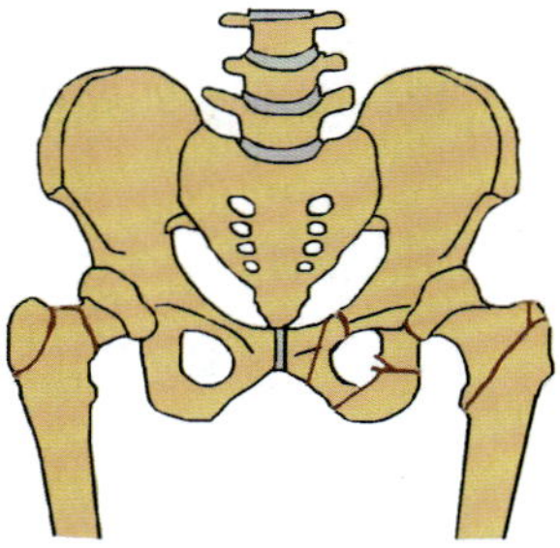

图5-3-68　骨盆骨折

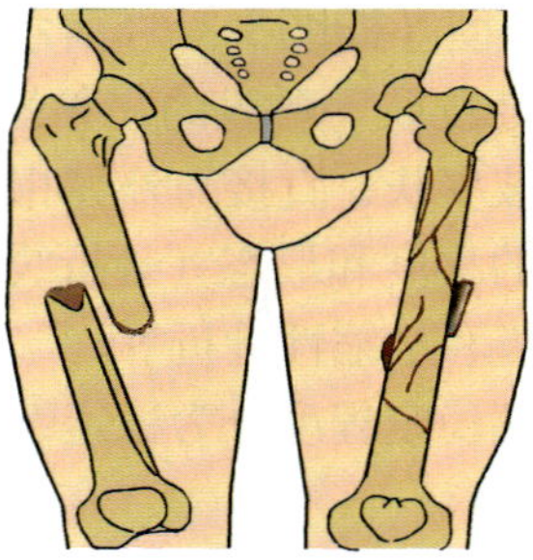

图5-3-69　股骨骨折

（三）骨折的现场急救原则

骨折急救的目的是用最为简单而有效的方法抢救生命、保护伤肢、减少伤员痛苦，迅速转运，以便尽快妥善处理。

1. 抢救休克

首先检查伤员全身情况，如处于休克状态，应注意保温，尽量减少搬动，有条件应立即输液、输血。如伤员处于昏迷状态，应注意保持其呼吸道通畅。

2. 包扎伤口

开放性骨折伤口出血时可用加压包扎止血，当有大血管出血时可采用止血带止血，无止血带时可用布条等代替。创口用无菌敷料或清洁布类予以包扎，以减少再污染。若骨折端已戳出伤口，并已污染，又未压迫重要血管、神经者，不要将其复位，以免将污物带到伤口深处。应送至医院经清创处理后，再行复位。

3. 妥善固定

固定是骨折急救的重要措施。凡怀疑有骨折者，均应按骨折处理。

骨折固定的目的：

（1）避免骨折端在搬运过程中对周围重要组织，如血管、神经、内脏的损伤。

（2）减少骨折端的活动，以减轻疼痛。

（3）便于运送。

固定可以用特制的夹板（如图5-3-70所示），或就地取材选用树棍、木板、竹竿、硬纸板、硬塑料片等代替。固定用的夹板长度，除固定骨折部上下两端外，还必须能固定骨折相邻的上下两个关节，并要求露出指（趾）端以便观察血液循环变化，如发现指（趾）端苍白、麻木、青紫、剧烈疼痛，应松开重新固定。

若无任何可利用的材料时，上肢骨折可将患肢固定于胸部，下肢骨折可将患肢与对侧健肢捆绑固定。

固定材料不能与皮肤直接接触，必须用绷带、棉花、毛巾、衣物等包住才能使用。在皮肤与夹板之间，尤其在夹板两端、骨突起和空隙部位要用棉花或其他代替品垫好，防止皮肤受压，组织坏死。

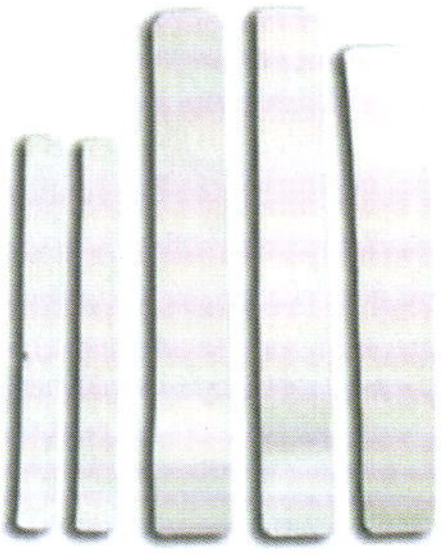

（a）

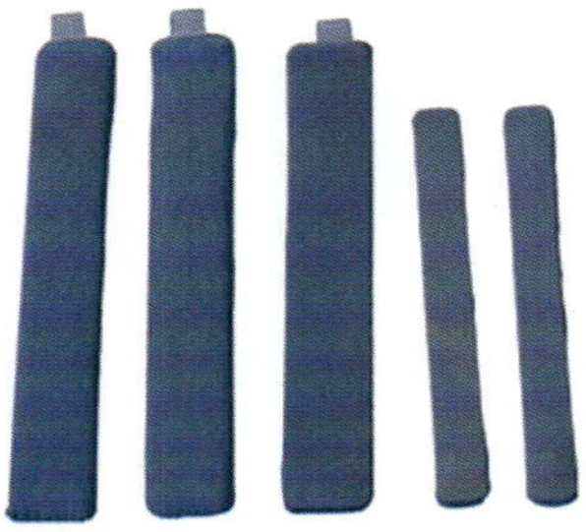

（b）

图 5-3-70　骨折固定夹板

4. 迅速转送

病人经妥善固定后，应立即转送医院。

（四）常见骨折的固定方法

1. 上臂骨折的固定

（1）伤员手臂屈肘 90°，用两块夹板固定伤处，一块放在上臂内侧，另一块放在外侧，然后用绷带固定。

（2）如果只有一块夹板，则将夹板放在外侧加以固定。

（3）固定好后，用绷带或三角巾悬吊伤肢。

（4）如果没有夹板，可先用三角巾悬吊，再用三角巾把上臂固定在身体上（如图 5-3-71、图 5-3-72 所示）。

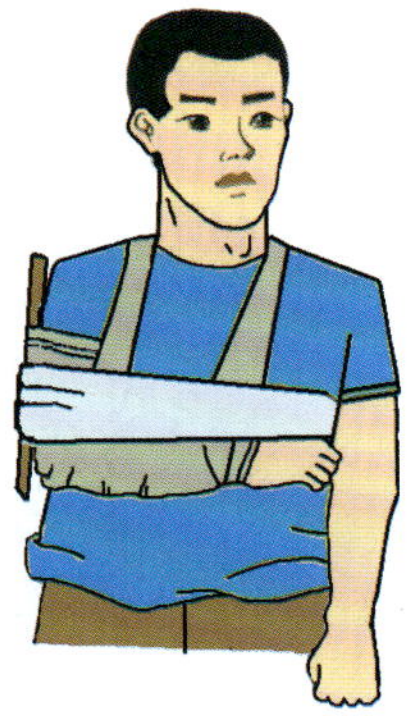

图 5-3-71　上臂骨折夹板固定

图 5-3-72　上臂骨折无夹板固定

2. 前臂骨折的固定

（1）伤员手臂屈肘90°，用两块夹板固定伤处，分别放在前臂内外侧，再用绷带缠绕固定。

（2）固定好后，用绷带或三角巾悬吊伤肢。

（3）如果没有夹板，可利用三角巾加以固定。三角巾上放杂志或书本，前臂置于书本上即可（如图5-3-73、图5-3-74所示）。

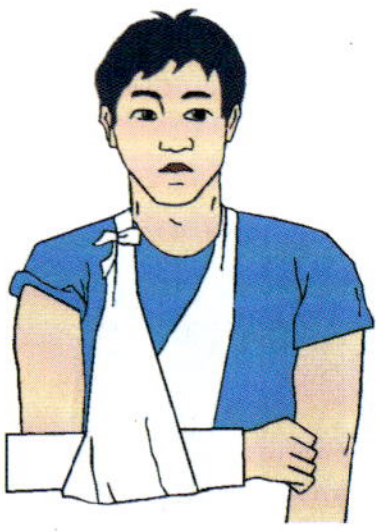

图5-3-73　前臂骨折固定

图5-3-74　利用杂志或书本固定

3. 大腿骨折的固定

（1）将伤腿伸直，两块夹板分别放在大腿内外侧，外侧夹板长度上至腋窝，下至足跟，内侧夹板长度上至腹股沟，同样下至足跟，再用绷带或三角巾固定。

（2）如无夹板，可利用对侧的健肢进行固定（如图5-3-75所示）。

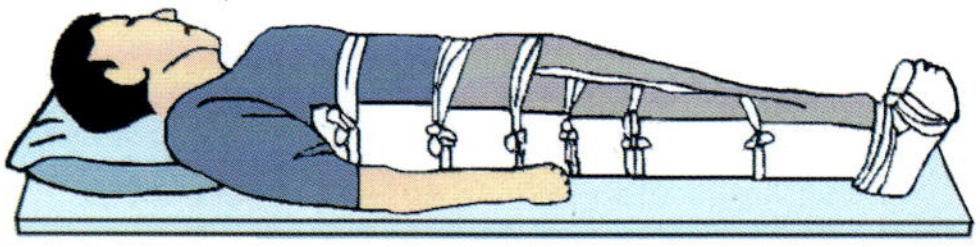

（a）夹板固定

（b）无夹板固定

图5-3-75　大腿骨折固定

4. 小腿骨折的固定

（1）将伤腿伸直，夹板长度上过膝关节，下过足跟，两块夹板分别放在小腿内外侧，再用绷带或三角巾固定。

（2）如无夹板，可利用对侧的健肢进行固定（如图5-3-76所示）。

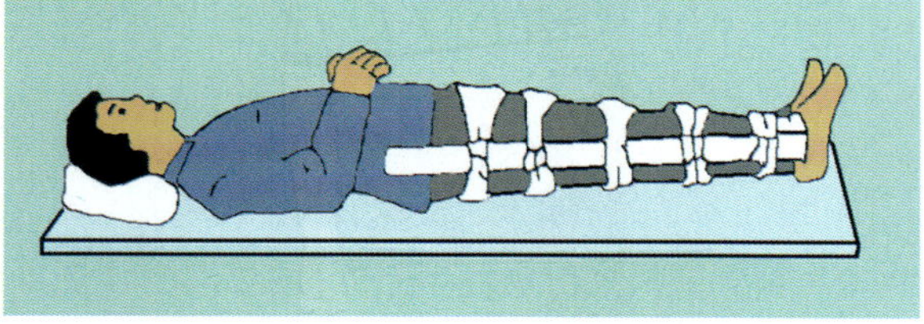

（a）夹板固定

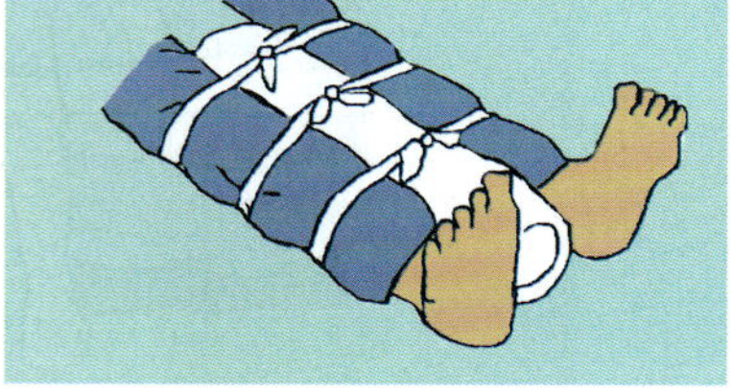

（b）无夹板固定（示意）

图5-3-76　小腿骨折固定

5. **肋骨骨折的固定**

肋骨骨折的固定常采用弹性胸带或胶布固定胸廓的方法。伤员取坐位或侧卧位，取宽为7～8厘米的胶布条，在伤员深呼气后屏气时，紧贴胸壁，后端起自健侧脊柱旁，前端越过胸骨。从胸廓下缘开始，依次向上粘贴胶布条到腋窝下方，上下胶布互叠1/2或1/3，此法适用于单根一处和多根一处肋骨骨折固定（如图5-3-77所示）。

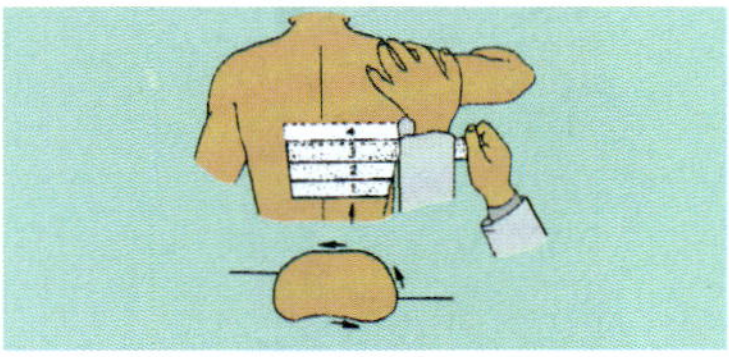
（a）

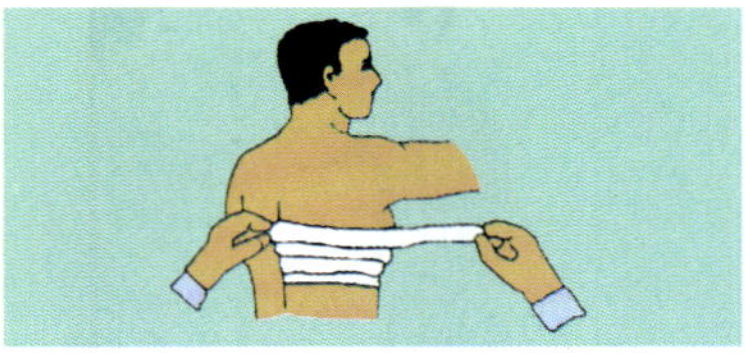
（b）

图5-3-77　**肋骨骨折的固定**

五、伤病员的搬运

伤员经过初步处理后，需从现场送到医院做进一步的检查和治疗。正确的搬运可减少伤员痛苦，避免继发损伤，是创伤救护中的重要环节，多采用徒手搬运或担架搬运。

（一）徒手搬运方法

徒手搬运方法适用于伤势比较轻和转运路程又较近的伤员。

1. **单人搬运法**

（1）扶行法

扶行法用于伤情较轻、清醒、无骨折、能站立行走的伤员。救护者立于伤员一侧，使伤员靠近救护者，伤员的一臂揽着救护者的颈部，救护者用外侧手牵住伤员手腕，另一手伸过伤员背部，扶持伤员腰部行走（如图5-3-78所示）。

（2）抱持法

抱持法是短距离搬运的最佳方法，对脊柱、大腿骨折的伤员禁用此法。该方法适用于体重较轻伤者，对能站立的伤员，救护者站于伤员一侧，一手托其背部，一手托其大腿，将其抱起，对清醒的伤员可让其一手抱着救护者颈项部（如图5-3-79所示）。

（3）背负法

背负法适用于身体重、轻清醒的伤员，对胸部损伤，四肢、脊柱骨折的伤员禁用此法。救护者站在伤员前面，面向同一方向，微屈膝弯背，将伤员背起（如图5-3-80所示）。

图5-3-78　**扶行法**

图5-3-79　**抱持法**

图5-3-80　**背负法**

2. **双人搬运法**

（1）椅托式

椅托式适用于清醒的伤员。两名救护者在伤员两侧对立，其中救护者两手彼此搭于肩部，两名救护者其余两只手交叉紧握形似椅状，伤员坐于其上（如图5-3-81所示）。

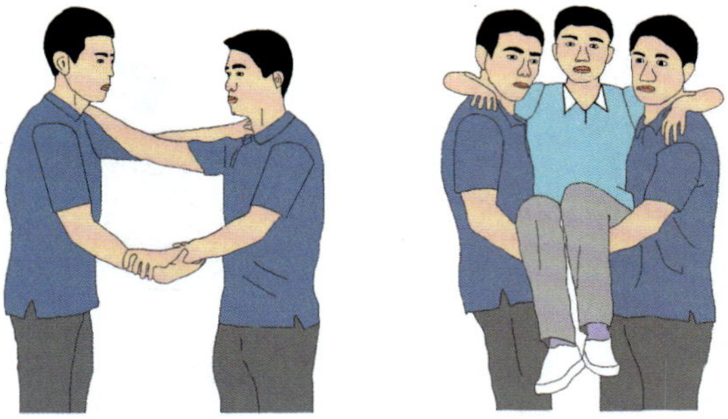

（a）　　　　（b）

图5-3-81　椅托式

（2）轿扛式

轿扛式适用于清醒、能合作的一般伤员。两名救护者四只手交叉紧握形似“¤”状，伤员坐于其上（如图5-3-82所示）。

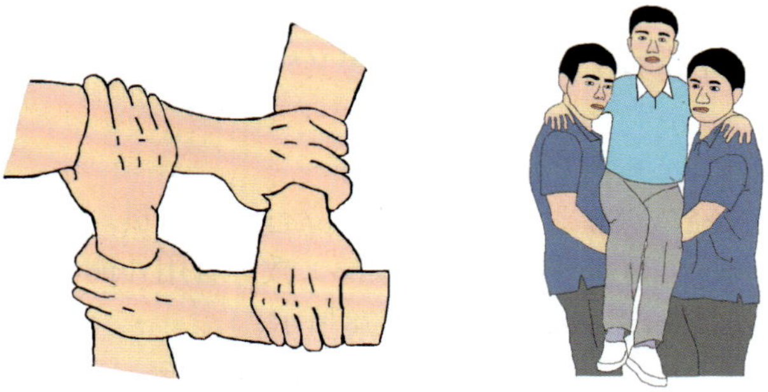

（a）　　　　（b）

图5-3-82　轿扛式

（3）拉车式

拉车式适用于意识不清的伤员，对前臂、肩部受伤伤员禁用此法。两名救护者一人面向伤员站于伤员的头部后面，两手插到腋下，将其抱入怀内。另一人背向伤员站在其脚部，蹲在伤员的两腿中间，将伤员抬起（如图5-3-83所示）。

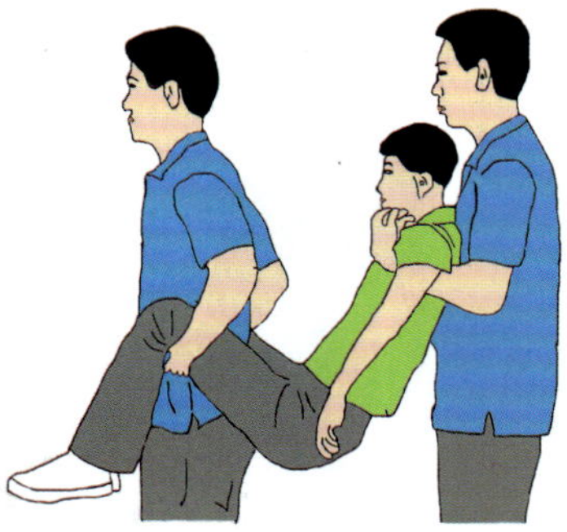

图5-3-83　拉车式

（二）担架搬运方法

担架搬运方法适用于躯干、下肢骨折，危急重症伤员和较远路程的转运。

1. 担架类型

（1）帆布折叠式担架

帆布折叠式担架适用于一般伤员的搬运，不宜转运脊柱损伤的伤员。

（2）铲式担架

铲式担架适用于脊柱损伤等不宜随意翻动、搬运的危重伤员。它不需要翻动伤员，不改变伤员的体位，从伤员的两侧夹入，避免再次损伤伤员，并能固定伤员颈部。

（3）负压充气垫式固定担架

负压充气垫式固定担架适用于搬运多发骨折及脊柱损伤伤员。充气垫可以适当地固定伤员的全身。使用时先将垫充气后铺平，将伤员放在垫内，抽出袋内空气，气垫即可变硬，同时伤员就被牢靠固定在其中，并可在搬运途中始终保持稳定。

（4）罗伯逊担架

罗伯逊担架构造有一定的灵活性和特殊性，适合空中或海上救援。担架上附有固定伤员头、躯干和四肢的安全带，能将伤员牢固地包裹起来，且能与飞机上挂钩连接，可安全灵活地进行抬、拖、吊等搬运，实现海上直升机救援。另外，它体积小、软硬适中、可折叠，便于携带。

现场无担架时，也可用折椅、毯子、床单等临时代替担架使用（如图5-3-84所示）。

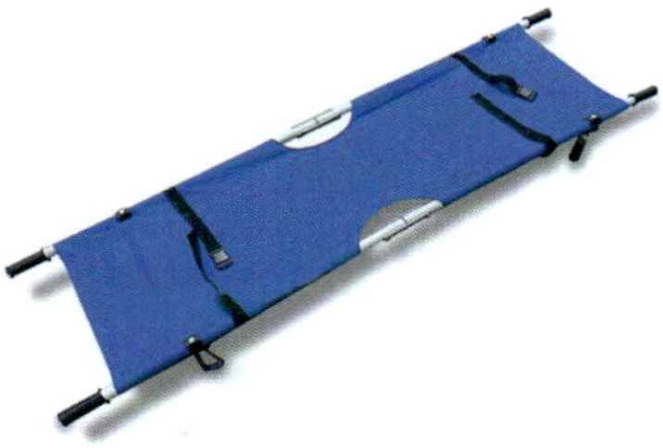

（a）帆布折叠式担架

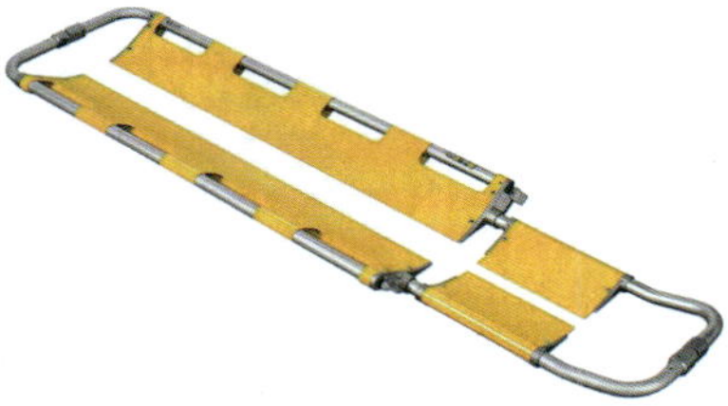

（b）铲式担架

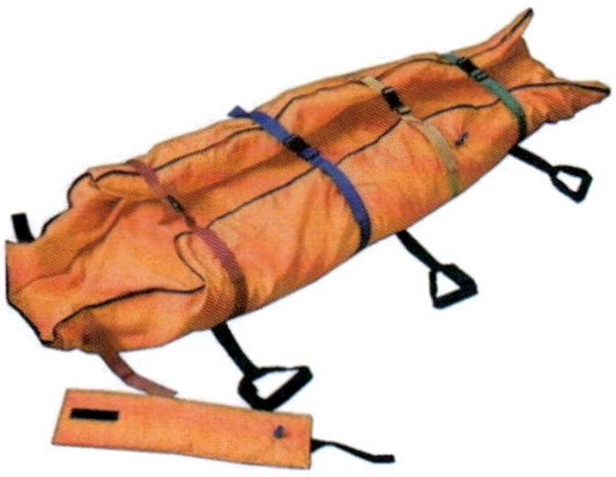

（c）负压充气垫式担架

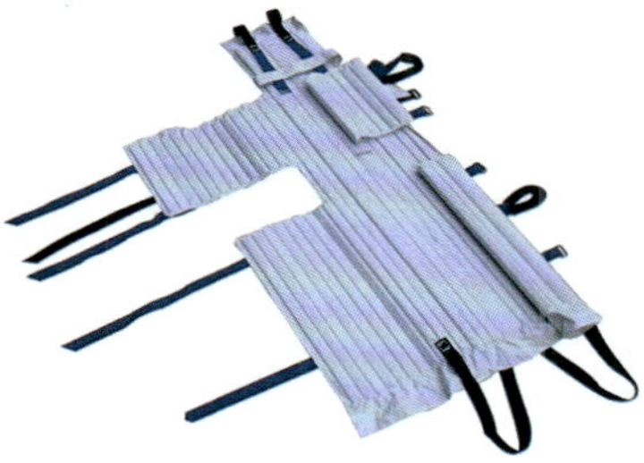

（d）罗伯逊担架

图5-3-84　担架类型

2. 一般伤员的搬运方法

救护人员在伤员一侧，将伤员抱上担架，并将伤员固定在担架上，头部向后，足部向前，以便观察伤员病情变化，病情如有变化，应立即停下抢救，先放脚，后放头（如图5-3-85所示）。

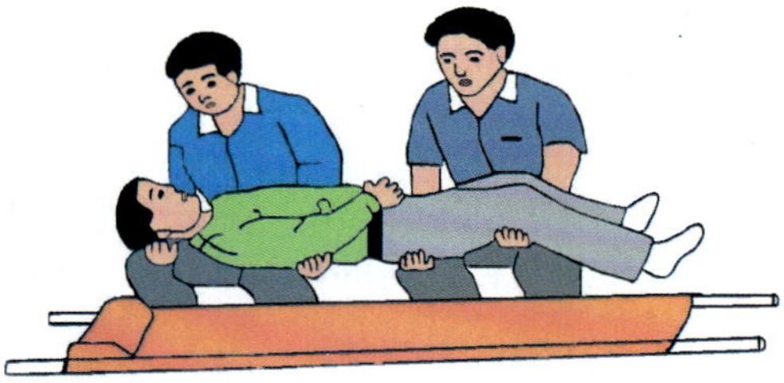

（a）

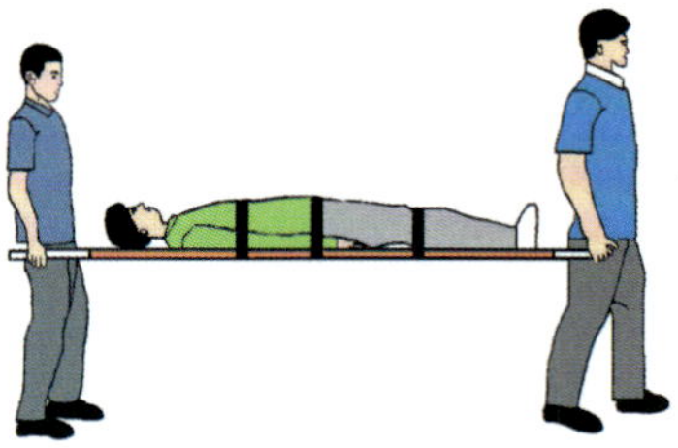

（b）

图5-3-85　一般伤员的担架搬运

3. **脊柱损伤伤员的搬运**

救护者三人并排单腿跪在伤员身体一侧，同时分别把手臂伸入到伤员的肩背部、腹臀部、双下肢的下面，然后同时起立，始终使伤员的身体保持水平位置，不得使伤员身体扭曲。三人同时迈步，并同时将伤员放在硬板担架上。

发生或怀疑颈椎损伤者应再有一人专门负责牵引、固定伤员的头颈部，不得使伤员头颈部前屈后伸、左右摇摆或旋转。四人动作必须一致，同时平托起伤员，再同时放在硬板担架上（如图5-3-86所示）。

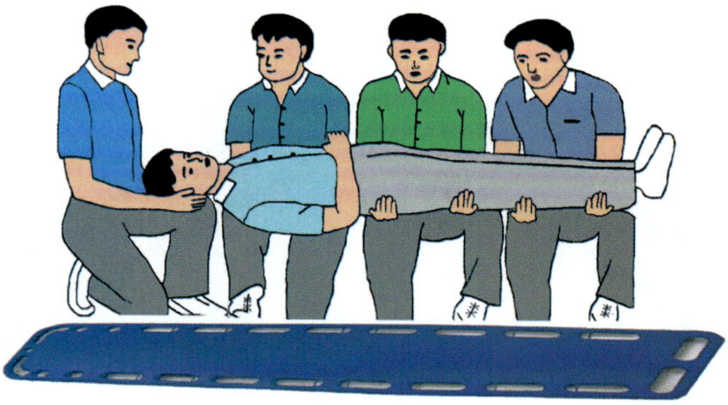

图5-3-86　脊柱损伤伤员的搬运

将伤员放在硬板担架上以后，必须将其身体与担架一起固定牢固，尤其颈椎损伤者，头颈部两侧必须用颈托[如图5-3-87(a)所示]固定或放置沙袋、枕头、衣物等进行固定，限制颈椎各方向的活动。起立、行走、放下等搬运过程，要由1人发出指令，其他救护者统一动作。

（a）

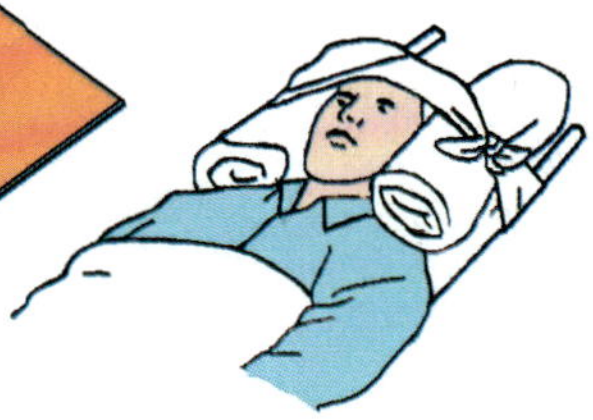

（b）

图5-3-87　颈椎损伤固定

（三）伤病员搬运的注意事项

（1）搬运前要迅速检查伤员的生命体征和受伤部位判断伤情，做好伤病员的现场救护，首先要保持伤员的呼吸道的通畅，如有外伤，应先止血、包扎、固定后再搬运，不要无目的地移动伤员。

（2）搬运过程中，抬担架人员脚步要一致，平稳行进，上、下坡或楼梯时尽量保持担架水平。在人员、担架等未准备妥当时，切忌搬运。搬运体重过重和神志不清的伤员时，要考虑全面，防止搬运途中发生坠落、摔伤等意外（如图5-3-88所示）。搬运途中，救护人员应边走边观察伤员的生命体征，如有变化，应立即停下抢救。

（3）伤员体位要适宜。搬运昏迷伤员，应将其头偏向一侧，或取侧卧或半俯卧位，以保持呼吸道通畅；外伤出血处于休克状态的病人，可将其头部适当放低些；怀疑肋骨骨折伤员不能背运；脊髓损伤的伤员须用硬担架搬运，切忌弯曲或扭动，防止加重损伤。

（4）在特殊的现场，应按特殊的方法进行搬运。如火灾现场，在浓烟中搬运伤员，应弯腰或匍匐前进；在有毒气泄漏的现场，救护者应先用湿毛巾掩住口鼻或使用防毒面具，以免被毒气熏倒。

（5）搬运动作要轻巧、迅速、避免不必要的振动。

图5-3-88　伤员的担架搬运

参考文献

[1] 中国海上搜救中心. 海上险情预防、避险、自救、互救知识手册. 北京：人民交通出版社，2008.

[2] 中华人民共和国海事局. 船员职业使用法规汇编（内河篇）. 大连：大连海事大学出版社，2016.

[3] 中国海上搜救中心. 水上应急避险常识. 北京：人民交通出版社，2009.

[4] 单浩明，李琳，刘彦东. 个人求生. 大连：大连海事大学出版社，2012.

[5] 戚发勇，王岩，李琳. 个人安全与社会责任. 大连：大连海事大学出版社，2012.

[6] 赵邦良，戚发勇. 内河船舶船员基本安全知识与技能. 大连：大连海事大学出版社，2012.

[7] 范济秋，查时应. 船舶防火与灭火. 北京：人民交通出版社，2012.

[8] 刘书平. 船舶高级消防. 大连：大连海事大学出版社，2012.

[9] 张先状. 船员思想道德修养与法律基础. 大连：大连海事大学出版社，2007.

[10] 孙峰，康捷. 海员职业道德. 哈尔滨：哈尔滨工程大学出版社，2008.

[11] 中华人民共和国海事局. 船员职业实用法规汇编. 大连：大连海事大学出版社，2016.

[12] 陈刚，郝勇. 船员劳动权益与社会保障. 武汉：武汉理工大学出版社，2012.

[13] 周宏. 船舶设备. 北京：人民交通出版社，2011.

[14] 李巍，项晓培. 院前急救诊疗常规和技术操作规范（2013版）. 北京：人民卫生出版社，2014.

[15] 万学红，卢雪峰. 诊断学. 9版. 北京：人民卫生出版社，2018.

[16] 李小寒，尚少梅. 基础护理学. 6版. 北京：人民卫生出版社，2017.

[17] 刘力生. 中国高血压防治指南. 修订版. 北京：中国医药科技出版社，2018.
[18] 陈孝平，汪建平，赵继宗. 外科学. 9版. 北京：人民卫生出版社，2018.
[19] 陈兵. 基本急救. 大连：大连海事大学出版社，2013.
[20] 方庆安. 精通急救. 大连：大连海事大学出版社，2012.